职业教育·城市轨道交通类专业精品教材

U0649340

第3版

城市轨道交通行车组织

耿幸福　崔联云　主　编
车广侠　苏　朗　副主编
王智永　主　审

人民交通出版社股份有限公司
北　京

内 容 提 要

本教材为职业教育城市轨道交通类专业精品教材。本教材注重"工学结合、理实一体",吸收了较成熟的新技术、新工艺、新规范,根据职业教育"深化产教融合,加强校企、校校深度合作"的改革发展新形势,按照教育部职业教育国家规划教材编写的指导思想和有关原则组织编写。全书共分 11 个模块,34 个单元,6 个实训工单,主要内容包括:城市轨道交通行车组织基础,行车信号系统,行车调度指挥,车站行车作业组织,车辆基地作业组织,正常情况下的行车组织,非正常情况下的行车组织,救援列车与工程车的开行,列车开行计划与运输能力,特殊情况与应急处理,城市轨道交通行车事故分析等。

本教材适用于职业院校城市轨道交通类专业教学,可作为城市轨道交通行业岗位培训或自学用书,也可供城市轨道交通行业人员参考。

＊本教材配套多媒体课件,读者可通过加入职教轨道教学研讨群(教师专用 QQ 群:**129327355**)获取。

图书在版编目(CIP)数据

城市轨道交通行车组织/耿幸福,崔联云主编. —

3 版. —北京:人民交通出版社股份有限公司,2021.5

ISBN 978-7-114-17115-4

Ⅰ.①城… Ⅱ.①耿…②崔… Ⅲ.①城市铁路—行

车组织—高等职业教育—教材 Ⅳ.①U239.5

中国版本图书馆 CIP 数据核字(2021)第 037446 号

职业教育·城市轨道交通类专业精品教材
Chengshi Guidao Jiaotong Xingche Zuzhi

书　　名:	**城市轨道交通行车组织**(第 3 版)
著 作 者:	耿幸福　崔联云
责任编辑:	袁　方　杨　思
责任校对:	赵媛媛
责任印制:	张　凯
出版发行:	人民交通出版社股份有限公司
地　　址:	(100011) 北京市朝阳区安定门外外馆斜街 3 号
网　　址:	http://www.ccpcl.com.cn
销售电话:	(010) 59757973
总 经 销:	人民交通出版社股份有限公司发行部
经　　销:	各地新华书店
印　　刷:	北京市密东印刷有限公司
开　　本:	787×1092　1/16
印　　张:	15
字　　数:	320 千
版　　次:	2010 年 6 月　第 1 版
	2012 年 8 月　第 2 版
	2021 年 5 月　第 3 版
印　　次:	2024 年 6 月　第 3 版　第 6 次印刷　总第 31 次印刷
书　　号:	ISBN 978-7-114-17115-4
定　　价:	45.00 元

(有印刷、装订质量问题的图书由本公司负责调换)

PREFACE

课程特点

"城市轨道交通行车组织"为城市轨道交通运营管理专业的核心课程。本课程以服务发展为宗旨，以促进就业为导向，高度融合了城市轨道交通行车组织的技能学习和职业精神培养。

教材编写背景

本教材根据目前职业教育"深化产教融合，加强校企、校校深度合作"的改革发展新形势，按照教育部职业教育国家规划教材编写的指导思想和有关原则进行编写。教材编写在北京地铁、上海地铁、苏州地铁、南京地铁等企业的大力支持下，根据城市轨道交通系统行车专业岗位所需知识和操作技能，以城市轨道交通行车组织的重要环节组织教学模块，设置教学单元，整合相关的理论知识和基础技能，再结合第 2 版的试用反馈意见，形成了这本理实一体化并适合于培养城市轨道交通行车组织类岗位技能人才的教材。

第 3 版的内容结构

本教材包括 11 个模块，34 个单元，6 个实训工单，主要介绍了以下 6 个方面知识和技能：

（1）城市轨道交通行车组织的基本知识，掌握城市轨道交通行车信号系统基础设备及相关技术；

（2）行车调度指挥工作的基本内容和指挥原则；

（3）车站和车辆基地的行车技术设备、行车作业组织方法、施工作业组织方法；

（4）正常情况和非正常情况下的行车组织方法；

（5）列车运行图与列车开行计划的实施；

（6）常见的行车事故处理原则与案例分析。

教材特色

（1）本教材经历近 10 年的使用和两次改版，第 3 版在前两版基础上，吸取了广大教师与专家使用教材的意见和建议，参考了职业教育校企联合、"三教"改革和"工学结合、理实一体化"等教改思路。

（2）本教材理论教学内容增加了特殊行车事故的应急处理、全日行车计划编制实例等一些拓展提高的模块，融入了实际工作中具体问题的处理方法，穿插了"二维码教学视频与动画""知识链接""想一想"和"复习与思考题"等模块激发学习兴趣。

（3）本教材采用了最新的政策文件、行业标准，新增了《城市轨道交通运营管理规定》（交通运输部令 2018 年第 8 号）、《城市轨道交通行车组织管理办法》（交通运输部　交运规〔2019〕14 号）、《城市轨道交通行车组织规则》（JT/T 1185—2018）等内容。

教材编写分工

本教材由苏州大学城市轨道交通学院耿幸福、苏州高博软件技术职业学院崔联云担任主编，负责编写模块 1、模块 3、模块 7、模块 8 并负责统稿；吉林交通职业技术学院车广侠担任副主编，负责编写模块 2；苏州高博软件技术职业学院王杰负责编写模块 4；南京铁道职业技术学院尚长城负责编写模块 5；安徽交通职业技术学院李志成负责编写模块 6；苏州高博软件技术职业学院苏朗担任副主编，负责编写模块 9、模块 10 和模块 11；苏州市轨道交通集团有限公司王智永担任主审。

可与本教材配合使用的教学资源

（1）教学课件

本教材配套多媒体课件，以供相关任课老师教学参考，有需要者可通过加入职教轨道教学研讨群（教师专用 QQ 群：129327355）向人民交通出版社股份有限公司管理员编辑获取。

（2）城市轨道交通专业数字化资源库

该资源库由全国交通运输职业教育教学指导委员会城市轨道运输专业指导委员会与人民交通出版社股份有限公司共同立项，主要面向城市轨道交通专业方向的院校和师生。该资源库包括"城市轨道交通行车组织"关键知识点的数字化教学资源，包括动画、视频、教案、实训工单、课件、课程标准、习题库、案例库等。有需要者可垂询人民交通出版社股份有限公司司昌静编辑（QQ：26485854，电话：010－85285867）。

致谢

本教材经历了两次修编，我们的编写团队也进行了调整和优化。本教材在修编过程中，认真吸取了广大使用本教材的教师与行业专家提出的意见和建议，在此谨向他们表示感谢。同时，也向人民交通出版社股份有限公司编辑团队为教材出版和配套工作所付出的努力表示感谢。

最后，希望有关院校师生及读者对本教材多提宝贵意见，以便及时修订完善。联系邮箱：3096255607@ qq. com。

编者
2021 年 2 月

CONTENTS

本教材配套资源索引列表 ·· I

本教材主要专业术语中英文对照表 ······························ II

模块1　城市轨道交通行车组织基础 ························ 001

　　单元1.1　城市轨道交通行车组织概述 ····················· 001

　　单元1.2　列车运行图 ·································· 006

　　单元1.3　行车组织规章 ································ 021

　　复习与思考 ··· 022

模块2　行车信号系统 ································· 023

　　单元2.1　行车信号基础 ································ 023

　　单元2.2　联锁设备 ··································· 036

　　单元2.3　行车闭塞法 ································· 041

　　单元2.4　列车自动控制系统 ···························· 056

　　复习与思考 ··· 067

　　实训　掌握行车视觉信号的显示和听觉信号的鸣示方式 ··········· 067

模块3　行车调度指挥 ································· 068

　　单元3.1　行车调度概述 ································ 068

　　单元3.2　行车调度组织工作 ···························· 073

　　复习与思考 ··· 085

　　实训　正常情况下的调度指挥 ·························· 085

模块 4　车站行车作业组织 ··· 086

　　单元4.1　车站行车技术设备 ··· 087
　　单元4.2　车站行车作业 ··· 092
　　单元4.3　车站施工作业组织 ··· 101
　　复习与思考 ·· 103
　　实训　车站接发列车作业 ··· 103

模块 5　车辆基地作业组织 ··· 104

　　单元5.1　车辆段组成及技术设备 ··· 104
　　单元5.2　车场内行车作业组织 ··· 110
　　单元5.3　调车作业 ··· 114
　　单元5.4　车辆段检修施工作业 ··· 122
　　复习与思考 ·· 125
　　实训　车场内行车作业组织 ··· 125

模块 6　正常情况下的行车组织 ··· 126

　　单元6.1　行车组织指挥体系 ··· 126
　　单元6.2　行车指挥自动化时的行车组织 ··································· 129
　　单元6.3　调度集中控制下的行车组织 ····································· 135
　　单元6.4　调度监督下的行车组织 ··· 137
　　复习与思考 ·· 144
　　实训　行车指挥自动化时的列车运行组织 ··································· 144

模块 7　非正常情况下的行车组织 ··· 145

　　单元7.1　列车自动控制设备故障时的行车组织 ····························· 145
　　单元7.2　车站联锁设备故障时的行车组织 ································· 148
　　单元7.3　特殊情况下的行车组织 ··· 149
　　复习与思考 ·· 151
　　实训　ATC 设备故障时的行车组织 ··· 152

模块 8　救援列车与工程车的开行 ··· 153

　　单元8.1　救援列车的开行 ··· 153
　　单元8.2　工程车的开行 ··· 155

复习与思考 ……………………………………………………………… 158

模块 9　列车开行计划与运输能力 ……………………………………… 159
　单元 9.1　列车开行计划 ……………………………………………… 159
　单元 9.2　运输能力及其提高措施 …………………………………… 167
　复习与思考 ……………………………………………………………… 181

模块 10　特殊情况与应急处理 ………………………………………… 183
　单元 10.1　信号系统故障时的处理 ………………………………… 183
　单元 10.2　列车冒进信号的处理 …………………………………… 186
　单元 10.3　列车脱轨时的处理 ……………………………………… 188
　单元 10.4　接触网大面积停电时的处理 …………………………… 189
　单元 10.5　应急预案及事故预防 …………………………………… 190
　复习与思考 ……………………………………………………………… 194

模块 11　城市轨道交通行车事故分析 ………………………………… 195
　单元 11.1　行车事故处理规则 ……………………………………… 195
　单元 11.2　案例分析 ………………………………………………… 202
　复习与思考 ……………………………………………………………… 205

附录1　本教材涉及的法律法规、政策文件、相关标准 ……………… 206

附录2　事故（事件）分析报告书的管理规定 ………………………… 207

附录3　城市轨道交通行车组织名词、术语解释 ……………………… 208

附录4　"城市轨道交通行车组织"课程标准 ………………………… 213

参考文献 ………………………………………………………………… 218

本教材配套资源索引列表

序　　号	资　　源	页　　码
1	列车运行图的类型	012
2	不同类型的行车信号	024
3	信号标志牌	027
4	手信号表示	030
5	联锁的条件	036
6	三显示自动闭塞	046
7	移动闭塞	049
8	调度命令数字发音标准	074
9	道岔及道岔开通方向	088
10	列车折返作业	099
11	列车折返方式	099
12	列车出库的流程	111
13	列车入库作业	112
14	列车救援组织	154
15	全日分时最大断面客流量	160
16	列车停站设计	166
17	城市轨道交通运营管理规定	206
18	城市轨道交通行车组织管理办法	206
19	生产安全事故报告和调查处理条例	206
20	城市轨道交通行车组织规则	206

本教材主要专业术语中英文对照表

中 文 全 称	英 文 全 称	简　称
列车自动防护	automatic train protection	ATP
列车自动监控	automatic train supervision	ATS
运营控制中心	operation control center	OCC
车站控制计算机	station control computer	SCC
调度集中控制	centralized traffic control	CTC
基于通信的列车控制	communication based train control	CBTC
列车自动运行驾驶模式	automatic model	AM
受监控的人工驾驶模式	supervised manual model	SM
点式列车控制闭塞法	incontinuity train control	ITC
不受限制的人工驾驶模式	unrestricted manual model	URM
列车自动驾驶	automatic train operation	ATO
列车自动控制	automatic train control	ATC
移动闭塞	moving block	MB
全球定位系统	global positioning system	GPS
全球导航卫星系统	global navigation satellite system	GNSS
系统管理中心	system management center	SMC
列车控制中心	vehicle control center	VCC
车站控制器	station controller	STC
车载控制器	vehicle on board controller	VOBC
位置应答器	position reporting	PR
固定闭塞处理器	fixed block processor	FBP
移动授权权限	limit of movement authority	LMA
直接序列扩频	direct sequence spread spectrum	DSSS
循环冗余校验	cyclic redundancy check	CRC

中文全称	英文全称	简 称
综合业务数字网	integrated services digital network	ISDN
人机界面	man machine interface	MMI
现场操作员工作站	local operator workstation	LOW
环境与设备监控系统	building automatic system	BAS
火灾自动报警系统	automatic fire alarm system	FAS
电力监控系统	power supervisory control and data acquisition system	SCADA
发车计时器	departure time indicator	DTI
受限制的人工驾驶模式	restricted manual model	RM
列车自动折返驾驶模式	automatic reversal	AR
无人驾驶列车折返运行	driverless train reverse operation	DTRO
列车身份识别	positive train identification	PTI
车辆段控制中心	depot control center	DCC
起讫点	origin – destination	OD
本地人机接口	local human machine interface	LHMI
中央联锁工作站	center locking workstation	CLOW
中央人机接口	central human machine interface	CHMI
国际标准化组织	international standards organization	ISO
职业健康安全管理体系	occupational health and safety management system	OHSMS

模块 1

城市轨道交通行车组织基础

学习目标

1. 了解城市轨道交通行车组织的特点；
2. 掌握城市轨道交通行车组织工作的基本概念；
3. 了解城市轨道交通行车组织的发展趋势；
4. 能正确识别列车运行图，明确列车运行图基本要素的意义，知道列车运行图的编制步骤；
5. 了解行车组织有关规章制度，养成遵章守纪的优良工作作风。

建议学时

16 学时

城市轨道交通行车组织工作是指在运输生产过程中，为完成运送乘客的任务而进行的一系列与运输有关的工作。城市轨道交通行车组织工作是城市轨道交通的中心工作，它担负着指挥列车运行、保证行车安全、提高运输效率的重要任务，是城市轨道交通系统运营的核心。

单元 1.1

城市轨道交通行车组织概述

城市轨道交通（主要包括地下铁道和轻轨铁路）是现代化都市的重要基础设施，它安全、迅速、舒适、便利地在城市范围内运送乘客，最大限度地满足市民出行的需要。在城市各种公共交通工具中，城市轨道交通具有运量大、速度快、安全可靠、污染低、受其他交通方式干扰小等特点，对改变城市交通拥挤、乘车困难、行车速度下降是行之有效的。城市轨道交通是现代化都市所必需的交通工具。我国北京、天津、上海、广州、深圳、南京已建成档次和规模不同的地铁并正在扩展和延伸，武汉高架快速轨道线、重庆单轨运输线、大连轻轨线、长春轻轨线已建成通车，成都、沈阳、青岛、西安、哈尔滨、杭州、苏州等城市的城市轨道交通也正在建设。我国城市轨道交通出现了建设高潮，前景十分广阔。

城市轨道交通系统的安全、速度、输送能力及效率与行车组织工作密切相关。行车组织工作作为城市轨道交通调度指挥和运营的关键工作，制定相应的行车组织规则，可以带来较好的社会效益和经济效益。

一 城市轨道交通的特点

1 城市轨道交通有别于城市道路交通的特点

城市轨道交通具有城市道路交通无可比拟的优势，其具体特点如下。

1）容量大

地下铁道单向每小时运送能力可达 30000～70000 人次，轻轨交通在 10000～30000 人次之间，而公共汽车、电车约为 8000 人次。在客流密集的城市建设城市轨道交通可疏散公交客流。

2）准时、快速

城市轨道交通有自己的专用线路，与城市道路交通相隔离，不受其他交通工具的干扰，不会因交通阻塞而延误运行时间，可保证乘客准时、迅速地到达目的地。

3）安全、正点

城市轨道交通多建于地下或高架，即使在地面也与道路交通相隔离，与其他交通工具无相互干扰。如果不遇到自然灾害或发生意外，运行安全有充分的保障。

4）利于环境保护

城市轨道交通噪声小，污染轻，对城市环境破坏小。

5）节省土地资源

城市轨道交通即使在地面，其占地也有限，充分利用了城市空间，节省了宝贵的土地资源。

但是城市轨道交通也存在一定的局限性，如建设费用高，建设周期长，技术含量高，建设难度大；一旦遇到自然灾害尤其是火灾，乘客疏散困难，容易造成人员伤亡。

城市轨道交通系统建成后就难以迁移和变动，不像地面公共交通可以机动地调整路线和设置站点，以满足乘客流量和流向变化的需要，其运输组织工作也远比地面公共交通复杂。

2 城市轨道交通有别于铁路的特点

城市轨道交通虽然和铁路同为轨道交通，但和铁路相比有许多不同之处。

1）运营范围不同

城市轨道交通运营范围是城市市区及郊区，往往只有几十千米，不像铁路那样纵横数千千米，而且连接城乡。

2）运行速度不同

城市轨道交通因在城市范围内运行，站间距离短，且每站必须停车，列车运行速度通常不超过80km/h。而铁路的运行速度比较高，许多线路在120km/h以上，高速铁路在300km/h以上。

3）服务对象不同

城市轨道交通的服务对象单一，只有市内客运服务，不像铁路那样客、货混运。

4）线路与轨道不同

城市轨道交通大部分线路在地下或高架通行，均为双线，各线路之间一般不过线运营。正线一般采用9号道岔，车辆段采用7号道岔，这些都与铁路有别。另外，城市轨道交通还设有跨座式和悬挂式，而铁路没有。

5）车站类型不同

城市轨道交通一般车站多为正线，多数车站没有道岔，换乘站多为立体方式，不像铁路那样车站有数量不等的道岔及股道，有较复杂的咽喉区，换乘也为平面方式。

6）车辆段功能不同

城市轨道交通的车辆段不像铁路的车辆段那样只有车辆检修的功能，而是类似于铁路的区段站，要进行车辆检修、停放以及大量的列车编解、接发车和调车作业。

7）车辆不同

城市轨道交通采用电动车组，没有铁路那样的机车和车辆的概念，也没有铁路那样众多类型的车辆。

8）供电方式不同

城市轨道交通的供电包括牵引供电和动力照明供电。城市轨道交通均为直流电力牵引，其动力、照明供电尤为重要，一旦供电中断，将陷入整体瘫痪状况。

9）通信信号不同

城市轨道交通行车密度高，行车间隔短，普遍采用列车自动监控和列车自动运行的方式。为了迅速、准确、可靠地传递信息，城市轨道交通建有自成体系的、独立完整的内部通信网，还包括广播和闭路电视。

10）运营管理模式不同

城市轨道交通运营条件比较简单，除了进、出段和折返外，没有越行，没有交会，正线上一般没有调车作业，易于实现自动监控。

▶ 二 城市轨道交通对行车组织工作的要求

城市轨道交通，尤其是地铁因其固有的特点，对其行车组织提出如下要求。

1）安全性要求高

因城市轨道交通尤其是地下部分隧道空间小，行车密度大，故障排除难度大，若发生事故则救援困难，损失将非常严重，所以，对行车安全（行车组织）提出了更高的安全要求。

2）通过能力大

城市轨道交通一般不设站线，进站列车均停在正线上，先行列车停站时间直接影响后续列车接近车站，所以要求信号设备必须满足通过能力的要求。此外，不设站线使列车正常运行的顺序是固定的，有利于实现行车调度自动化。

3）须保证信号显示

城市轨道交通虽然地面信号机少，地下部分背景暗，且受天气影响小，直线地段瞭望条件好，但曲线地段受隧道壁的遮挡，信号显示距离受到限制，所以保证信号显示也是一个重要的问题。

4）可靠性要求高

由于城市轨道交通隧道净空小，且装有带电的接触网，行车时不便于维修和排除设备故障，所以要求信号设备具有高可靠性，应尽量做到日常不维修或少维修。

5）自动化程度高

城市轨道交通站间距离短，行车密度大，行车组织工作十分频繁，而且地下部分环境潮湿，空气不佳，没有阳光，工作条件差，所以要求尽量采用自动化程度高的先进技术设备，以缩减工作人员工作时间，并减轻工作人员的劳动强度。

6）限界条件苛刻

城市轨道交通的室外设备及车载设备受土建限界的制约，要求设备体积小，同时必须兼顾施工和维护作业空间。

▶ 三 城市轨道交通行车组织的特点

城市轨道交通的信号系统沿袭铁路的制式，但由于其自身的特点，与干线铁路不同，城市轨道交通在整个运输过程中，调车作业很少，行车组织基本上只从事列车运行组织和接发列车工作，由调度所（或中央控制室）和车站（段）两级完成。

1）具有完善的列车速度监控功能

城市轨道交通所承担的客运量巨大，对行车间隔的要求远高于铁路，最小行车间隔达到90 s，甚至更小，因此对列车运行速度监控的要求极高。

2）联锁关系较简单但技术要求高

城市轨道交通的大多数车站没有配线，不设道岔，甚至也不设地面信号机，仅在少数有岔联锁站及车辆段才设置道岔和地面信号机，故联锁设备的监控对象远少于铁路车站的监控对象，联锁关系远没有铁路复杂。除折返站外全部作业仅为乘客乘降，非常简单。通常一个控制中心即可实现全线的联锁功能。

城市轨道交通信号自动控制最大的特点是将联锁关系和列车自动防护（ATP）编/

发码功能结合在一起，且包含一些特殊的功能，如自动折返、自动进路、紧急关闭、扣车等，增加了技术难度。

3）车辆段独立采用联锁设备

城市轨道交通的车辆段类似于铁路区段站的功能，包括列车编解、接发列车和频繁的调车作业，线路较多，道岔较多，信号设备较多，一般独立采用一套联锁设备。

4）行车调度自动化水平高

由于城市轨道交通的线路长度短，站间距离短，列车种类较少，行车规律性很强，因此它的调度系统中通常包含自动排列进路和运行自动调整的功能，自动化程度高，人工介入极少。

▶ 四　城市轨道交通行车组织的发展趋势

随着线路里程和线路数量的不断增加，城市轨道交通系统将由单线系统逐步走向网络化系统，行车组织的运营模式也由目前的单线运营模式逐步形成网络化运营模式。

1）运营管理主体多元化

近年来，为了更好地做好城市轨道交通运营服务，许多城市引入多家运营企业，建立竞争机制。如深圳轨道交通由深圳市地铁集团有限公司和港铁轨道交通（深圳）有限公司分别运营不同线路，在深圳市政府指导下执行统一的票价和提供统一的服务。

2）路网结构多样化

随着城市范围不断扩大，乘客的出行需求也越来越大。地铁线路的走向不再是单一的直线形、L形，城市环线的形式逐渐增多。如上海地铁4号线的环线结构与上海地铁1号线、上海地铁2号线组成"申"字形，串联起上海8个行政区，构筑起上海轨道交通的基本框架，并使得在上海市中心平行通过而不交会的多条平行线路能通过上海地铁4号线进行过渡换乘，加强了各条线路的连接及换乘的便利性。

3）运行方式复杂化

地铁线路作为城市公共交通整体网络中的骨架线路，具有线路长、列车运行速度快、沿线断面客流量不均衡、客流断点明显等特点。因此，采用多种列车交路相结合的列车运行方式，能使列车组织做到经济合理。如广州地铁3号线工作日高峰除了运行天河客运站—番禺广场双向列车，还加开了同和—大石的单向列车，提高列车车组的利用率，尽快疏散客流。

4）与其他交通方式衔接的多重性

地铁作为一种新兴的城市公共交通工具，逐渐在城市轨道交通系统中发挥骨干作用。随着城市经济的发展，人们出行便捷性需求越来越大，许多地铁规划时，要考虑与未来普速铁路、高速铁路、城际轨道交通等对外交通及地面公交的有效衔接。如苏州轨道交通2号线和4号线的换乘站位于苏州火车站站房及站场下方，与苏州火车站接驳，为地下3层岛式车站（地下一层为站厅层，地下二层为苏州轨道交通2号线站台层，地下三层为苏州轨道交通4号线站台层），前往高速铁路、地铁和公交站步行与其他交通方式换乘步行只需 2 ~ 5min，乘客换乘非常方便。

单 元 1.2

列车运行图

▶ 一 列车运行图的意义

1）列车运行图是组织列车运行的基础

列车运行图是利用坐标原理来表示列车运行的图解形式，它规定了各次列车占用区间的顺序，列车在区间的运行时分和在站停车时分，列车在各个车站的到达、出发（通过）时刻，折返站列车折返作业时间及电动列车出入场时刻。列车运行图是城市轨道交通运营的综合计划。因此，列车运行图是各项运输生产的综合计划、行车组织的基础，是协调城市轨道交通系统各部门、单位进行生产活动的重要文件，在城市轨道交通运营各部门的相互配合和协调动作上起到了重要的组织作用。

2）列车运行图是运行组织的一个综合性计划

城市轨道交通运营是一个整体系统，各业务部门都需要根据列车运行图所规定的要求来安排工作。如车站根据列车运行图所规定的列车到达和出发时刻，安排本站行车组织工作（如排列接发车进路）和客运组织工作；车辆部门每天运营前要整备好运营需求的列车数，车辆运转部门要根据列车运行图的要求确定列车的出库时刻和乘务员的班次安排及倒班计划；工务、通信、信号、供电、机电等部门也要求根据列车运行图的规定来安排施工计划和维修计划。因此，列车运行图是城市轨道交通行车组织的一个综合性计划。列车运行图使得城市轨道交通这部大联动机能够协调运转，从而保证运输的正常进行。

综上所述，编制一张经济合理的列车运行图，对于充分利用轨道交通设备的能力，满足各时期、各时段旅客运输的需要，使运能与运量很好地结合，既能方便旅客出行的需要，又能使企业获得最佳的经济效益，具有重要的意义。

▶ 二 列车运行图的识别

1 列车运行图的含义及其分类

列车运行图（图1-1）是利用坐标系原理表示列车运行的一种图解形式，它是表示列车在各站和区间运行状态的二维线条图，能直观地显示各次列车在时间和空间上的相互位置和对应关系。

图 1-1 中列车运行图各部分的含义说明如下。

（1）横坐标：表示时间，按要求用一定的比例进行时间划分。

（2）纵坐标：表示距离，根据区间实际里程，采用规定的比例，以车站中心线所在位置进行划分。

（3）垂直线：一簇平行的等分线，表示时间等分段。

（4）水平线：一簇平行的不等分线，表

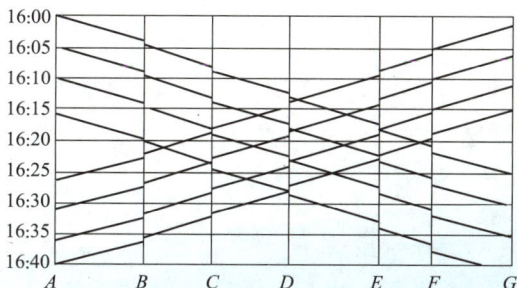

图 1-1　列车运行图（横坐标表示时间，纵坐标表示距离)

示各个车站中心线位置，一般称为站名线。它的确定主要有以下两种方法。

①按区间实际里程比率确定。即按照整个区段各个车站实际里程的比例来确定站名线的位置。采用这种方法，列车运行图上的站间距离能完全反映实际情况，能明显表示出站间距离的大小，但是由于各区间线路和横纵断面的不同，列车运行的速度也不相同，列车在整个区段的运行线是一条折线。这样画出来的列车运行图非常不美观，并且不利于发现区间运行时分上的差错，所以城市轨道交通运营企业一般不采用此种方法。

②按区间运行时分比率确定。即按照整个区段内各车站间列车运行时分的比例来确定站名线的位置。采用这种方法，虽然不能表示出站间距的大小，但是在列车运行图上的运行线基本上是一条斜直线。这样既美观，又可以直观地发现列车在区间运行时分上的差错，因此大多数企业采用此种方法。

（5）斜线：列车运行的轨迹，即运行线。一般以下斜线表示下行列车，上斜线表示上行列车。

（6）车次：列车运行图上每次列车规定有自己的车次。一般来说，上行为偶数，下行为奇数。

根据横、纵坐标所表示变量的不同，城市轨道交通所采用的列车运行图主要有两

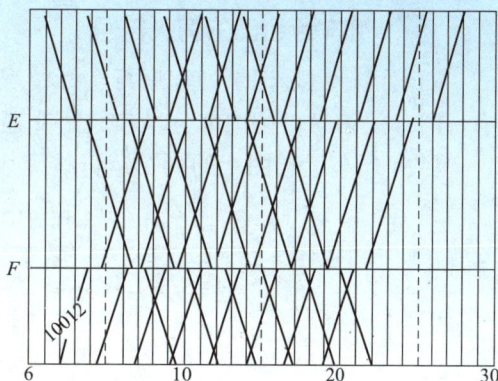

图 1-2　列车运行图（横坐标表示距离，纵坐标表示时间)

种形式：一种是横坐标表示时间，纵坐标表示距离（目前大多数城市轨道交通的运行图都采用这种形式）；另一种是横坐标表示距离，纵坐标表示时间。这时，运行图上横线表示时间，竖线代表车站中心线。有个别的城市轨道交通运营企业采用此种类型运行图，如图 1-2 所示。不同的城市轨道交通运营企业会根据实际情况采用不同形式的运行图。

2 列车运行图的有关符号

列车运行图是记录列车运行实际情况的图表，它采用不同的线条和符号表示列车运行的有关信息。国内部分城市轨道交通一般采用以下表示方法。

（1）列车运行图上的列车运行线（表1-1）。

列车运行图上的列车运行线 表1-1

列车种类	符号	说明
客运列车	——————————	红色实线
临时加开列车	– – – – – – –	红色虚线
专运列车	——————————→	红色实线加箭头
排空列车	—○————○——	红色实线加圆圈
救援列车	—×————×——	红色实线加叉
调试列车	——————————	蓝色实线
施工列车	——————————	黑色实线

（2）列车运行图上的表示符号。

①列车始发，如图1-3所示。

图1-3 列车始发

②列车终到，如图1-4所示。

图1-4 列车终到

③列车临时退出运行，如图1-5所示。

图1-5 列车临时退出运行

④列车停站，如图1-6所示。

⑤列车载客通过车站，如图1-7所示。

a)停站时间较长

b)停站时间较短

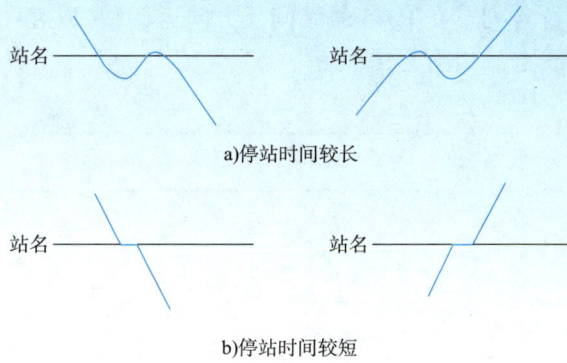

图 1-6　列车停站

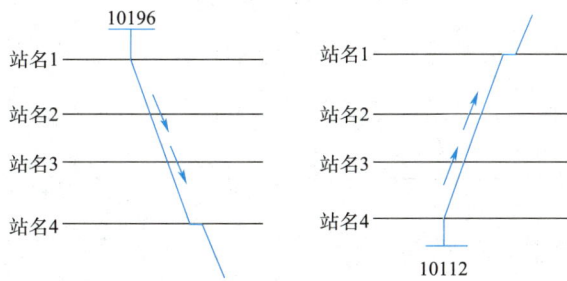

图 1-7　列车载客通过车站

⑥列车排空通过，如图 1-8 所示。

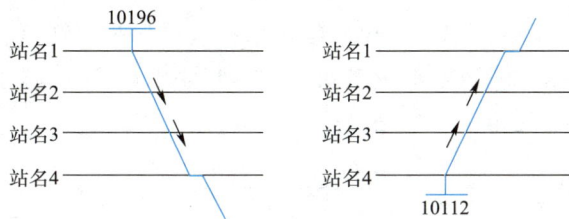

图 1-8　列车排空通过

⑦列车折返（含中途折返），如图 1-9 所示。

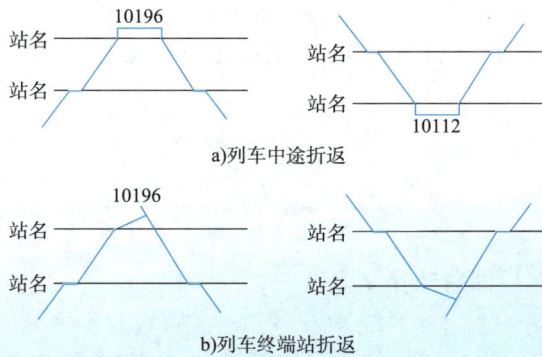

a)列车中途折返

b)列车终端站折返

图 1-9　列车折返

⑧列车反方向运行（列车在 1～5 号站间反方向运行），以红"＝"标画在列车反方向运行区间的运行线上，如图 1-10 所示。

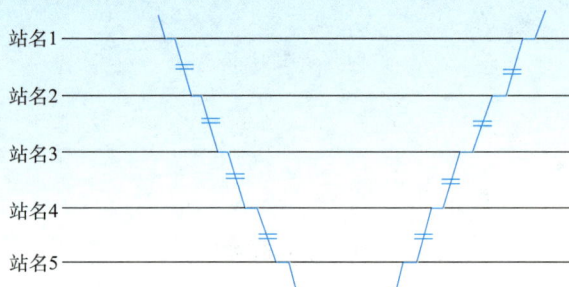

图 1-10　列车反方向运行

⑨列车抽线，用红"×"标画在计划列车运行线上，如图 1-11 所示。

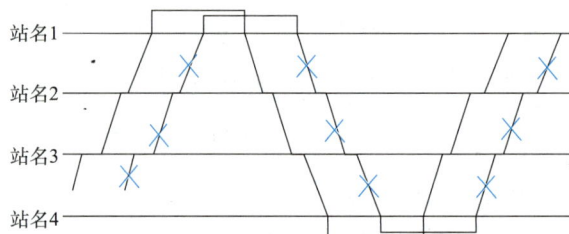

图 1-11　列车抽线

⑩列车故障救援，故障列车用红色虚线表示，救援列车用红色实线表示。如图 1-12 所示，列车甲在 2 号站故障请求救援，列车乙在 1 号站清客担当救援，连挂后推进至 4 号站折返线，解钩后乙列车在 4 号站上客继续运行。

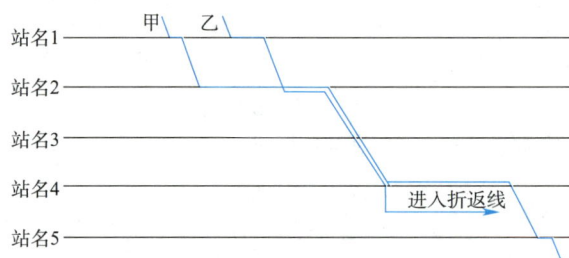

图 1-12　列车故障救援

💡 **小贴士**

列车早点红笔画圈，圈内注明早点时分。

列车晚点蓝笔画圈，圈内注明晚点时分、晚点原因（应简略）。

有关施工、封锁线路、设备故障、控制权下放等事项和原因要在运行图中注明。

3 列车运行图的格式

为了适应不同列车的运行需要，列车运行图按照时间的划分而不同，主要有以下 4 种基本格式。

（1）一分格运行图，如图 1-13 所示。它的横轴以 1min 为单位用竖线进行等分。此种运行图主要在地铁、轻轨线路采用。

（2）二分格运行图，如图 1-14 所示。它的横轴以 2min 为单位用竖线进行等分。此种运行图主要在市郊轨道交通线路采用。

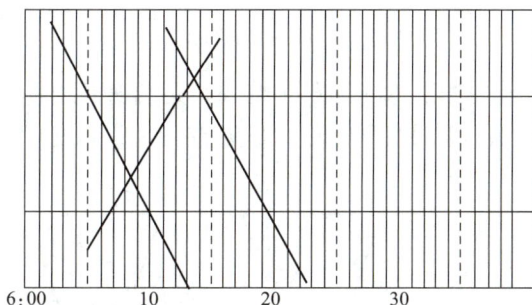

图 1-13　一分格运行图

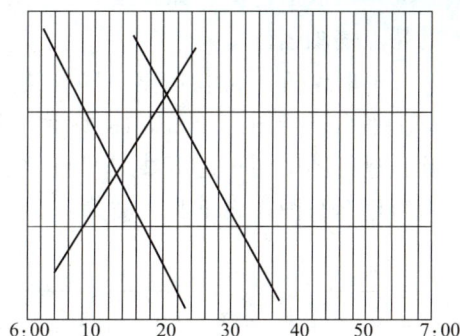

图 1-14　二分格运行图

（3）十分格运行图，如图 1-15 所示。它的横轴以 10min 为单位用竖线进行等分，并且须在运行图上标注 10min 以下的数字。此种运行图主要在城市轨道交通运输企业中采用。

（4）小时格运行图，如图 1-16 所示。它的横轴以 1h 为单位用竖线进行等分，并且须在运行图上标注 60min 以下的数字。此种运行图主要在编制旅客列车方案图、机车周转图时采用。

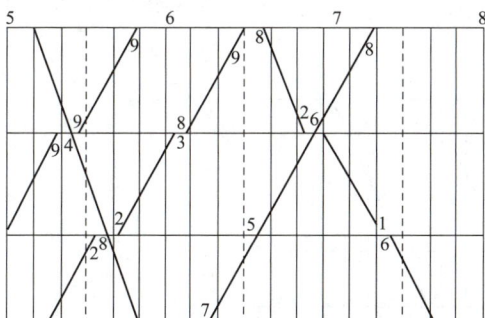

图 1-15　十分格运行图

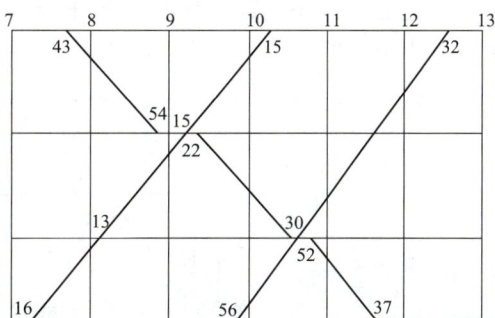

图 1-16　小时格运行图

4 列车运行图的分类（相关教学资源见二维码 1）

根据线路的技术设备、列车运行速度、上下行列车的数量、列车运行方式的不同，列车运行图可以分为不同的类型。

（1）按区间正线数目不同分类。

①单线运行图，如图1-15所示。在单线区段上，上下行方向的列车都在同一正线上运行，两个方向的列车必须在车站进行交会。单线运行图多数在运量不大的市郊轨道交通上运用。

②双线运行图，如图1-13所示。在双线区段上，上下行方向的列车分别在各自的正线上运行，两个方向的列车运行互不干扰。绝大多数地铁、轻轨都采用此种类型的运行图。

③单双线运行图，如图1-17所示。单线区段和双线区段分别按照单线和双线运行图的特点铺画运行图。

（2）按列车的运行速度不同分类。

①平行运行图，如图1-18所示。在同一区段内，同一方向的列车运行速度相同，因此，运行图中列车运行线是相互平行的，并且在该区段内列车无越行。一般地铁、轻轨所用运行图都属于此种类型。

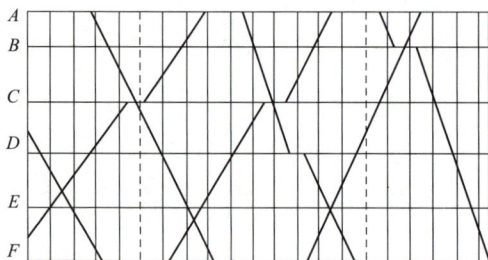

图 1-17　单双线运行图

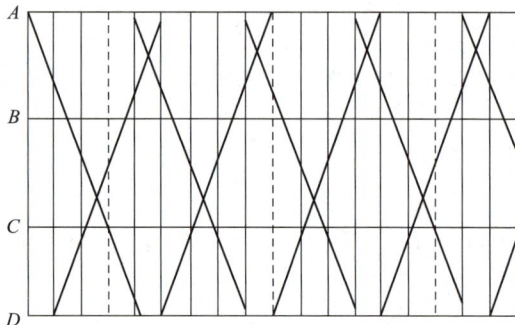

图 1-18　平行运行图

②非平行运行图，如图1-19所示。列车运行图中铺画有不同速度和不同类型的列车，因此运行图中的运行线相互不平行。在城市轨道交通系统中，市郊轨道交通会采用此种类型运行图。

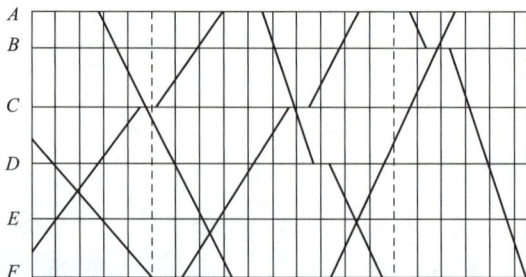

图 1-19　非平行运行图

（3）按上下行列车数量不同分类。

①成对运行图，如图1-18所示。在这种运行图上，上下行两个方向列车的数目是相等的。

②不成对运行图，如图 1-17 所示。在这种运行图上，上下行两个方向列车的数目是不相等的。城市轨道交通上下行列车数目基本相等，大都采用成对运行图，只有在上下行方向运量不相等的个别区段，才采用不成对运行图。

（4）按列车运行方式不同分类。

①连发运行图，如图 1-20 所示。在这种运行图上，同方向列车的运行是以站间区间为间隔的。在单线区段采用这种运行图时，在连发的一组列车之间不能再铺画对向列车。

②追踪运行图，如图 1-21 所示。在这种运行图上，同方向列车的运行是以闭塞分区为间隔的，一个站间区间内允许几列列车同时运行。目前，大多数地铁、轻轨采用这种运行图。

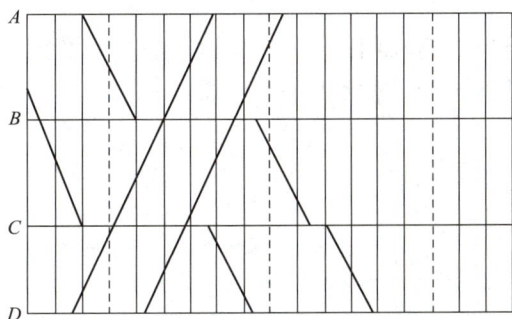

图 1-20　连发运行图

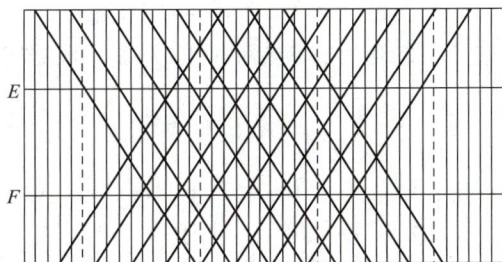

图 1-21　追踪运行图

以上分类都是针对列车运行图的某一特性进行划分的。实际上，在每张列车运行图上都有若干方面的特点。如图 1-21 所示，它是双线、平行、成对和追踪运行图。

三　列车运行图的基本要素

根据列车运行图的特殊性，可以将列车运行图分为不同的种类。而列车运行图的共性，则是组成列车运行图的各项基本要素。这些要素的实质就是把列车的运行过程按在空间或时间上衔接的特征划分为若干单项作业。在编制列车运行图之前，首先要确定这些基本要素。

城市轨道交通列车运行图组成要素分为时间要素、数量要素和其他相关要素 3 类。这是编制列车运行图的基础和前提。

1　时间要素

1）区间运行时分

区间运行时分是指列车在两相邻车站之间的运行时间标准，它由车辆部门采用牵引计算和实际查标相结合的方法查定。

列车区间运行时分的运行距离为相邻两车站中心线之间的距离。由于上下行方向的线路平面、纵断面条件可能不相同，所以列车区间运行时分应按上下行方向分别查定。对于城市轨道交通，一般在所有的车站均办理客运作业，且编组车辆数固定，因此不需要分别查定停车与不停车的情况。

2）停站时间

停站时间指列车停站作业（包括加减速、开关车门），乘客上下车等所需要时间的总和。

列车停站时间的长短取决于乘客乘降的需要，它与车站客流量的大小、列车车门数的多少、车站的疏导和管理有关。

为了保证乘客的安全，车辆只有在停妥的情况下才能开关车门。车门开关的时间与车辆的类型有关，一般开门大约在5s，关门在3～5s，如果站台上采用屏蔽门设置，还要考虑屏蔽门与车门之间的时间差。

乘客上下车的时间与乘客数量多少（主要考虑高峰期人数）、车辆车门数和宽度，站务员的疏导管理有密切的关系。根据统计资料，每位乘客上下车约需0.6s。

$$t_{上下} = \frac{0.6\,Q_{上下}}{N_{列}M} \tag{1-1}$$

式中：$t_{上下}$——乘客上下车时间，s；

$\quad Q_{上下}$——高峰小时内一个方向本站上下客人数之和，人；

$\quad N_{列}$——高峰小时通过本站的列车对数，对；

$\quad M$——每列车的车门数，个。

由于乘客的上下量在时间上是波动的，在各辆车内的分布也是不均衡的，因此在计算结果外尚需考虑一定的富余量。

$$t_{停站} = t_{门} + t_{上下} + \Delta t \tag{1-2}$$

式中：$t_{停站}$——每列列车在车站上的停留时间，s；

$\quad t_{门}$——开关门时间，s；

$\quad t_{上下}$——乘客上下车时间，s；

$\quad \Delta t$——每列车适当的富余时间，s。

在停站时间的实际确定过程中，除个别客流量较大的车站外，一般车站的停站时间应控制在20～30s。停站时间过长不仅会降低列车运行速度，在高密度行车情况下，还会影响到后续列车的运行。

3）折返作业时分

折返作业时分是指列车到达终点站或在区间站进行折返作业的时间总和，包括确认信号的时间、出入折返线的时间、办理进路时间、司机走行或换岗时间等。折返作业的时间受折返线折返方式、列车长度、列车制动能力、信号设备水平、司机操作水平等多因素的影响。

以站后折返方式为例，当上行到达列车在折返线规定的停留时间结束后，进入下行车站正线，此时最小的折返列车出发间隔时间可以采用式（1-3）计算：

$$h_发 = t_{离去} + t_{作业} + t_{确认} + t_{出线} + t_{站} \tag{1-3}$$

式中：$t_{离去}$——出发列车驶离车站闭塞分区的时间，s；

　　　$t_{作业}$——车站为折返线停留列车办理调车进路的时间，包括道岔区段进路解锁延迟、排列进路和开放调车信号等各项时间，s；

　　　$t_{确认}$——司机确认信号时间，s；

　　　$t_{出线}$——列车从折返线至车站出发正线的走行时间，s；

　　　$t_{站}$——列车停站时间，s。

4）列车出入停车场的作业时间

列车出入停车场的作业时间指列车从车辆停车场到达与其衔接的车站正线或返回的作业时间，可以采用查标的方式确定。

5）车站间隔时间

列车在车站的间隔时间简称车站间隔时间，是指车站办理两个列车的到达、出发或通过作业所需要的最小间隔时间。车站间隔时间在市郊铁路、城际铁路等城市轨道交通系统使用。在地铁、轻轨等系统中，只在运行调整或者线路或者信号设备不完善的情况下使用。在查定车站间隔时间时，应遵守有关规章的规定及车站技术作业时间标准，保证行车安全和最好地利用区间通过能力。

常用的车站间隔时间包括不同时到达间隔时间、会车间隔时间、连发间隔时间、同方向列车不同时发到及不同时到发间隔时间等几种。车站间隔时间的大小，与车站邻接区间的行车闭塞方法、信号和道岔的操纵方法、车站类型、接近车站的线路平面和纵断面情况、机车类型、列车载质量和长度等因素有关。

（1）相对方向列车不同时到达间隔时间（$t_不$）。

相对方向列车不同时到达间隔时间是指在单线区段相对方向列车在车站交会时，自某一方向列车到达车站之时起，至对向列车到达或通过该站时止的最小间隔时间。

为了提高列车运行速度，在列车交会时，除上下行列车在同一车站都有作业需要停车外，原则上使交会的两列车中一列通过车站。因此在运行图上较常采用一列停、一列通过的不同时到达间隔时间，如图 1-22 所示。

（2）会车间隔时间（$t_会$）。

会车间隔时间是指在单线区段的车站上，两列车交会时，自某一方向列车到达或通过车站之时起，至该站向这一区间发出另一对向列车之时止的最小间隔时间。单线区段各站均应按相关标准确定。会车间隔时间在运行图上的表示形式如图 1-23 所示。

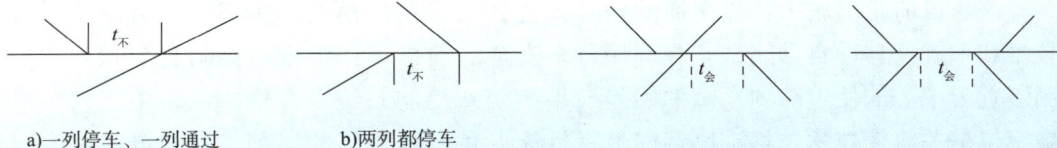

a)一列停车、一列通过　　　b)两列都停车

图 1-22　不同时到达间隔时间示意图　　　　　**图 1-23　会车间隔时间示意图**

会车间隔时间是车站办理各项作业所需要的时间，主要作业包括：确认先到列车的到达或通过的时间、与来车方向的邻站办理闭塞的时间、准备发车进路及开放出站信号机的时间、发车作业时间等。其计算公式为

$$t_会 = t_{作业} \tag{1-4}$$

6）追踪列车间隔时间

在自动闭塞区段，列车以闭塞分区为间隔运行，称为追踪运行。追踪列车之间的最小间隔时间，称为追踪列车间隔时间。追踪列车间隔时间，取决于同方向列车间隔距离，列车运行速度及信号、联锁、闭塞设备类型。

（1）三显示自动闭塞区段追踪列车间隔时间。

在使用三显示自动闭塞区段，追踪列车间的距离和列车运行速度是列车追踪间隔时间大小的决定因素。列车间的距离应以后行列车不因前行列车未腾空有关分区而降低运行速度，同时，也不能因两列车间距离太远而浪费区间通过能力。在三显示的自动闭塞区段，通常以两列车间隔3个闭塞分区为计算追踪列车间隔的依据，即后行列车在绿灯信号下绿灯运行。

在自动闭塞区段，列车追踪间隔时间的长短，决定了列车密度和运能的大小。为缩小追踪间隔时间，应在保证安全的基础上，缩短闭塞分区的长度，提高列车的运行速度。

（2）四显示自动闭塞区段追踪列车间隔时间。

一般称通过色灯信号机能显示诸如红（H）、黄（U）、绿黄（LU）和绿（L）4种灯光信号的自动闭塞为四显示自动闭塞。在信号四显示自动闭塞区段，通过信号机为三灯四显示，列车之后的第一个分区为保护区段，故其后的通过信号机仍显示红色灯光。在黄灯和绿灯信号机之间，增加了一个绿黄灯信号。

四显示自动闭塞一般使用在速度低、运行时间集中的市郊列车，同时又有其他快速列车的繁忙运输干线上，相对于三显示自动闭塞，由于闭塞分区进一步缩短，列车运行速度较高，因而对提高高速铁路运输能力有很大帮助。

（3）准移动自动闭塞追踪列车间隔时间。

准移动自动闭塞是预先设定列车的安全追踪间隔距离，根据前方目标状态设定前后列车的安全距离和运行速度，是介于固定闭塞和移动闭塞之间的一种闭塞方式。准移动自动闭塞对前行列车的闭塞方式采用固定闭塞的设置方式，对后行列车的定位则采用连续或移动的方式。

（4）移动自动闭塞追踪列车间隔时间。

这是目前我国城市轨道交通的信号系统普遍采用的模式，大部分是引进的国外技术和系统。移动自动闭塞是在确保行车安全的前提下，以车站控制装置和列车控制装置为中心的使追踪列车间的间隔最小的闭塞控制系统。在这一系统中，列车准确定位是关键性技术。移动闭塞的追踪目标点是前行列车的尾部，当然会留有一定的安全距离，后行列车从最高速开始制动的计算点是根据目标距离、目标速度及列

车本身的性能计算决定的，后行列车的追踪目标点是前行列车的尾部，与前行列车的走行和速度有关，是随时变化的，而制动的起始点是随线路参数和列车本身性能不同而变化的。前后列车之间的空间间隔距离是不固定的，所以称为移动闭塞，其追踪运行间隔要比准移动闭塞更小一些。而对于接近进站的列车，则根据调度命令由车站发出允许该列车进站及进入股道等信号。采用移动自动闭塞系统可以有效地压缩追踪列车间隔时间，提高区间通过能力。移动闭塞一般采用无线通信和无线定位技术来实现。

综上所述，列车追踪时间的最小值是由所采用的信号系统、车辆性能、折返能力、旅行时间、停站时间、投入运行的列车数量等多种条件决定的。在城市轨道交通系统的运营高峰时，线路上个别车站的客流量大，上下车时间较长。因此，在固定设备和运营模式固定的条件下，应尽可能压缩停站时间，提高输送能力；同时，最小追踪间隔时间应留有一定的余量，当列车运行偏离运行图时，便于行车调度员采取必要的调整措施，使整个系统的列车运行秩序尽快恢复正常。

7）运营时间

运营时间即城市轨道交通运营线路运送乘客的时间。它一般和该城市的工作时间及生活习惯有关。一般来说，各国城市轨道交通系统均有一定的夜间时间（2～6h 不等）作为设备、设施的维修时间。

8）停送电时间

停送电时间即每天运营开始前送电和运营结束后停电所需操作和确认时间。

2　数量要素

1）全日分时段客流分布

按客流的时间分布进行预测、调查分析，确定高峰、低谷时段客流量，从而对列车编组数或列车运行列数等有关因素进行合理安排，并作为开行不同形式列车的主要依据，如区间列车、连发列车等。全日分时段客流的分布主要取决于城市轨道交通的运能、车站所处的交通位置及周围客流的交通需求。

2）列车满载率

列车满载率指列车实际载客量与列车定员数之比。编制列车运行图时，既要保证一定的列车满载率，使运输能力得到充分利用；又要留有一定余地，以应付某些不可预测因素带来的客流量波动，同时也要考虑乘客的舒适水平。

3）出入库能力

单位时间内通过出入库线进入正线运营的最大列车数，称为出入库能力。

由于车辆基地与接入车站之间的出入库线有限，加之出入库列车进入正线受正线通过能力的影响，因此，出入库能力的大小是编制列车运行图的一个重要因素。

4）列车最大载客量

列车最大载客量即编制列车按车厢定员计算允许装载的最大乘客数，分为定员载客量和超载客量。列车最大载客量主要与采用的车辆类型及编组辆数有关。

3 其他有关要素

1）与城市其他交通方式的衔接

城市轨道交通应与其他交通方式实现有效衔接，包括大交通方面的铁路车站、港口、机场、公路交通枢纽，城市交通方式的公交系统、自行车交通、其他交通（如私家车）等，给乘客换乘提供尽可能的方便。

2）与其他城市公共设施的衔接

城市中有大量客流聚集的公共设施，如大型体育场、娱乐场所、商业中心、大型工矿企业等，这些场所经常会有短时间的大量突发客流，对城市轨道交通的正常运营带来一定的考验，造成一时的运力和人力的紧张。

3）列车试车作业

检修完毕的车辆，应首先在车辆检修基地的试验线上进行试验，各项指标合格后才能投入运营。有时某些项目的测试需要到正线上才能完成，此时，需要在运行图上做调整。

4）列车检修作业

经过一定时间的运营后，车辆需要进行定期维修，因此，需要合理安排列车运行时间和检修时间，以保证每列车都有日常的维护时间，又能使各列车的走行公里接近，达到各列车均衡使用的目的。

5）司机作息时间安排

司机的作息时间与列车交路、交接班地点、途中用餐、工时考核等因素有关，应均衡安排好司机的休班和工作时间。

6）车站的存车能力

城市轨道交通中大部分车站不设配线，没有存车能力，只有在区间个别车站或终点站设有停车线，可以存放一定数量的列车，可作日常维护用或作为备车；夜间作为停车线，以减少列车的空驶，均衡早晨的发车秩序。

7）投运列车数目

列车是城市轨道交通运营的主要行车设备，是唯一的载客工具。增加投运列车数目是提高运营能力的主要措施，但绝非是投运列车数目越多越好。作为城市轨道交通运营企业，首先要考虑运营成本，才能取得较好的社会效益和经济效益，要做到运能和运量之间很好地配合，经济合理地安排列车的数量。

高峰时段运能紧张，部分上班乘客上不去车，不仅影响列车正常运行，也给乘客带来不便与困难。此时本应增加投运列车数，可车场内无列车能够投入运营，这时可以考虑采取抽调检修车投入超高峰时段运行等措施，使运能紧张得到明显缓解，较好地解决高峰时段上下班乘客乘车的困难。

四 列车运行图的编制

随着城市轨道交通客运量的不断增长，尤其是当城市轨道交通形成网络之后，客运量的增长日益显著，同时运输市场不断发展变化，各项新技术、新设备的使用和运输组织工作的不断改进，列车运行速度得到不断提高，因此，每经过一定的时期，就要重新编制一次列车运行图。

1 编图要求

列车运行图的编制应符合以下要求：

（1）确保行车安全。列车运行图应符合各种行车规章的有关规定，严格遵守行车作业程序和时间标准。

（2）合理运用设备。列车运行图应充分利用线路的通过能力，达到运力与运量的匹配，在满足客流需求的同时，注意提高车辆满载率和运行速度。

（3）优化运输产品。列车运行图应根据客流的特点，开行运行间隔、编组数量、站停次数和旅行速度不同的列车，以吸引客流。列车运行图应合理规定列车的到达、出发时刻，合理规划停站时间，缩短乘客出行时间。另外，还应注意与其他交通运输工具的相互衔接配合。

（4）配合站段工作。列车运行图应合理安排列车均衡交错到达换乘站，使车站作业能力相对均衡。

2 列车运行图的编制步骤

列车运行图的编制由运营管理部门负责组织，大致经过以下步骤。

（1）按要求和编制目标确定编制列车运行图的注意事项。

（2）收集编图资料，对有关问题组织调查研究和试验。

编图资料主要有：全线各区段分时班次计划，列车最小运行间隔，列车在区间计划运行时分，列车在各站的计划停站时间，列车在折返站/折返线上的折返及停留时间，列车出入车辆段的时间标准，可用列车的数量，换乘站能力及其使用计划，首班车时间和末班车时间，列车交路计划，供电系统作业标准及计划，乘务组工作制度、乘务组数量及工作时间标准，现行列车运行图执行情况分析及改进意见，沿线设备运用及进路冲突数据等。

（3）编制列车运行方案图。编制列车运行方案图是列车运行图编制工作中一项十分重要的工作。它主要解决以下问题：

①方便乘客。方便乘客是衡量城市轨道交通运输企业服务水平的一个重要标志，具体表现为为乘客节约时间。因此，在编制列车运行方案图时，要认真排定头班车和末班车的发、到时刻，并注意与其他交通工具的衔接配合；合理规定列车停站站名、停站时间及列车在区间内的运行时间，以提高运行速度和减少乘客乘车时间；换乘站应安排好列车的到、发时刻，使几条线路列车合理地衔接配合，减少乘客在车站的换乘时间。

②经济合理地使用车辆。在车辆不足或客流量增长较快的情况下，充分挖掘运输潜力，加速车辆周转，对城市轨道交通运输有着重大的意义。减少运用车组数可以采

用适当压缩列车在折返站的停留时间，合理安排列车回段检修等方法。

③列车运行与车站客运作业过程的协调。在运营高峰时间，通常行车密度较大，在采用岛式站台的车站上，如两个方向或几个方向的列车同时到达，会造成车站内的拥挤。因此，为避免车站客运组织工作出现困难，在铺画列车运行方案图时，应安排不同方向的列车在车站交错到达。

④列车运行与车辆段有关作业的协调。在城市轨道交通中，车辆的列检作业是必须考虑的问题之一。在保证有足够作业时间的同时，也要尽可能使各个车组在列车运行图上连续运行的周期数大体均衡。

a. 征求调度部门、行车和客运部门、车辆部门意见，进行必要调整。

b. 根据列车运行方案，铺画详细列车运行图，编制列车运行时刻表和编制说明。

在一分格的列车运行图上铺画每一条列车运行线，即根据列车运行方案图和有关资料，详细规定列车在每个车站的到达、出发和通过时刻，以及在区间的运行时分和折返站折返时间等。在铺画详图时，可以按照需要对方案图所拟订的列车运行线进行适当的调整。

c. 编制分号运行图。为适应运量波动需要，应编制分号运行图。一般城市轨道交通列车运行图可以按照周一到周四、周五、周六、周日、十一黄金周等情况进行分号编制，以适应不同运量的需要。

d. 列车运行图编制质量的检查。列车运行图编制完成后，必须对列车运行图进行全面的质量检查，检查的主要内容有：运行图上铺画的列车数和折返列车数是否符合要求，列车运行线的铺画是否符合规定的各项作业时间标准，换乘站的列车到发密度是否均衡，列车乘务员的工作和休息时间是否符合规定的时间标准等。

e. 计算列车运行图指标。通过检查确认的运行图满足规定的要求之后，还要计算列车运行图的各项指标。主要有：列车列数和折返列车数、旅客输送能力、高峰小时运用列车数、全日车辆总走行公里、车辆日均走行公里、车辆全周转时间、车辆周转时间、技术速度、旅行速度、满载率、列车正点率、平均运距等。

f. 将编制完毕的列车运行图、时刻表和编制说明报有关部门审核批准后执行。

3　实行新图前的准备工作

列车运行图经过最后批准后，为了保证新图能够正确、顺利地实行，必须在实行新图前进行以下准备工作。

（1）发布实行新图的命令。

（2）印刷并分发列车运行图和列车时刻表。

（3）拟订执行新图的技术组织措施。

（4）组织有关人员学习新图。

（5）根据新图规定，组织各站段修订《行车工作细则》。

（6）做好车辆和司乘人员的调配工作。

单 元 1.3
行车组织规章

与行车组织有关的国家标准、法律法规可通过扫描附录 1 二维码阅读。

各城市轨道交通管理部门根据系统特征、所在城市的地理气候环境等要素特征，制定详尽的运行安全规章制度，使系统各部门、各单位、各岗位有章可循。运行安全规章制度可以体现在各种管理规章制度的相关条例中。

如上海地铁公司的相关规章制度有：

（1）地铁运营技术管理规程。

（2）地铁行车组织规则。

（3）各车站与车辆段的行车组织细则。

（4）地铁客运组织规则。

（5）地铁行车事故处理规则。

（6）各种专业的操作规程、安全规则。

（7）行车事故示例救援办法。

此外，由上海市人民政府颁布的相关地方法规——《上海市地铁管理办法》，以及相关管理局（市政工程局）颁布的《上海市地铁管理办法实施细则》，作为上述系统规章制度的法律支持。

下面以各地铁运营车站要求编制的《车站行车工作细则》为例进行说明。

▶ 《车站行车工作细则》

各地铁运营车站都要根据其作业要求编制《车站行车工作细则》，其主要内容包括以下几个部分。

1）第一部分：车站概况

该部分内容主要介绍车站的位置、性质、等级和任务。

2）第二部分：技术设备

该部分内容主要有：股道与道岔，信号、联锁与闭塞设备，客运设备，自动售检票系统设备，通信、照明与供电等设备。

3）第三部分：车站行车组织工作

该部分内容主要有：正常运营期间以及非正常情况下车站行车办法，电气集中控制台操作规定，列车转线作业有关要求。

4）第四部分：检修、施工管理

该部分内容主要有：施工计划，车站施工登记的作业程序，检修施工管理办法，车站线路的清扫与道岔的维护等有关规定。

5）第五部分：车站运输组织工作

该部分内容主要规定了车站客运组织机构形式与行车值班员交接班制度。

知识链接

电话闭塞法组织行车的要求

（1）只有在信号系统发生故障或特殊作业需要时，运营控制中心（OCC）必须向车站及司机下达启用电话闭塞法行车的命令。

（2）实施电话闭塞法组织行车必须保证同一时间、同一区间只有一列车占用。

（3）实施电话闭塞法组织行车，列车运行必须保持必要的间隔。

（4）实施电话闭塞法作业时，列车进入闭塞区间凭站务员手信号发车。

（5）接车站必须确认接车线路空闲、区间空闲，接车进路准备妥当，进路上的道岔防护信号已开放，方可发出承认闭塞的电话记录号码。

（6）发车站发车前必须确认已收到接车站发出的承认闭塞的电话记录号码，发车进路已准备妥当，发车时刻已到。

（7）实施电话闭塞法，车站督导员实施报点程序，向发车站、接车站报点；指定车站应向行车调度员报点；行车调度员开始接收车站督导员报点后，铺画实际运行图。

（8）在联锁设备正常情况下，将控制权下放到车站，按照车站控制计算机（SCC）与电话闭塞法相结合正常接发车作业程序在SCC上办理进路；如果联锁设备失效，则采用人工手摇道岔组织行车。

（9）联锁设备失效采用人工手摇道岔作业时，需设专人进行防护。车站应根据行车计划或调度命令对影响正线行车的道岔进行人工机械加锁管制；在配合折返作业时，可不加装钩锁器，但操作人员需确认道岔已操作至机械锁闭位置，作业人员应进行现场监护。

复习与思考

1. 简述列车运行图的意义。
2. 列车运行图的编制需要哪些要素？
3. 如何正确识别列车运行图？列车运行图有哪些类型？
4. 列车运行图的编制应符合哪些要求？

模块 2
行车信号系统

学习目标

1. 熟悉城市轨道交通行车信号显示及意义；
2. 了解联锁的概念及联锁设备的功能；
3. 熟悉行车闭塞法的种类及其行车办法；
4. 掌握列车自动控制系统设备结构及功能；
5. 掌握列车自动控制系统的设备及操作。

建议学时

14 学时

城市轨道交通行车信号系统通常由列车运行自动控制系统和车辆段信号控制系统两大部分组成，用于列车进路控制、列车间隔控制、调度指挥、信息管理、设备工况监测及维护管理，由此构成一个高效综合自动化系统。城市轨道交通行车信号系统是保证列车运行安全，实现行车指挥和列车运行现代化，提高运输效率的关键系统。

单元 2.1
行车信号基础

我们日常生活中经常遇到的，如地面道路交通、轨道交通、航海运输、航空运输等都必须要有统一规范的行业内公认的信号来确保其运转安全和运输能力的发挥。所以，信号是实现和保障交通运输运行最重要的工具与手段。在整个运输过程中，有关行车人员必须严格按信号指示的要求执行，任何单位、个人均不得违反相关规定，因为违反任何要求都可能造成十分严重的后果及无法挽回的损失。

一 行车信号基础知识概述

1 信号概念及基本要求

信号是用特定的物体（包括灯）的颜色、形状、位置，或用仪表和音响设备等向行车人员传达有关机车车辆运行条件、行车设备状态以及行车的指示和命令等信息。它是列车运行及调车作业的命令，相关人员必须严格执行。

信号装置就是实现信号含义的专用装置。

（1）基本作用。信号的发展同交通运输事业的发展紧密联系，它同运输事业密不可分。

（2）实现意义。信号基本作用的重要性是客观存在的，它已经渗透到所有交通运输行业中。没有信号作为有关的指示和命令，任何交通工具都无法在现代社会现实中实现其功能。

对信号的基本要求如下：

（1）各种信号机的灯光排列、颜色、外形尺寸应符合规定的标准。

（2）信号机的显示方式和表达的含义必须统一且符合规定的要求。

（3）信号机的设置须保持能够进行实时监测、故障警告，为列车运行提供安全保障和正确信息。

（4）一般情况下，信号机设置在运行线路的右侧，与列车司机的驾驶位置相同，便于瞭望和确认信号。

（5）行车手信号、行车听觉信号的显示方式和表达的含义应该符合规定要求。

（6）信号机的设置以及行车手信号、行车听觉信号的显示应考虑线路地形、地物的有关影响。

2 城市轨道交通信号的类型（相关教学资源见二维码2）

1）按感官方式分类

城市轨道交通信号一般分为视觉信号和听觉信号。视觉信号又可分为昼间、夜间和昼夜通用信号，昼间和夜间的信号分别以不同方式显示。公里标、曲线标、站段分界标、站界标、预告标等就属于昼夜通用信号，色灯信号也属于昼夜通用信号。

二维码2

不同类型的行车信号

视觉信号的基本颜色有4种：红色表示要求停车；黄色表示注意或减低速度；绿色表示按正常速度运行；白色表示允许调车时越过调车信号机。

听觉信号包括号角、口笛、响墩等发出的音响和机车的鸣笛声。

在昼间遇降雾、暴风雨雪及其他情况，致使停车信号显示距离不足1000m，或减速信号显示距离不足400m，或调车信号及调车手信号显示距离不足200m时，应使用夜间信号。隧道内只采用夜间或昼夜通用信号。

2）按安装方式分类

城市轨道交通信号按安装方式可分为固定信号、手信号和移动信号。

（1）固定信号：固定信号是被固定地安装在运行线路一定位置，用以指示列车运行和调车工作的信号，如信号机、行车信号标志牌、信号表示器等。

（2）手信号：手信号是行车有关人员手持信号旗直接用手臂显示的信号，用来表达有关的含义，指示列车或车辆的允许和禁止条件。

（3）移动信号：当运行线路在特殊情况下或需要施工、救援，要求列车禁止驶入某地点、区域或须减速运行时应设置移动信号，如停车信号牌或灯、减速信号牌或灯、减速防护地段终端信号牌或灯。移动信号根据需要临时设置或撤除。

3　城市轨道交通行车信号显示及意义

城市轨道交通运输组织中使用的视觉信号基本上和目前世界上各类运输业使用的色灯信号机的颜色与含义相一致，它有 4 种基本颜色，分别表示不同的意思。

（1）红色：停车。

（2）黄色：注意并减速运行。

（3）绿色：按规定速度运行。

（4）月白色：允许越过该架信号机调车。

色灯信号机的光源为白炽灯产生的色光。同样强度的光，红色最诱目，人们对红色辨认最敏感，故红色灯光作为停车信号，黄色作为注意和减速信号，绿色作为可以按规定速度通过。

4　信号机的类型

信号机是城市轨道交通最常用的视觉信号设备，它的作用贯穿于行车工作的整个过程中。一般情况下，按其功能可分为进站信号机、出站信号机、防护信号机、调车信号机、复示信号机、阻挡信号机、引导信号机等。

（1）进站信号机：防护车站和指示列车运行条件的信号机。

（2）出站信号机：防护发车进路及运行线路。

（3）防护信号机：防护敌对进路的列车相互冲突的信号机，通常设置在平面线路的交叉地点。

（4）调车信号机：保证机车车辆在站内或停基地内从事转线、编组作业能够安全高效地进行。

（5）复示信号机：受地形、地物影响，主体信号机的显示达不到规定的显示距离时，调车、出站及发车信号机前应设置复示信号机，复示主体信号机的显示状况。

（6）阻挡信号机：设置在线路尽头，不准车辆越过该信号机，防护线路终端。

（7）引导信号机：设置在进站信号机或接发车进路信号机机柱上。当主体信号机进行信号因故不能开放，显示一个红色灯光时，其可点亮一个月白色灯光引导列车进站（场）。

信号机按其安装方式可分为高柱信号机（图 2-1）和矮柱信号机（图 2-2）[如信号托架、信号桥（图 2-3）]。

图 2-1　高柱信号机

图 2-2　矮柱信号机

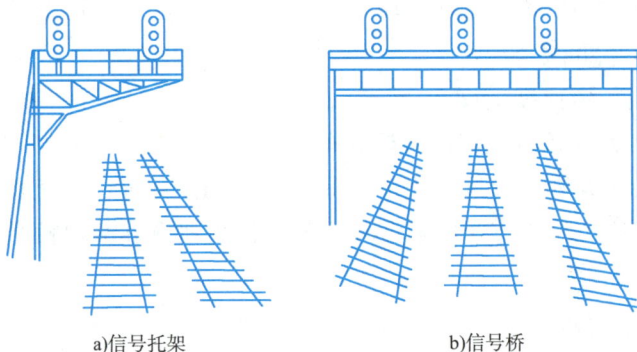

a)信号托架　　　　　　　　　　　　　b)信号桥

图 2-3　信号托架、信号桥

5　行车标志的类型

城市轨道交通运行中的行车有关标志分为线路标志和信号标志。它们是行车工作的一个重要组成部分，主要用来对列车运行时的驾驶以及运行设备的巡检、维修等指示相关目标、条件、操作要求。

1）线路标志

表示建筑物及线路设备位置或状态的标志称为线路标志。各种线路标志可以使工作人员知道或明了线路情况，方便进行各种设备维修、检查，使司机能够依据各种标志指示驾驶列车，达到运行安全和规范行车的目的。与行车直接有关的线路标志主要有以下几种。

（1）百米标：表示正线距离里程计算起点每一百米的长度，以百米为单位。

（2）公里标：表示城市轨道交通线路从起点开始计算的连续里程标志，以公里为单位。

（3）曲线标：曲线起点和曲线终点标志的简称。设在曲线中点处，标志上标明了曲线中心里程、半径大小、圆曲线及缓和曲线长度、超高、加宽等有关数据。

（4）圆曲线及缓和曲线始终点标：设在直线、曲线、缓和曲线三者相互联系的节点处或开始与终止处，标明所回方向为直线、圆曲线、缓和曲线。缓和曲线是指线路上直线和圆曲线相接处为减少振动而设置的一段半径渐变的曲线，它的起点没有弯度，然后逐渐变弯，弯度加大、半径减小，与圆曲线半径相同时和圆曲线相接，这种曲线称缓和曲线。圆曲线是线路上的一段弧，它的弯曲程度用圆半径表示，即曲线半径，以 "m" 为单位。曲线半径越大弯度越缓和，曲线半径越小弯度越紧促。

（5）坡度标：设在线路纵断面的变坡点处。它在正面与背面分别表示两边的坡度与坡段长度，箭头所指为上坡或下坡，箭尾数字表示坡度千分率，侧面标明变坡点位置。

（6）桥梁标：表示桥梁位置（中心里程）的标志，一般设置在桥梁中心里程处或桥头端，上面标明桥梁编号及中心里程数。

2）信号标志（相关教学资源见二维码3）

表示运行线路所在地点的情况和状态，指示行车人员依据标志的要求，及时、正确地进行有关作业与操作的标志称为信号标志。与行车相关的信号标志主要有以下几种。

二维码3

信号标志牌

（1）警冲标：在两条线路会合处，为了防止停留在一线的车辆与邻线上的车辆发生侧面冲撞而设在两会合线路之间间隔 4m 的中间标志。股道之间间距不足 4m 时应设在两线路中心线最大间距的起点处。

（2）站界标：是车站与区间分界处的标志，主要用于车站管辖范围区界划分和列车运行时位置识别，如图 2-4 所示。

（3）鸣笛标：要求司机鸣笛的标志。一般设在道口、桥梁、隧道口以及线路状况复杂地段的外方规定位置，如图 2-5 所示。

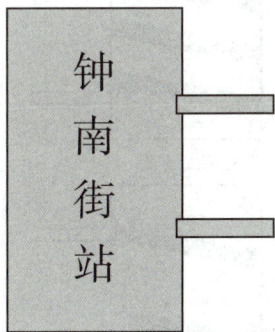

图 2-4　站界标

图 2-5　鸣笛标

（4）停车标：指示列车停车位置的标志。通常用于车站站台规定的乘客上下车的停车地点以及列车折返时指示司机停车的地点，它固定设置在规定位置，如图 2-6 所示。

（5）一度停车标：要求列车（机车）在该地点停车后进行确认线路、道岔，以及进行有关操作后继续行驶的指示标志，如图 2-7 所示。

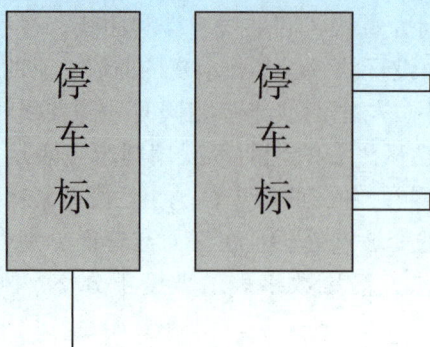

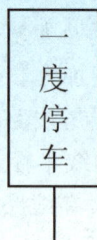

图 2-6　停车标　　　　　　　　　　　图 2-7　一度停车标

（6）车挡表示器：设在线路尽头线车挡上的表示器，便于司机及车辆调度员确认车挡位置。隧道内显示红色灯光，地面线路昼间使用红色方牌、夜间使用红色灯光，如图 2-8 所示。

（7）接触网终止标：表示接触网已终止的标志，设在接触网终端，警告司机不准越过该标，防止脱弓。

（8）预告标：通常设于非自动闭塞区段进站信号机外方，用于预告进站信号机位置距离的标志。在城市轨道交通运输中的基地试车线设置了类似的预告牌（警告牌），用于预告试车线尽头端距离。预告牌（警告牌）为直立白色长方形牌，3 个为一组，牌上分别涂有 3 条、2 条、1 条黑色斜线，表示距尽头车挡距离。立牌地点距尽头的距离由城市轨道交通管理部门依据实际情况制定，如图 2-9 所示。

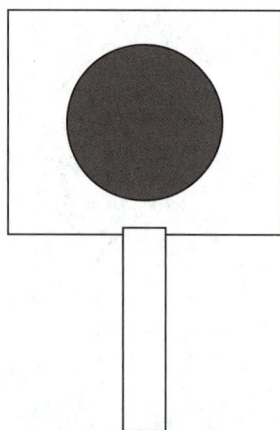

图 2-8　车挡表示器　　　　　　　　图 2-9　预告标

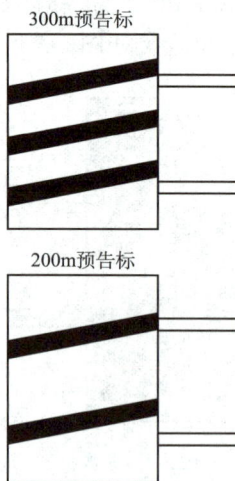

（9）引导接车地点标：引导员引导接车时所站位置的标志。引导员接车时原则上站在进站信号机外方或站界标处。如因地形、地物影响在上述地点显示手信号时不能保证列车在 200m 以外确认，引导地点应向区间延伸。在信号标志中，有些标志具有警告意义和防护功能，运行列车必须在其标志的内方停车，不得越过或者相碰，一旦越过或者相碰将构成行车事故（事件），如警冲标、车挡表示器、接触网终止标等，它们与行车信号显示有相同性质的含义。

二 视觉信号

1 色灯信号机

色灯信号机是运行组织过程中最基本的信号设备，它通过固定装置上的各种光色的变化来表达列车或其他列车运行的条件，对其开行指示命令。

正线使用防护信号机和阻挡信号机两种色灯信号机，基地内设有调车信号用以指示基地的调车和转线等作业，见表 2-1。

城市轨道交通色灯信号机的显示   表 2-1

序号	类　别	信号灯显示	行车指示内容	备　注
1	正线进路防护信号	绿灯	开通直向允许越过	X0103/X0104 绿灯允许进入车站
2		黄灯	开通侧向允许越过	
3		月白色+红灯	引导信号允许越过	
4		红灯	禁止越过	
5	车辆段调车信号	白灯	允许调车	JD1/JD2 黄灯允许进入车辆段
6		红灯	禁止越过	

色灯信号机的使用原则及使用时机如下。

1）移动闭塞法 [调度集中控制（CTC）模式]

在正常情况下，根据信号 CBTC 移动闭塞系统原理自动控制列车运行，凭车载信号显示（又称速度码）以列车自动运行驾驶模式（AM）或受监控的人工驾驶模式（SM）驾驶列车，正线进路防护信号（地面信号）不显示，列车加速、减速、停车和开门等由系统自动控制或由司机参照系统人工控制。

2）点式列车控制闭塞法（ITC 模式）

信号具备点式 ATP 功能时，采用进路行车法组织行车，凭地面信号显示及车载信号显示（又称速度码）以 SM 模式驾驶列车。

3）区段进路闭塞法

正线区段进路以相邻两站出站信号机之间的进路为单元划分，列车运行以一条区段进路为行车间隔，一个区段内只允许一列车运行。信号具备联锁功能但不具备点式 ATP 功能时，采用区段进路闭塞法组织行车，凭地面信号显示以不受限制的人工驾驶模式（URM）驾驶列车。

4）绿灯与黄灯

当信号机显示绿灯时，表示出站进路已准备好，道岔开通直向位置，准许列车按规定速度越过该信号机；当信号机显示黄灯时，表示出站进路已准备好，道岔开通侧向位置，准许列车按规定限速越过该信号机。

5）引导色灯信号

在正线上，信号机故障不能正常显示绿灯信号时，应开放引导信号，列车以不超过 25km/h 的速度越过该信号机后，按正常速度运行。

2 手信号（相关教学资源见二维码4）

二维码4
手信号表示

手信号是运行系统的重要的信号显示，在运行实践中经常要使用手信号来表示或传达有关的行车指示和命令，它与运行及运行安全有着密切的联系。手信号是运行中普遍采用的一种视觉信号，它是用信号旗或信号灯及显示信号的人用手臂显示的信号，主要通过旗、灯、手臂的状态变化使接收信号的行车人员明确显示的意义并遵守执行。

手信号的基本作用是机动指挥列车运行和调车作业，对有关的行车事项进行联络。

手信号包括准许通行信号、停车信号、注意或减速信号、引导信号。这些信号与固定信号机所显示的含义具有相同的作用。

1）手信号的显示原则

手信号的显示原则是指在进行手信号显示时的原则规定，即在显示手信号时要遵循的制度和规范，否则信号显示将失去意义或是无效的。

（1）地面车站及基地内，昼间使用信号旗，夜间使用信号灯。

（2）地下车站一律使用信号灯，按夜间规定办理。

（3）显示手信号时左手持红旗，右手持绿旗（扳道员右手持黄旗）。

2）手信号的显示时机

手信号的显示时机是指正确及时地掌握显示手信号的时间，即什么时候开始显示手信号，在什么时候收回所显示的手信号。时机的掌握对安全行车与提高行车效率有着直接密切的关系。如果过早显示将影响行车工作效率，易产生行车节奏被打乱现象；而太迟显示将不能保证列车运行安全和失去显示要求所要达到的目的。

（1）显示通过、停车等信号时，必须在看见列车灯光时开始显示，待列车头部越过显示信号地点后方可收回。

（2）显示发车信号必须在确认列车起动后方可收回。

（3）显示引导信号要待列车越过显示地点后方可收回。

（4）显示调车手信号须待司机回示后方可收回。

（5）显示停车信号和临时停车信号须待列车停车后方可收回。

3）手信号的显示方式

手信号的显示方式见表2-2。

4）调车手信号

在车辆段内调车作业时，有关行车人员必须严格执行调车手信号的显示要求，司机确认调车手信号后，应鸣笛回示并按要求及时动车，不间断瞭望信号；没有信号不准动车，信号不清立即停车。在调车过程中应严格执行各项调车速度规定。牵引运行时，前方进路由司机负责确认；推进运行时，前方进路由调车员负责确认。车辆连挂完毕，司机必须先确认调车员的起动手信号，再确认前方进路信号开放后，方可动车。调车手信号显示方式见表2-3。

手信号的显示方式 表2-2

| 序号 | 手信号 | | 显示方式 | |
	类别	昼间	夜间
1	停车信号：要求列车停车	展开的红色信号旗，无红色信号旗时，两臂高举头上，向两侧急剧摇动	红色灯光，无红色灯光时，用白色灯光上下急剧摇动
2	紧急停车信号：要求司机紧急停车	展开红旗下压数次，无信号旗时，两臂高举头上，向两侧急剧摇动	红色灯光下压数次，无红色灯光时，用白色灯上下急剧摇动
3	减速信号：要求列车降低速度运行	展开的黄色信号旗，无黄色信号旗时，用绿色信号旗下压数次	黄色信号灯光，无黄色灯光时，用白色或绿色灯光下压数次
4	发车信号：要求司机发车	展开的绿色信号旗上弧线向列车方向做圆形转动	绿色灯光上弧线向列车方向做圆形转动
5	通过手信号：准许列车由车站通过	展开的绿色信号旗	绿色灯光
6	引导信号：准许列车进入车站或车辆段	展开黄色信号旗高举头上左右摇动	黄色灯光高举头上左右摇动
7	好了信号：某项作业完成	用拢起信号旗做圆形转动	白色灯光做圆形转动

调车手信号显示方式 表2-3

| 序号 | 调车手信号 | | 显示方式 | |
	类别	昼间	夜间
1	停车信号	显示方式与表2-2第1项相同	
2	减速信号	展开的绿色信号旗下压数次	绿色灯光下压数次
3	指挥列车或车辆向显示人方向来的信号	展开的绿色信号旗在下方左右摇动	绿色灯光在下方左右摇动
4	指挥列车或车辆向显示人反方向去的信号	展开的绿色信号旗上下摇动	绿色灯光上下摇动
5	指挥列车或车辆向显示人方向稍行移动的信号（包括连挂）	左手拢起红色信号旗直立平举，右手展开的绿色信号旗在下方左右小摆动	绿色灯光下压数次后，再左右小动

| 序号 | 调车手信号 | 显 示 方 式 | |
	类别	昼间	夜间
6	指挥列车或车辆向显示人反方向稍行移动的信号（包括连挂）	左手拢起红色信号旗直立平举，右手展开的绿色信号旗在下方上下小动	绿色灯光平举上下小动
7	三、二、一车距离信号	右手展开的绿色信号旗下压三、二、一次	绿色灯光平举下压三、二、一次
8	连挂作业	两臂高举头上，使拢起的手信号旗杆成水平末端相接	红、绿色灯光（无绿色灯用白色灯光代替）交互显示数次
9	试拉信号	按本表第6项的信号显示，当列车起动后立即显示停车信号	
10	取消信号：通知前发信号取消	拢起的手信号旗，两臂于前下方交叉后，左右摇动数次	红色灯光做圆形转动后，上下摇动

（1）使用原则。工程车在区间根据需要进行车辆甩挂作业时，应严格按照调车手信号显示要求执行。试验列车自动制动机的手信号显示方式如下。

制动：昼间——用拢起信号旗高举头上；夜间——白色灯高举。

缓解：昼间——用拢起信号旗在下部左右摇动；夜间——白色灯光在下部左右摇动。

试验完了（或其他作业完成的显示）：昼间——用拢起信号旗做圆形转动；夜间——白色灯光做圆形转动。

（2）使用时机。工程车连挂车辆（电列车除外）完毕后，必须进行制动机检阅或全部试验，手信号的显示按上述要求执行；司机确认试验手信号后，鸣笛回示并按显示信号要求执行。

三 听觉信号

1 听觉信号的用途

在行车工作中，各工种或作业相互之间有些不能通过口头、电信及视觉信号的方法取得联系，因此必须使用听觉信号进行相互联络，以维持工作的持续、效率、安全。

2 听觉信号的标准

鸣示听觉信号时，为防止混淆，应按音节长短及间隔的规定标准进行，其规定如下。

（1）长声显示时间为3s；短声显示时间为1s；音响的间隔时间为1s。

（2）如果需要重复鸣示时，每次（组）须间隔5s以上。

（3）在一般情况下隧道内取消列车、机车起动鸣笛和声响联络，如遇运行中危及行车安全及人身安全的突发事件和特殊情况时除外。

（4）地面车站、基地作业时应充分考虑居民区等情况，执行城市轨道交通有关规定。

3 听觉信号的显示

列车、车组、工程车等列车的鸣示方式见表2-4。口笛鸣示方式见表2-5。

列车、车组、工程车等列车的鸣示方式　　　　　　　　　　表2-4

序号	名　称	鸣示方式	使用时机
1	起动注意信号	一长声 —	①列车起动或机车车辆前进时（双机牵引时，本务机车鸣笛后，尾部机车应回示，本务机车再鸣笛一长声后起动）。 ②接近车站、鸣笛标、隧道、施工地点、黄色信号、引导信号、天气不良时。 ③在区间停车后，继续运行时，通知车长
2	退行信号	二长声 ——	列车、机车车辆、单机开始退行
3	召集信号	三长声 ———	要求防护人员撤回时
4	呼唤信号	二短一长声 ·· —	①列车或机车要求出入基地时。 ②在车站要求显示信号时
5	警报信号	一长三短声 — ···	①发现线路有危及行车安全的不良处所时。 ②列车发生重大、大事故及其他需要救援情况时。 ③列车在区间内停车后，不能立即运行，通知车长时
6	试验自动制动机复示信号	一短声 ·	①试验制动机开始减压时。 ②接到试验制动结束的手信号，回答试验人员时。 ③调车作业中，表示已接收调车员所发出的信号时
7	缓解信号	二短声 ··	试验制动机缓解时
8	紧急停车信号	连续短声 ···· ·	司机发现邻线发生障碍，向邻线上运行的列车发出紧急停车信号时，邻线列车司机听到后，应立即紧急停车

口笛鸣示方式　　　　　　　　　　表2-5

序号	工作项目	鸣示方式	
1	发车、指示机车向显示人反方向移动	一长声	—
2	指示机车向显示人方向移动	一短一长声	· —
3	指示发车	一长一短声	— ·
4	制动机减压	一短声	·

续上表

序号	工作项目	鸣示方式	
5	制动机缓解	二短声	··
6	取消	二长一短声	——·
7	再显示	二长二短声	——··
8	列车接近通报信号 　上行 　下行	 二长声 一长声	 —— —
9	停车信号	连续短声	······

在日常运作中，调车员或管理人员及行车有关人员检查工作或遇列车救援、发生紧急情况，没有携带信号灯或信号旗时，可用徒手信号显示，见表2-6。

徒 手 信 号 显 示　　　　　表2-6

序号	徒手信号类别	显示方式
1	紧急停车信号（含停车信号）	两手臂高举头上，向两侧急剧摇动
2	三、二、一车信号	单臂平伸后，小臂竖直向外压直，反复三次为三车、二次为二车、一次为一车
3	连挂信号	紧握两拳头高举头上，拳心向里，两拳相碰数次
4	试拉信号	如本表第5或第6项，当列车刚起动马上给停车信号（第1项）
5	向显示人方向稍行移动	左手高举直伸，右手平伸小臂前后摇动
6	向显示人反方向稍行移动	左手高举直伸，右手向下斜伸，小臂上下摇动
7	好了信号	单臂向列车运行方向上弧圈做圆形转动

四 无线调车灯显设备

1 无线调车灯显设备使用制度

（1）接班后，调车员应逐个检查电台和机控器，并确认电台通话和灯显设备试验良好。

（2）调车作业中不准更换电台、电池，确需更换时，必须停车并重新试验；作业中不得转换频道。

（3）临时发生故障或备班机车未配备机控器，不能正常使用无线灯显作业时，司机应及时通知车辆调度员恢复手信号作业，禁止手信号、灯显信号混用或凭语言信号指挥作业。

（4）当调车员通话或发送信号时，其他人员不得按下通话或信号按钮，避免干扰。

（5）无线电台除当班人员在规定作业区范围内使用外，其他人员禁止使用（事故救援时除外）。工作中电台不得互换，不得擅自转换频道和拆卸电台。

（6）新职工或未使用过电台的调车人员必须经过培训考试合格后，方准使用无线电台作业。

（7）使用无线电台时，必须用语标准，吐字清晰，严禁使用无线电台闲聊。

（8）对违规无线电台或灯显设备，按有关规定考核。

2　无线调车灯显设备显示

无线调车灯显设备显示见表2-7。

无线调车灯显设备显示　　　　　　表2-7

序号	类　别	显示方法	序号	类　别	显示方法
1	停车信号	一个红灯	7	两车距离信号	黄灯长亮（附带语音提示）
2	推进信号	一个绿灯	8	一车距离信号	黄灯长亮（附带语音提示）
3	起动信号	绿灯闪数次后熄灭	9	紧急停车信号	两个红灯
4	连接信号	绿、红灯交替后绿灯长亮	10	解锁信号	先两个红灯后熄灭一个红灯
5	减速信号	黄灯闪后绿灯长亮	11	鸣笛	语音提示
6	三车距离信号	黄灯长亮（附带语音提示）			

3　无线调车灯显设备操作方法

无线调车灯显设备操作方法见表2-8。

无线调车灯显设备操作方法　　　　　　表2-8

序号	类　别	操作方法	序号	类　别	操作方法
1	停车信号	长按红色按钮1.5s	7	两车距离信号	按2下黄色1下绿色按钮
2	推进信号	按绿色、黄色按钮	8	一车距离信号	按1下黄色1下绿色按钮
3	起动信号	长按绿色按钮2s	9	紧急停车信号	按2下红色按钮
4	连接信号	按绿色、红色按钮	10	解锁信号	按1下黄色按钮
5	减速信号	长按黄色按钮1.5s	11	鸣笛	按下侧键
6	三车距离信号	按3下黄色按钮			

4　无线调车灯显设备使用原则及时机

（1）调车作业时，起动信号在指挥单机或牵引车辆起动运行时使用；推进信号在机车连挂作业后向空线推送时使用；连接信号在接近被连挂列车3m处一度停车后使用。调车员在显示连接信号、起动信号、推进信号前均应以通话辅助说明作业方式。

（2）带车连挂前，车辆调度员应向司机预告停留车位置并显示"三、二、一车"距离信号指挥作业。

（3）车辆调度员在指挥调车作业时，应站在司机瞭望范围内的适当位置，以便在灯显设备临时发生故障时能及时采取措施。

（4）司机应严格按灯显信号要求操纵机车，遇灯显信号不明、不清，应立即停车。

（5）进入车挡作业（摘接制动软管、调整钩位、处理钩销）前，应通知司机并显示"紧急停车"信号进行防护后，方可进入车挡作业。

单 元 2.2
联锁设备

城市轨道交通信号系统的任务是保证行车安全、协调列车运行、提高运输效率。城市轨道交通车站及车辆段都有很多线路，线路的两端以道岔连接，根据道岔的不同位置组成列车的不同进路，每条进路只允许一辆列车使用。列车能否进入某进路，是否会发生进路冲突，这些都由联锁系统来协调。联锁系统是信号系统中保证列车行车安全的核心设备。

一 联锁的原理（相关教学资源见二维码5）

联锁是通过技术方法使信号、道岔和进路必须按照一定程序并满足一定条件才能动作或建立起来的相互关系。也就是说，为了保证车站行车安全，必须制定一系列联锁规则以制约信号的开放与关闭、道岔转动和进路的建立；必须以技术手段来实现这些联锁规则。联锁系统以电气设备或电子设备实现联锁功能，以信号机、动力转辙机和轨道电路室外设备三大件来体现联锁功能。

二维码5

联锁的条件

根据系统内各设备在功能上的分工和所在的位置，联锁系统可分解成如图2-10所示的联锁机构（联锁层）、人机会话层和监控层。联锁机构（联锁层）、监控层都必须符合故障-安全原则，其设备设在车站信号楼的机械室内；人机会话层设在车站值班室。

联锁机构（联锁层）是联锁系统的核心，它除了接收来自人机会话层的操纵信息外，还接收来自监控层所反映的室外信号机、转辙机和轨道电路状态的信息，并根据联锁条件，对这些控制信息和状态信息进行处理，产生相应的信号控制命令和道岔控制命令。

人机会话层的主要功能是操作人员在该层向联锁机构输入操作信息，接收联锁机构反馈的设备状态信息和行车作业情况信息。

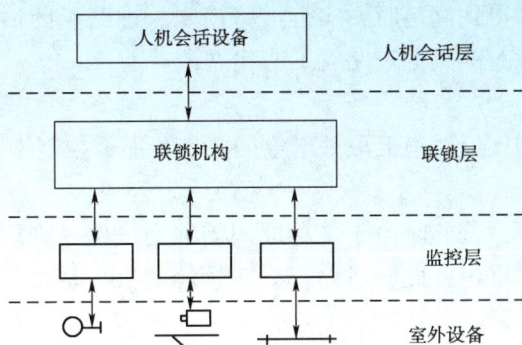

图 2-10　联锁机构（联锁层）、人机会话层和监控层

监控层的主要功能是接收联锁机构的控制命令，通过信号控制电路来改变信号机显示；接收联锁机构的道岔控制命令，驱动道岔转换；向联锁机构反馈信号机状态、道岔状态和轨道电路状态信息。

二　联锁设备的功能

联锁设备具有轨道电路处理、进路控制、道岔控制、信号控制、进路自动设置功能。

1　轨道电路处理功能

轨道电路处理功能是接收和处理轨道区段的"空闲""占用"状态信息，并把该状态信息转发给其他有关设备。

2　进路控制功能

进路控制功能就是建立进路和解锁进路功能。建立进路的过程就是从开始办理进路到防护该进路的信号开放过程。解锁进路的过程就是从列车驶入进路到越过进路中全部轨道区段的过程，或是操作人员解除已建立的进路过程。

1）建立进路

建立进路的过程有 4 个阶段，即进路选择、道岔控制、进路锁闭和信号控制。进路建立后，一直保持锁闭状态；当发出取消进路命令或有车正常占用又出清后，进路才能取消。下面主要介绍进路选择和进路锁闭（道岔控制、信号控制详见本节下述部分）。

（1）进路选择。进路选择的检查条件是：操作手续符合操作规范，所选进路处于空闲状态，进路始端信号机灯丝完好，对进路有侧向防护要求的所有轨道区段都处于空闲状态，在进路中没有轨道区段被占用。

如果进路检查的条件成立，那么联锁设备开始转换道岔，锁闭道岔，开放信号。如果进路检查的条件不成立，或没有在指定点监测到道岔位置，则向控制中心回送一个无效命令，停止建立进路的操作。

（2）进路锁闭。当进路内有关道岔的位置符合进路要求，而且进路在空闲状态没有建立敌对进路等条件得到满足时，实行进路锁闭。进路锁闭后，进路内的道岔不能再被操纵，与该进路敌对的其他进路就不能建立了。

2）解锁进路

如果进路和进路的接近轨道区段处于空闲状态，那么控制中心发出取消进路指令，进路立即取消。

当列车接近进路时，若此时由于某种原因需取消进路，则取消进路的操作需延时生效，以确保即使列车冒进，此时进路仍处于锁闭状态，道岔不会转换，列车不会颠覆，不致产生危险。

3　道岔控制功能

1）监测

全天候监控所有道岔的状态，道岔的状态信息反馈到人机会话层。如果发生列车挤岔等不正常情况，可由道岔监测设备反映到控制室，并给出声光报警。

2）锁闭

道岔锁闭电路接收到控制中心送来的锁定道岔指令，对道岔进行锁闭操作，并返回一个锁闭成功或锁闭失败的状态信息给控制中心。根据需要还可以对每组道岔进行单独锁闭。

3）错开道岔动作时间

只有当道岔区段空闲、道岔不在指定位置并未被锁定时，才需要对道岔进行转换操作。为了消除操作多组道岔时瞬间电流过大现象，联锁设备需要错开转辙机转动时间。

4　信号控制功能

信号控制功能负责监视轨旁信号状态，并依据进路、轨道区段、道岔和其他轨旁信号状态信息对其进行自动控制。当收到控制中心送来的信号更新指令时，则更新信号状态。

若进路建立的联锁条件得到满足，则点绿灯或黄灯或白灯（这3种灯光为允许行车灯光，其中绿灯和黄灯是列车运行时的允许灯光，白灯为调车情况下的允许灯光），表示进路在锁定状态；若进路建立的联锁条件不满足，则点红灯。如果信号开放后，由于某种原因条件不满足，则信号自动关闭。直到条件满足后，在收到信号重新开放指令时，才重新点亮允许灯光。

5　进路自动设置功能

正常情况下，城市轨道交通中只需要开通某一固定进路。根据列车的目的地，进路自动设置功能在适当时间自动请求进路。进路自动设置功能有以下两种模式。

1）根据列车时间表自动设置进路

根据当前列车识别号和列车位置，由当前时刻表设置进路。自动进路设置功能必须考虑时刻表定义的时间顺序，当进路或轨道电路发生变化时，此功能将检查等待列表，并发送一个请求信息。

2）根据列车识别号自动设置进路

在某些降级模式下，虽然列车时刻表无效，但自动进路设置仍可根据列车识别号来确保，实际列车识别通过位于每个站台和正线车辆上的应答器来定义进路控制，设置适当的进路。

联锁逻辑和有关的输入、输出的控制及表示若主要是由继电器来完成的，称为继电集中联锁；若主要由计算机来完成的则称为计算机联锁。

三 继电集中联锁和计算机联锁系统

1 继电集中联锁

继电集中联锁由继电器及其电路构成，设备框图如图 2-11 所示。6502 电气集中联锁是继电集中联锁设备的突出代表。它是我国铁路上使用最广、最具有代表性的联锁设备。电气集中联锁系统的人机会话层设备是专用控制台，控制台盘面上标有站场布置图。

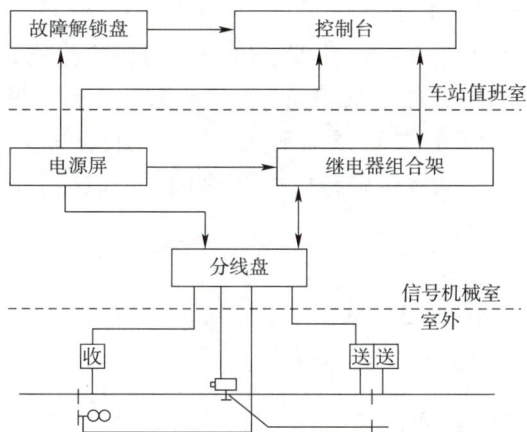

图 2-11　电气集中设备框图

电气集中联锁系统的联锁机构由继电电路构成，继电电路能够较好地实现逻辑运算。用继电器断电失磁或后接点闭合来表达安全侧信息，具有故障-安全性能。

继电集中联锁电路监控层的控制电路也是由安全型继电器构成的。它除了满足联锁条件外，还控制信号灯和转辙机内电动机的动作电源。

继电集中联锁具有以下优点：逐段解锁，提高咽喉道岔使用率；对进路操纵只需按压两个进路按钮就能转换道岔，开放信号，而且不论进路中有多少道岔均能依次转换；组合式电路采用站场型，单元式电路电气集中，定型化组合，接插件连接，可适应批量化生产，具有简化设计、加速施工、加速工厂预制和便于使用等特点。

但是继电集中联锁也存在如下缺点：控制台是专用产品，造价较高，兼容性差；无自诊断功能；设计、施工量大，且不利于维护；不利于增加新功能，并且信号设备室建筑面积大；无进路自动设置功能。

正因为存在上述缺点，大铁路上的继电集中联锁不能满足城市轨道交通运营的要求。城市轨道交通除了在车辆段有所运用外，正线上均采用计算机联锁。但不论是计算机联锁还是继电集中联锁，实现联锁的要求是完全相同的。

2 计算机联锁

计算机联锁不仅保持了继电集中联锁的优点，严密地继承了继电集中联锁的信号逻辑关系，而且对其不足之处做了改进，减少了继电器检修工作量和系统设计，同时便于和列车自动防护（ATP）设备及列车自动驾驶（ATO）设备接口，且便于对整个进路进行监督和管理。

计算机联锁系统人机会话层采用通用计算机人机接口设备，如鼠标器、图形输入板、键盘等，其价格便宜，使用灵活。

计算机联锁系统的联锁机构由计算机、接口和系统软件构成。

国际上保证计算机符合故障-安全原则的措施是采用带有结果比较的计算机二次处理和采用带有结果比较的多机并行处理，即一硬二软方案和一软多硬方案。

1）一硬二软方案（图2-12）

输入数据经两块输入电路在一台计算机内经过两套彼此独立的程序处理，在正常无故障的情况下，两套程序处理结果相同，经两块输出电路，接点吸起，接通控制电路。在发生故障时，A、B程序处理结果不同，导致比较器电路输出为零，接点落下，切断控制电路的电源。由于联锁逻辑是故障-安全的，所以控制电路失电必然导致安全的结果。

2）一软多硬方案

通常为二取二系统（图2-13）或三取二系统。

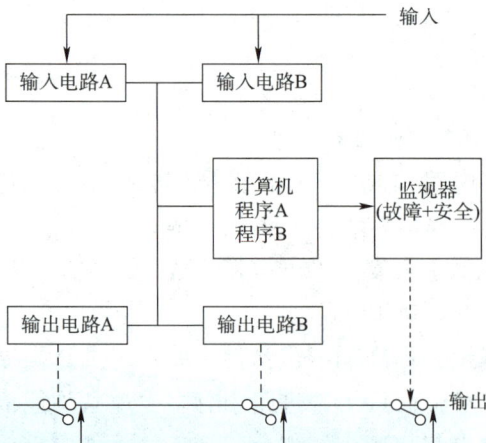

图2-12　一硬二软方案系统图　　　图2-13　二取二系统图

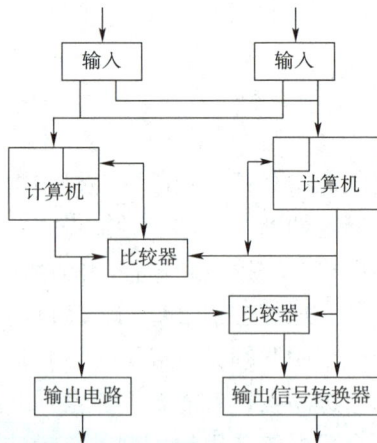

在正常情况下，两台相同的计算机对输入数据的处理结果是相同的，此相同的处理结果经比较器比较确认后，就使同步器的控制脉冲得以通过比较器，于是由输出电

路给出控制命令。在发生故障时，双机处理结果不同。比较器通过同步器切断计算机处理过程，并锁住控制命令的发出；同时通过信号转换电路切断控制电流，并给出故障报警。两套计算机在空间上是分开的，可以用相同的程序，即所谓"一软二硬"。而三取二系统（图2-14）是三机并行，有两台计算机输出结果相同就给出输出命令。

图2-14中，若第一台计算机发生故障，则与其相关的比较器12、13、21、31都处于截止状态，比较器23、32导通，经或门A使计算机1的同步器不给出下一步的脉冲，计算机1停止工作。系统从三取二过渡到二取二，并不影响信号系统的使用。而两台计算机同时故障的概率极低，这样设备更安全可靠，从而大大提高了行车效率。

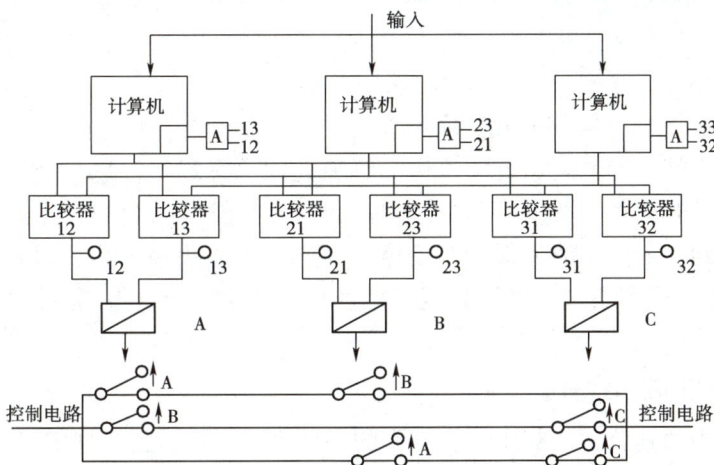

图2-14　三取二系统图

单元 2.3
行车闭塞法

一　行车闭塞法概述

1　行车闭塞法的概念

两站之间的线路称为区间。列车在区间运行，必须区间空闲，而且必须杜绝其对向和同向同时有列车运行的可能，即必须从列车的头部和尾部进行防护。因此，为了安全、准确、迅速、协调地完成运输生产任务，城市轨道交通部门在行车管理上设置了一套行车设备和相应的行车组织制度，用来控制列车的运行，这种为确保列车在区间运行安全而采取一定措施的方法称为行车闭塞法，简称闭塞。

2 行车闭塞法的作用

控制列车之间保持一定安全距离，以保证列车安全运行。

3 区间行车组织的基本方法

为了保证列车的安全运行，必须将两轨道上的车辆分开。截至 2020 年底，城市轨道交通普遍采用的方法是隔离法。隔离法有两种形式：一种是空间间隔法；另一种是时间间隔法。在正常情况下，一般采用空间间隔法。

（1）空间间隔法。在城市轨道交通正线上，每隔相当距离设立一个车站，自动闭塞通过信号机，这样将正线划分为若干个区间，在同一时间里、同一空间内只准许一辆列车运行的办法。

（2）时间间隔法。时间间隔法实际上是一种不确切的空间间隔法。即在一个区间内，用规定的时间将同方向运行的轨道车辆彼此间隔开运行，以实现轨道车辆之间的空间间隔。由于时间间隔法没有设备上的控制，容易发生人为的行车事故，安全性较差，所以，时间间隔法不能确保行车安全，原则上不采用该方法，只有在特殊情况下（如临时性地缓解列车堵塞、事故起复后的车流疏散、一切电话中断时的行车等）才采用。

4 闭塞区间的划分

区间与站内的划分，是行车组织工作的一项重要内容，也是划定责任范围的依据。列车进入不同地段时必须取得相应的凭证或准许。在我国，列车占用区间的凭证通常为车站出站信号机的准许显示或目标点和速度码。在城市轨道交通线路上，采用的闭塞方式不同，闭塞区间的划分也不相同。闭塞区间的划分如图 2-15 ~ 图 2-18 所示。

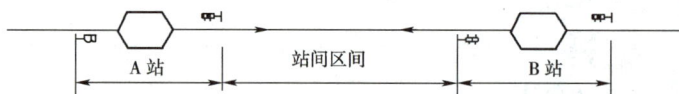

图 2-15　单线线路区间的划分

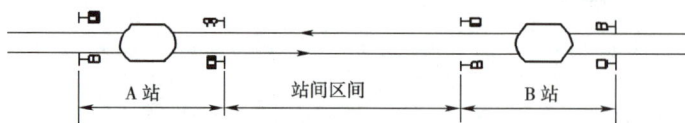

图 2-16　双线线路区间的划分

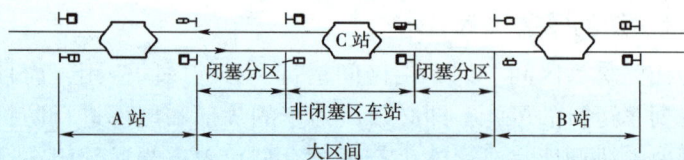

图 2-17　双线线路自动闭塞分区的划分

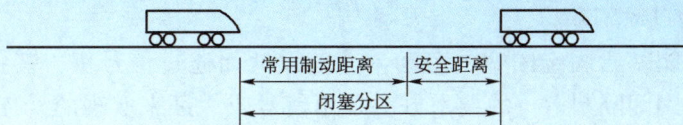

图 2-18　移动闭塞线路闭塞分区的划分

采用站间闭塞时，在单线上以两个车站的进站信号机机柱的中心线为车站与区间的分界线；在双线或多线上，分别以各线路的进站信号机机柱或站界标的中心线为车站与区间的分界线。两站间的线路区段称为站间区间。

采用大区间闭塞时，并非所有的车站都是闭塞区间的分界点，通常根据作业需要将某些大站（或重要车站）设置为闭塞区车站，两闭塞区车站之间的线路区段称为大区间，其他车站则为大区间内的闭塞分区分界点。

采用移动闭塞时，以同方向保持最小运行间隔的前行列车尾部和追踪列车头部为活动闭塞区间的分界线。

5　闭塞制式的实现

闭塞就是用信号或凭证来保证列车按照空间间隔制运行的技术方法。空间间隔制就是前行列车和追踪列车之间必须保持一定距离的行车方法。闭塞按各种不同的角度可以有各种不同的分类，一般可分为站间闭塞和自动闭塞两大类。

1）站间闭塞

站间闭塞就是两站间只能运行一列车，其列车的空间间隔为一个站间。按技术手段和闭塞实现方法又可分为电话闭塞、路签闭塞、路牌闭塞、半自动闭塞、自动站间闭塞等。路签和路牌闭塞在我国已经淘汰。

（1）电话闭塞是一种最终的备用闭塞。

（2）半自动闭塞是人工办理闭塞手续，列车凭信号显示发车后，出站信号机自动关闭的闭塞方法。其特征为：站间只准走行一列车，人工办理闭塞手续，人工确认列车完整到达和人工恢复闭塞。

（3）自动站间闭塞就是在有区间占用检查的条件下，自动办理闭塞手续，列车凭信号显示发车后，出站信号机自动关闭的闭塞方法。其特征为：有区间占用检查设备，站间区间只准走行一列车，办理发车进路时自动办理闭塞手续，自动确认列车到达和自动恢复闭塞。

2）自动闭塞

自动闭塞就是根据列车运行及有关闭塞分区状态自动变换信号显示，而司机凭信号行车的闭塞方法。其特征为：把站间划分为若干闭塞分区，有分区占用检查设备，可以凭通过信号机的显示行车，也可凭机车信号或列车运行控制的车载信号行车；站间能实现列车追踪；办理发车进路时自动办理闭塞手续，自动变换信号显示。

从保证列车运行而采取的技术手段角度来看，自动闭塞可分为两大类：传统的自动闭塞和装备列车运行自动控制系统的自动闭塞。

（1）传统的自动闭塞。

传统的自动闭塞属固定闭塞的范畴，一般设地面通过信号机，装备有机车信号，保证列车按照空间间隔制运行的技术方法是用信号或凭证来实现的。传统的自动闭塞通常称自动闭塞，在此因为要与装备列车运行控制的自动闭塞区分，故冠以"传统的自动闭塞"之称。目前，传统的自动闭塞一般适用于列车最高运行速度在 160km/h 及以下，它可分为三显示自动闭塞、四显示自动闭塞和多信息自动闭塞。

（2）装备列车运行自动控制系统的自动闭塞。

列车运行自动控制系统（简称列控系统）保证列车按照空间间隔制运行的技术方法是靠控制列车运行速度的方式来实现的。

从闭塞制式的角度来看，装备列车运行自动控制系统的自动闭塞可分为 3 类：固定闭塞、准移动闭塞（含虚拟闭塞）和移动闭塞。称其为准移动闭塞，说明它还不是移动闭塞，所以有时仍把它归入固定闭塞。

①固定闭塞。列控系统采取分级速度控制模式时，采用固定闭塞方式。运行列车间的空间间隔是若干个闭塞分区，闭塞分区数依照划分的速度级别而定。一般情况下，闭塞分区是用轨道电路或计轴装置来划分的，它具有列车定位和占用轨道的检查功能。固定闭塞的追踪目标点为前行列车所占用闭塞分区的始端，后行列车从最高速开始制动的计算点为要求开始减速的闭塞分区的始端，这两个点都是固定的，空间间隔的长度也是固定的，所以称为固定闭塞。

②准移动闭塞。准移动闭塞方式的列控系统采取目标距离控制模式（又称连续式一次速度控制）。目标距离控制模式根据目标距离、目标速度及列车本身的性能确定列车制动曲线，不设定每个闭塞分区速度等级，采用一次制动方式。准移动闭塞的追踪目标点是前行列车所占用闭塞分区的始端，当然会留有一定的安全距离，而后行列车从最高速开始制动的计算点是根据目标距离、目标速度及列车本身的性能计算决定的。目标点相对固定，在同一闭塞分区内不依照前行列车的走行而变化，而制动的起始点是随线路参数和列车本身性能不同而变化的。空间间隔的长度是不固定的。由于要与移动闭塞相区别，所以称为准移动闭塞。

虚拟闭塞是准移动闭塞的一种特殊方式，它不设轨道占用检查设备，采取无线定位方式来实现列车定位和占用轨道的检查功能。闭塞分区是以计算机技术虚拟设定的，仅在系统逻辑上存在闭塞分区和信号机的概念。虚拟闭塞除闭塞分区和轨旁信号机是虚拟的以外，从操作到管理等，都等效于准移动闭塞方式。虚拟闭塞方式有条件将闭塞分区划分得很短，当短到一定程度时，其效率就接近于移动闭塞。

③移动闭塞。移动闭塞是全球铁路及城市轨道交通信号界公认的最先进的信号系统，国际上已有不少城市开始采用移动闭塞。这种新技术对现有的城市轨道交通列车控制系统进行了更新，我国武汉地铁 1 号线、广州地铁 3 号线等城市轨道交通线路也采用了移动闭塞。该技术的应用，对保证行车安全、缩短列车运行间隔、提高线路通过能力均可起到重要作用，也给运营部门带来良好的社会效益和经济效益。因此采用

移动闭塞方式是城市轨道交通发展的一种趋势。

城市轨道交通列车间隔控制（闭塞）均由列车运行自动完成，故为自动闭塞。由于采用了 ATC 系统，各个轨道电路区段（闭塞分区）均不设通过信号机，而由车载 ATP 系统予以显示，也没有铁路那样专用的闭塞设备的概念，因此闭塞作用由 ATP 系统完成。

准移动闭塞和移动闭塞 ATC 系统可以实现较大的通过能力，对于客运量变化具有较强的适应性，可以提供线路利用率，具有高效运行、节能作用，并且控制模式与列车运行特性相近，能较好地适应不同列车的技术状态，其技术水平较高，具有较好的发展前景。虽然固定闭塞 ATC 系统技术水平相对较低，但由于可满足 2min 通过能力的行车要求，且价格相对低廉，因此也宜选用。我们可根据实际情况，因地制宜地选择三种不同制式的 ATC 系统。

二 传统自动闭塞

1 传统自动闭塞设备概况及作用原理

1）设备概况

自动闭塞是依靠运行中的列车自动完成闭塞作用的一种设备，将两端车站的区间正线划分为若干个闭塞分区，每个闭塞分区的起点设置一个通过色灯信号机进行防护。由于每个闭塞分区都装设轨道电路，因而能够准确反映列车的运行情况和钢轨的完整与否，并及时通过色灯信号机显示，向接近它的列车指示运行条件。因为出站信号机的关闭与通过色灯信号机的显示变化是随着列车的运行通过列车自动控制的，不需要人工操纵（但出站信号机的开放一般仍由车站值班员在排列进路时完成，只有当连续放行通过列车时，才改由列车运行控制），所以叫自动闭塞。

下面以三显示自动闭塞区段为例，介绍自动闭塞设备概况。车站值班室设有操纵台，操纵台上装有各种表示灯、信号机复示器及操作按钮等设备，如图 2-19 所示。

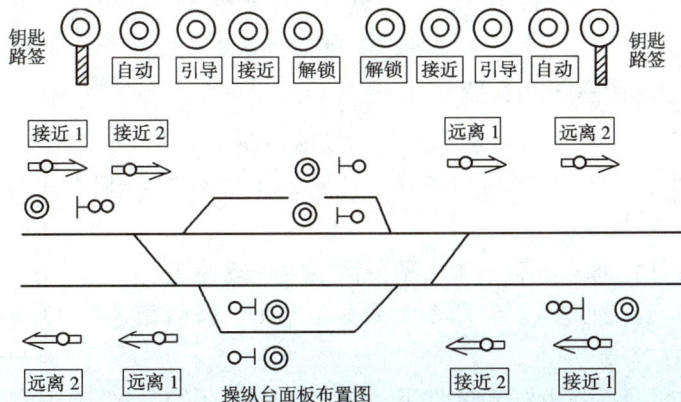

图 2-19　自动闭塞设备概况

可见，处在自动闭塞区段的车站，其控制台上除有站内线路、信号机的有关表示外，还有邻近车站的两个闭塞分区的占用情况表示，即第一、第二接近及第一、第二离去，以使车站值班员了解列车在邻近车站闭塞分区的运行情况。出站信号机的开放受第一、第二离去占用的限制。车站值班员在开放出站信号机发车前，须确认第一、第二远离分区的空闲情况。根据列车性质和闭塞分区占用情况，才能开放出站信号机。

2）作用原理（图2-20）

由图2-20可见，每一闭塞分区构成一个独立的轨道电路。当分区内无列车占用时，轨道继电器有电吸起。当列车在闭塞分区1G内运行时，由于轨道继电器1GJ被列车的轮对短接，它的前接点断开，继电器接通后接点，使1号信号机显示红灯，表示该闭塞分区有车占用。3G内无车，使轨道继电器3GJ有电吸起；又因轨道继电器1GJ接点落下，使3GJ前接点闭合而接通3号信号机的电路，使3号信号机亮黄灯，表示它所防护的闭塞分区空闲，要求后行列车注意运行，前方只有一个闭塞分区空闲。5号通过信号机由于轨道继电器5GJ、3GJ都在吸起状态，通过轨道继电器5GJ和3GJ的前接点闭合绿灯电路而亮绿灯，准许后行列车按规定速度运行，前方至少有两个闭塞分区空闲，其余以此类推。当线路上的钢轨折断时，由于轨道电路断电，继电器失磁释放衔铁，使信号机显示红灯，所以能更好地保证行车安全。

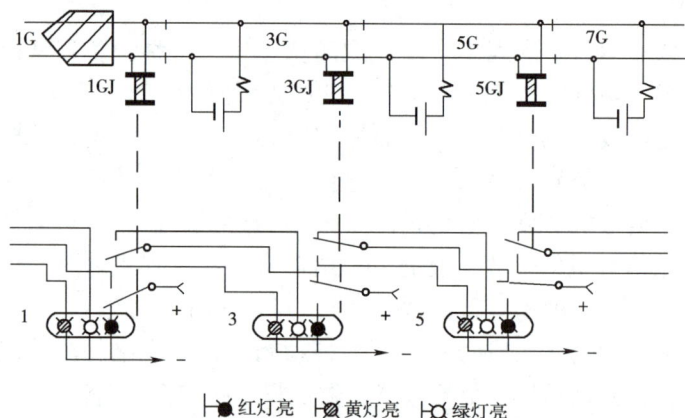

图2-20 自动闭塞作用原理

2 传统自动闭塞法的类型

1）三显示自动闭塞（相关教学资源见二维码6）

（1）红色灯光：前方闭塞分区有车占用，停车，不准越过信号机。

（2）黄色灯光：前方仅有一个闭塞分区空闲，减速通过。

（3）绿色灯光：前方至少有两个闭塞分区空闲，按规定速度通过。

三显示自动闭塞在绿色灯光条件下，至少有两个闭塞分区空闲可供列车占用。因此，列车基本上是在绿色灯光或黄色灯光下运行，可以保持较高速度运行，或只需要短暂减速运行，适合于客货列车混行的铁路系统。

二维码6

三显示自动闭塞

2）四显示自动闭塞

（1）红色灯光：前方闭塞分区有车占用，停车，不准越过信号机。

（2）黄色灯光：前方仅有 1 个闭塞分区空闲，低速列车减速通过。

（3）绿黄色灯光：前方有 2 个闭塞分区空闲，高速列车减速通过。

（4）绿色灯光：前方至少有 3 个闭塞分区空闲，按规定速度通过。

四显示自动闭塞保证列车在绿色灯光条件下运行，可以充分发挥列车运行速度，比较适合于较高速度的铁路区段或城市轨道交通系统。

3）多信息自动闭塞

多信息自动闭塞也称多显示自动闭塞，是对四显示及以上自动闭塞的统称。多于四显示时，往往地面通过信号机不具备多显示的条件，而以机车信号显示为主。

各种显示类型如图 2-21 所示。

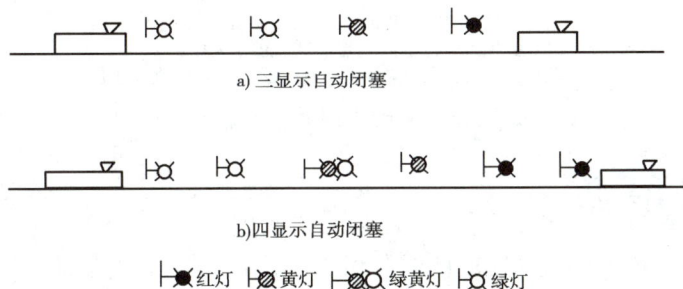

a) 三显示自动闭塞

b)四显示自动闭塞

红灯　黄灯　绿黄灯　绿灯

图 2-21　各种显示类型示意图

3　自动闭塞区间列车运行间距与发车间隔时间

前后列车在区间内运行间距越大，通过能力越差，但运行安全程度越高，列车的运行速度也可发挥到最佳水平。同样，在自动闭塞区段，车站向区间按一定的间隔时间连续发车，发车间隔时间越长，线路通过能力就越低，但安全可靠性提高；发车间隔时间越短，则线路通过能力就越大，但必须保证续行列车与前行列车有安全的间隔距离，这个安全距离可以由自动闭塞的制式来决定。

由于自动闭塞每个闭塞分区均装有轨道电路，因此，可以比较准确地表示前方列车的位置，继而向续行列车传输比较明确的速度指令，从而保证两个列车之间既有可靠的安全制动距离，又能保持最短的空间间距，以达到最大的通过能力。

某城市轨道交通系统速度命令控制线如图 2-22 所示，1T ~ 9T 表示各个分区，速度为图中所示 0、20、30、45、55、65、80 等（单位：km/h），MAS 为最大允许速度。

当续行列车 A 进入 1T 时，如果前行列车 B 出清 2T 进入 3T，对列车 A 而言，前方仅有一个 2T 分区空闲，此间距不满足最低速度（图例是 20km/h）的制动距离要求，此时 1T 的轨道电路发送器不发码（指示 0 速度），列车 A 应停车；当列车 B 出清 3T 分区，对列车 A 而言，已有 2T、3T 两个分区空闲，间距已满足最低速度（20km/h）的制动距离要求。因此，1T 发送器向列车 A 发出 20km/h 的速度命令，以此类推。当前行列车 B 已出清 8T，进入 9T 时，则续行列车 A 若在 1T 分区，则应收到 1T 发送器发送的速度命令，当中有 7 个分区空间的间距，以满足最高速度（80km/h）的安全制动距离要求。

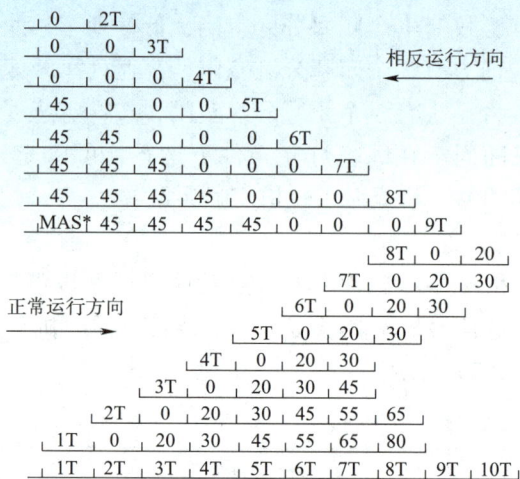

```
        | 0 | 2T |
        | 0 | 0 | 3T |
        | 0 | 0 | 0 | 4T |                          ←  相反运行方向
        | 45 | 0 | 0 | 0 | 5T |
        | 45 | 45 | 0 | 0 | 0 | 6T |
        | 45 | 45 | 0 | 0 | 0 | 7T |
        | 45 | 45 | 45 | 45 | 0 | 0 | 8T |
        | MAS* | 45 | 45 | 45 | 45 | 0 | 0 | 9T |
                                     | 8T | 0 | 20 |
                                   | 7T | 0 | 20 | 30 |
   正常运行方向                     | 6T | 0 | 20 | 30 |
   →                             | 5T | 0 | 20 | 30 |
                             | 4T | 0 | 20 | 30 | 45 |
                           | 3T | 0 | 20 | 30 | 45 |
                     | 2T | 0 | 20 | 30 | 45 | 55 | 65 |
               | 1T | 0 | 20 | 30 | 45 | 55 | 65 | 80 |
   | 1T | 2T | 3T | 4T | 5T | 6T | 7T | 8T | 9T | 10T |
```

图 2-22　某城市轨道交通系统速度命令控制线（单位：km/h）

三　固定闭塞

固定闭塞将轨道划分为固定的闭塞分区，不论前车还是后车都是用轨道电路来监测的，所以系统只知道列车在哪个区段并不知其具体位置，因此列车的控制必然是分级的、阶梯式的。在这种制式中，需要向被控制列车"安全"传送的只是代表少数几个速度级的速度码。

固定闭塞方式无法满足提高系统能力、系统安全性和互用性的要求。

传统 ATP 的传输方式采用固定闭塞，通过轨道电路判别闭塞分区占用情况，并传输信息码，需要大量的轨旁设备，维护工作量较大，并存在较多缺点。

四　准移动闭塞

准移动闭塞（也称半固定闭塞）是介于固定闭塞和移动闭塞之间的一种闭塞方式。它对前后列车的定位方式是不同的。前行列车的定位仍沿用固定闭塞的方式，而后续列车的定位则采用连续的或称为移动的方式。

由于准移动闭塞同时采用移动和固定两种定位方式，所以它的速度控制模式必然既具有无级（连续）的特点，又具有分级（台阶）的性质。若前行列车不动而后续列车前进时，其最大允许速度是连续变化的；而当前行列车前进，其尾部驶过固定区段的分界点时，后续列车的最大速度将按台阶跳跃上升。

准移动闭塞在控制列车的安全间隔上比固定闭塞进了一步。它通过采用报文式轨道电路辅之环线或应答器来判断分区占用并传输信息，信息量大；可以告知后续列车继续前行的距离，后续列车可根据这一距离合理地采取减速或制动，列车制动的起点可延伸至保证其安全制动的地点，从而可改善列车速度控制，缩小列车安全间隔，提高线路利用效率。但准移动闭塞中后续列车的最大目标制动点仍必须在先行列车占用分区的外方，因此，它并没有完全突破轨道电路的限制。

五　移动闭塞（相关教学资源见二维码7）

移动闭塞（MB）是一种新型的闭塞制式，它不设固定闭塞区段，前后两列车都采用移动式的定位方式。移动闭塞可解释为"列车安全追踪间隔距离不预先设定，而随列车的移动不断移动并变化的闭塞方式"。在城市轨道交通中，移动闭塞是一种采用先进的通信、计算机、控制技术相结合的列车控制技术，所以国际上习惯称其为基于通信的列车控制系统（CBTC）。

二维码7
移动闭塞

移动闭塞可借助感应环线或无线通信的方式实现。早期的移动闭塞系统大部分采用基于感应环线的技术，即通过在轨间布置感应环线来定位列车和实现车载计算机与控制中心之间的连续通信。如武汉轻轨一期和广州地铁3号线相继采用基于环线的移动闭塞技术。现今大多数先进的移动闭塞系统已采用无线通信系统实现各子系统间的通信，构成基于无线通信技术的移动闭塞。

1　移动闭塞的概念

移动闭塞是相对于固定闭塞而言的。固定闭塞有固定的闭塞分区，移动闭塞与固定闭塞相比最显著的特点是取消了以通过信号机分隔的固定闭塞分区。列车间的最小运行间隔距离由列车在线路上的实际运行位置和运行状态确定，闭塞分区随着列车的行驶，不断地向前移动和调整，所以称为移动闭塞。

移动闭塞的线路取消了物理层次上的闭塞分区划分，是将线路分成了若干个通过数据库预先定义的线路单元，每个单元长几米到几十米不等。移动闭塞分区即由一定数量的线路单元组成，单元的数目可随列车的速度和位置而变化，分区的长度也是动态变化的。

2　移动闭塞的基本要素

在移动闭塞技术中，闭塞分区仅仅是保证列车安全运行的逻辑间隔，与实际线路并无物理上的对应关系，因此，移动闭塞在设计和实现上与固定闭塞有较大区别。其中列车定位（Train Position）、安全距离（Safety Distance）和目标点（Target Point）是移动闭塞技术中最重要的3个概念，可以称为移动闭塞的3个基本要素。

1）列车定位

在固定闭塞和准移动闭塞中有轨道电路或计轴等设备作为闭塞分区列车占用的检查，就能粗略地进行列车定位，再配以测速、测距就能较详细地进行列车定位，最多再加应答器校准坐标。

在移动闭塞中没有轨道电路等设备作为闭塞分区列车占用的检查，被控对象基本处于动态过程中，只有了解所有列车的具体位置，以何种速度运行等信息，才能实施对列车的有效控制，所以列车定位技术在移动闭塞系统中就显得更为重要。

列车定位由地面设备和车载设备共同完成。列车定位信息的主要作用是为安全列车间隔提供依据，CBTC 对在线的每一列车都能计算出距前行列车尾部距离，或距进站信号点的距离，从而对其实施有效的速度控制，作为列车在车站停车后打开车门及屏蔽门的依据。

目前，在列车自动控制系统中得到应用的列车定位技术主要有测速定位法、查询-应答器法、交叉感应线圈法和卫星定位法。测速定位法的原理是在车轮外侧安装光栅，按车轮旋转次数与转角计算出列车的位移。查询-应答器法是在线路上按一定间隔设置应答器，应答器内存储了其所在位置的公里标。交叉感应线圈法是在线路上敷设轨道电缆，将轨道电缆每隔一定距离交叉一次，列车利用交叉回线可测算出自己的位置。卫星定位法如全球定位系统（GPS）和全球导航卫星系统（GNSS），都是利用导航卫星进行测时和测距，从而实现全球定位功能。

此外还有多普勒雷达法、无线扩频列车定位法、惯性列车定位法、航位推算系统定位法、漏泄波导法、漏泄电缆法等。

2）安全距离

安全距离是后续追踪列车的命令停车点与其前方障碍物之间的一个固定距离。障碍物可以是确认了的前行列车尾部的位置或者无道岔表示（道岔故障）的道岔位置。该距离是基于列车安全制动模型计算得到的一个附加距离，它保证追踪列车在最不利条件下能够安全地停止在前行列车的后方而不发生冲撞。所以，安全距离是移动闭塞系统中的关键，是整个系统设计的理论基础和安全依据。

从图 2-23 中可以看出，移动闭塞的基本原理为：线路上的前行列车经 ATP 车载设备将本车的实际位置通过通信系统传送给轨道旁的移动闭塞处理器，并将此信息处理生成后续列车的运行权限，传送给后续列车的 ATP 车载设备。后续列车与前行列车总是保持一个安全距离。该安全距离是介于后车的目标停车点和确认的前车尾部之间的一个固定距离。在选择该距离时，已充分考虑了在一系列最坏情况下，列车仍能够被安全地分隔开来。

图 2-23 安全距离示意图

3）目标点

目标点是列车运行的行车凭证，如同固定闭塞系统中的允许信号，列车只有获得了目标点，才能够向前移动。目标点通常是设在列车前方一定距离的某个位置点，一旦设定，即表明列车可以安全运行至该点，但不能超过该点。移动闭塞系统就是通过不断前移列车的目标点，引导列车在线路上安全运行。

3 移动闭塞系统的组成和特点

1）移动闭塞系统的组成

移动闭塞系统主要包括无线数据通信网、车载设备、区域控制器和控制中心等。图 2-24 所示为典型的 CBTC 系统结构框图。地面和车载设备通过数据通信网络连接起来，构成系统的核心。

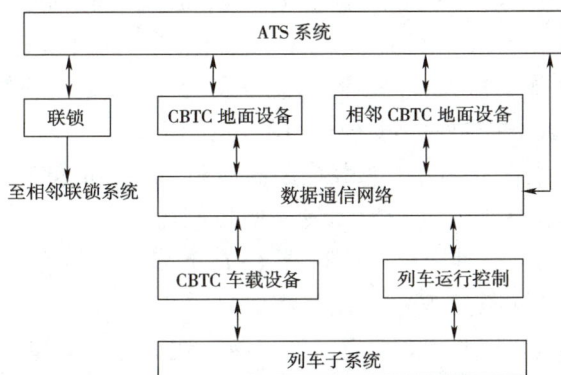

图 2-24 典型的 CBTC 系统结构框图

无线数据通信是移动闭塞实现的基础，其通过可靠的无线数据通信网，列车将位置、车次、列车长度、实际速度、制动潜能和运行状况等信息以无线的方式发送给区域控制器，区域控制器追踪列车并通过无线传输方式向列车发送移动授权。车载设备包括无线电台、车载计算机和其他设备（如传感器、查询器等）。列车将采集到的数据（如机车信息、车辆信息、现场状况和位置信息等）通过无线数据通信网发送给区域控制器，以协助完成运行决策；同时对接收到的命令进行确认并执行。

目前，国内城市轨道交通行业主要采用的是 Seltrac MB 移动闭塞系统，如武汉地铁 1 号线第一个开通了移动闭塞式 ATC 系统。

Seltrac 列车自动控制系统是阿尔卡特（Alcatel）公司研制的一套基于通信的列车自动控制系统，它采用移动闭塞原理，以电缆环线作为车地双向信息传输方式，集 ATP、ATS、ATO 于一身，实现对列车运行的安全控制。

典型的 Seltval MB 移动闭塞系统主要由 3 个控制层次（管理层、操作层和执行层）共 5 个子系统［系统管理中心（SMC）、列车控制中心（VCC）、车站控制器（STC）、车载控制器（VOBC）和感应环线］构成，如图 2-25 所示。

管理层由系统管理中心（SMC）子系统构成，主要实现 ATS 功能，对列车进行自动监督和实现调度管理。

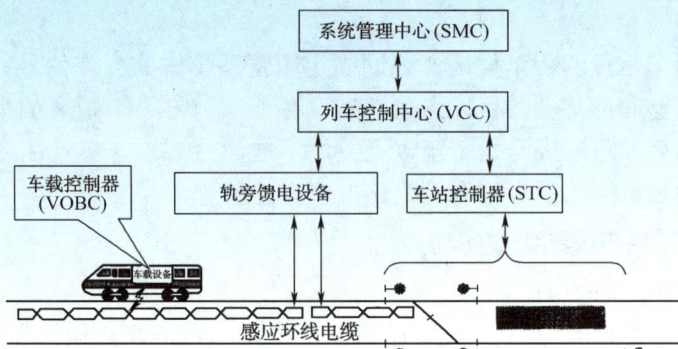

图 2-25　移动闭塞系统框图

操作层由列车控制中心（VCC）子系统构成，负责计算列车的安全运行间隔。它综合来自车载控制器（VOBC）的列车位置、速度、运行方向信息和来自车站控制器（STC）的轨旁设备（如道岔等）的状态信息，实现列车的运行和轨旁设备的联锁，达到在移动闭塞运行方式下控制列车安全运行的功能。

执行层由车站控制器（STC）、车载控制器（VOBC）和感应环线 3 个子系统构成，负责解释和执行列车控制中心（VCC）发来的控制命令，并向列车控制中心（VCC）报告所辖设备的状态信息。其中车站控制器（STC）负责对轨旁设备（道岔、计轴器、站台发车表示器、站台屏蔽门等）的控制和信息采集；车载控制器（VOBC）对列车的运行进行控制并反馈列车的状态信息；而感应环线则是列车和列车控制中心（VCC）间通信的传输介质，同时系统利用环线电缆、环线电缆交叉以及车载控制器（VOBC）中的转速计实现对列车的定位。

2）移动闭塞系统的特点

移动闭塞与传统的固定闭塞相比具有以下特点。

（1）线路没有固定划分的闭塞分区，列车间隔是动态的，并随前一列车的移动而移动。

（2）列车间隔是按后续列车在当前速度下所需的制动距离，加上安全余量计算和控制的，这样可确保不追尾。

（3）制动的起点和终点是动态的，轨旁设备的数量与列车运行间隔关系不大。

（4）可实现较小的列车运行间隔。

（5）采用车地双向数据传输，信息量大，易于实现无人驾驶。

4　移动闭塞系统的主要运行模式及行车办法

国内城市轨道交通行业采用的主要是 Seltrac MB 移动闭塞系统，它可以提供两种主要运行模式，即列车自动控制模式和后退模式。

1）列车自动控制模式

列车自动控制模式下，系统根据 Seltrac 移动闭塞原理自动控制列车，司机的干预最少。该模式是列车自动控制系统和列车运营服务的常用工作模式。

正常运营条件下，列车的运行由车辆控制中心进行控制，列车在列车自动控制系统控制下自动地在整个线路上运行，司机仅对运行进行监视。列车自动控制系统将在车场边界转换轨处进行列车自检，并在自检成功后使其自动投入到正线运营当中。退出运营的列车将自动返回到车场边界转换轨，车场的 ATS 从这里控制列车进入车场。

（1）信息传输路径。列车自动控制模式下的信息传输路径如图 2-25 所示。

（2）进路与道岔控制。列车自动控制模式下，列车控制中心（VCC）负责列车的安全间隔和运行（安全运行还包括对道岔的操作）。列车控制中心（VCC）按照系统管理中心（SMC）中执行的时刻表（或运行线）正确排列进路。

当列车按所分配的进路前进时，列车控制中心（VCC）将在列车前方预留相应的轨道及道岔，并在允许列车通过之前命令转换道岔到所需位置。当列车控制中心（VCC）确认列车已从有关轨道及道岔出清，预留取消。

一旦中心调度员在中心控制室的列车控制中心（VCC）终端上设置了人工进路预留（MRR）或者调度员人工单独预留道岔命令，系统就不会自动转换道岔。

（3）信号显示与计轴状态。列车自动控制模式下，信号机显示蓝色以提醒司机信号机防护区域是自动区域，人工列车（限制人工或非限制人工）禁止通过。列车自动控制模式下，列车自动控制系统不会在信号机上显示其他灯光。

计轴器在列车自动控制模式下仍然工作，但其监测的列车定位信息将不返回给列车控制中心（VCC），即计轴器不参与列车自动控制模式下的联锁逻辑。

（4）运行方式。列车可在 ATO 驾驶模式、人工保护驾驶模式及无人驾驶模式下运行。

列车自动控制模式下，列车控制中心（VCC）对站台紧急停车按钮及中央紧急停车按钮的按下进行响应。

列车自动控制系统使列车在线路的任何区域上双向运行。双向运行可以有效应对线路的任何部分由于特殊原因（如轨道阻塞）而采取的自动变更运行。与正向运营一样，反向运行时信号系统提供 ATP、ATO 及 ATS 的功能。

2）后退模式

后退模式可以使列车人工驾驶（限制人工或非限制人工）运行，是考虑到列车自动控制系统设备故障，或没有配备列车自动控制系统设备的列车要在正线线路上运行而设计的。

当出现列车控制中心（VCC）严重故障、感应环线故障或者车载控制器（VOBC）故障时，后退模式可以提供一种降级服务。此时，列车采用人工驾驶，按照轨旁信号机显示运行。

后退模式根据移动闭塞系统的故障影响分为全人工后退模式和局部后退模式。全人工后退模式下，单个或全部的车站控制器（STC）将不受列车控制中心（VCC）控制，该车站控制器（STC）控制下的所有正线区域均以自动闭塞运营。局部后退模式则是指车站控制器（STC）控制的个别信号机防护的区段以自动闭塞方式运营，其余区域仍以移动闭塞方式运营。

（1）后退模式的特点。后退模式下的行车是单方向的，用于使无通信列车进入固定闭塞下运营，在确保安全的前提下，达到一定的运输能力。系统中的车站控制器（STC）设备可以为其控制区域内的列车提供地面信号，以保证列车安全运行。

进路是由中央调度员或车站值班员采取设置人工进路的方式设置的，并将进路上有关道岔设置在所要求的位置。

（2）后退模式的功能。后退模式时，轨旁信号机平时点亮红灯，在人工办理了进路、联锁条件满足的情况下开放允许信号，在禁止信号红灯不能点亮的情况下禁止开放任何允许信号。

在后退模式下，车站控制器（STC）根据区段占用状态和道岔位置等联锁条件来设置信号机的显示。因此，一旦调度员设置了人工进路，当列车占用了该进路计轴区段时，防护该进路的信号机将显示红灯。当列车出清该占用区段后，如果所有的道岔都处在正常进路所要求的正确位置，则该区段信号机自动开放，显示绿灯；如果所有的道岔都处在变更进路所要求的正确位置，则该区段信号机自动显示黄灯。当道岔处于锁闭状态时，信号机才能显示开放的信号（绿灯或黄灯）。

车站控制器（STC）根据系统管理中心（SMC）或处于局部后退模式的列车控制中心（VCC）的指令或系统管理中心（SMC）本地工作站控制指令转动道岔，并依据联锁条件设置信号机的显示。假如接近计轴区段并且道岔区段均空闲，则在车站控制器（STC）将信号机成功设置为红灯后，命令道岔开始转动；当道岔转到规定位置并锁闭后，车站控制器（STC）检查所有的联锁条件，均符合时再将信号机设置为允许灯光显示。

如果车站控制器（STC）收到道岔转换指令时接近计轴区段有车且道岔区段空闲，车站控制器（STC）则将信号机显示为红灯后60s计时；一旦计时完成，若道岔区段无车，则车站控制器（STC）开始转动道岔，使其转到规定的位置。

（3）后退模式的转换。后退模式与自动模式的相互转换时机取决于中央调度员，而时间长短主要取决于司机、调度员及系统中正在运行的列车数量。

当列车控制中心（VCC）故障时，中央调度员开始干预，系统将在约60s内从自动模式转入全人工后退模式。

只有所有的人工预留进路均已取消，所有线路上正在以人工模式运行的列车都重新进入自动模式，并且中央调度员进行干预，系统才能启用全自动运行模式，否则系统将维持原局部人工运行模式或全人工运行模式。

六 电话闭塞

1 电话闭塞的特点

电话对城市轨道交通的安全生产和提高运行效率起了很大的作用。站间电话闭塞法是在信号系统故障，不能使用 ATP 组织正常行车时，由两车站值班员利用站间行车电话，以电话记录的方式办理闭塞的方法，是代用闭塞法。电话闭塞均按站间区间办理。由于电话闭塞没有机械、电气设备的控制，都靠制度加以约束，因此办理闭塞手续时必须严格。为保证同一区间、同一线路在同一时间内不误用两种闭塞法，在停用基本闭塞改用电话闭塞或恢复基本闭塞时，均须根据轨道车辆调度员的调度命令办理。

2　电话闭塞法的使用时机

当遇有下列情况时，须改用电话闭塞法行车。

（1）基本闭塞设备发生故障时。

①自动闭塞设备发生故障或停电，包括区间内两架及以上信号机故障或灯光熄灭。

②移动闭塞采用全人工后退模式。

（2）无双向闭塞设备的双线区间反方向发车或改按单线行车时。

无双向闭塞设备的双线区间反方向发车只能改按电话闭塞进行。

当无双向闭塞设备的双线区间的一条正线因施工或其他原因封锁，另一条正线改按单线行车时，虽然该正线正方向闭塞设备能使用，但由于该正线的反方向无闭塞设备，如果对该线路正方向与反方向运行的列车采用不同的闭塞方法，不但增加了行车调度员发布变更或恢复基本闭塞法命令的次数，而且车站办理时容易发生错误。因此，双线改按单线行车时，上下行运行的列车均须改用电话闭塞。

（3）列车由区间折回。

（4）施工列车或轨道车运行。

遇列车调度电话不通时，闭塞法的变更或恢复应由该区间两端站的车站值班员确认区间空闲后，直接以电话记录办理。

3　行车凭证

使用电话闭塞法行车时，列车占用区间的行车凭证不论单线或双线均为路票。路票的样式如图2-26所示。

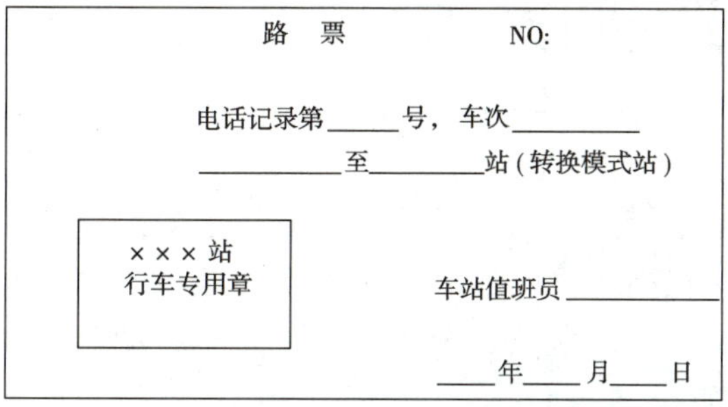

```
                  路  票          NO:

         电话记录第_____号，车次_____
         _____至_____站（转换模式站）

       ┌──────────────┐
       │  ×××站      │
       │ 行车专用章    │        车站值班员_____
       └──────────────┘
                        ____年____月____日
```

图 2-26　路票

（1）电话闭塞的行车办法及路票的填写。

采用电话闭塞时，列车以路票作为占用闭塞区的凭证，一个闭塞区内只允许有一列车运行。闭塞区内列车凭路票采用 URM 模式驾驶。列车反向运行时车站应在路票左上角加盖"反方向运行"专用章，非固定股道接车、折返时应写明接车股道。

（2）电话闭塞办理作业的主要程序和要求。

①行车调度员及时向有关车站及司机发布命令：从×点×分起，在×站至×站间采用站间电话闭塞法组织行车，××折返站固定采用×道折返（进/出×站、×站时司机自行切除/恢复ATP运行）。

②车站和行车调度员共同确认第一趟发出列车运行前方的进路空闲。

接车站收到的同方向前次列车在前方站出发的电话报点记录、接路和进路准备妥当后，方可同意闭塞（需要时应说明接车线路）。

③发车站须查明区间空闲，发车进路准备妥当并取得接车站同意接车的电话记录号码后，方可填发路票。

④路票由值班站长亲自或指定的胜任人员，根据行车值班员的通知在站台填写。对于填写的路票，应根据"行车日志"的记录，与行车值班员进行认真核对，确认无误，方可与司机核对交接。

⑤路票不得在未得到电话记录号码前预先填写，也不能在进路准备妥当之前填写。路票已交司机，因特殊原因停止发车时，应及时收回路票。填写的路票，字迹应清楚，不得涂改；当填写后发现错误时，应在路票上画"×"注销，重新填写。

⑥路票交接地点为司机所在驾驶室的站台上，路票交接必须由值班站长亲自或指定人员与司机核对、交接，司机接到路票后方可关门，凭车站的发车信号动车。

⑦车站报点。接车站在列车到达并由车站出发后，应向相邻车站和行车调度员通报发车车次和时分。

单 元 2.4

列车自动控制系统

作为城市轨道交通系统中的核心部分——信号系统是保证列车安全运行、实现行车指挥和运行现代化、提高运输效率的关键设备。城市轨道交通信号系统通常由列车自动控制系统组成，ATC系统包括3个子系统：列车自动监控系统、列车自动防护系统、列车自动驾驶系统。

ATS系统根据列车时刻表自动监控列车运行，并实现列车运行自动调整。ATP系统是保证列车运行的重要安全设备，自动控制列车运行间隔和超速防护。ATO系统在ATP系统的基础上，实现列车自动驾驶，优化列车运行曲线，并在车站站台准确停车。计算机联锁系统是ATP系统的组成部分，保证列车进路上的道岔位置正确和运行安全。

信号系统构成框架如图 2-27 所示。

图 2-27　信号系统构成图

一　列车自动监控系统

1 系统组成

ATS 系统在 ATP 系统、ATO 系统的支持下监控列车运行，按照列车运行时刻表（运行图）实现行车指挥自动化。ATS 是一个计算机化、网络化、模块化的自动监控系统。

ATS 系统硬件配置主要由冗余的控制中心主服务器、数据库服务器、调度员工作站、时刻表编辑器、管理服务器、通信服务器、网络打印机和车站远程终端单元组成。部件与服务器之间通过冗余的以太网连接，控制中心与车站之间通过分布式光缆连接的容错网络进行通信。

控制中心设置大型显示屏，显示控制区内轨道线路布置及站名、进路开通及信号显示状态、列车运行位置及跟踪、列车车次号及识别号、ATC 系统设备工作状况及故障报警等信息。

2 系统功能

1）自动排列进路

ATS 系统有不同的控制等级（控制中心自动或者人工控制模式、车站自动或者人工控制模式）。在自动模式下列车可根据当天运行时刻表确定列车进路命令，当列车占用进路的出发点后，车站远程终端将进路控制命令传给计算机联锁系统，完成自动排列进路。

2）自动列车调整

ATS 系统自动监控列车位置和运行，以确定列车是否按当天的时刻表运行。列车运行调整软件按当天运行时刻表自动调整，当列车早点或晚点到达车站时，用改变列车停站时间方式；当列车延误或提前发车时，用改变站间行车时间方式。

3）时刻表管理

时刻表定义了一整天的运行计划，不同运营时间，如工作日、节假日等使用不同的列车时刻表。列车时刻表按照用途可分为基本时刻表、实施时刻表和实际时刻表三种。计划调度人员使用专用时刻表工具软件管理在线或离线基本列车时刻表，可根据不同的运行要素编制基本时刻表，由计算机自动生成列车时刻表，并自动生成运行图。每天运行开始前，调度员从系统内调出一个基本时刻表，经确认或修改，即成为当日实施时刻表。ATS系统根据列车实际运行情况，自动生成实际时刻表（运行图），由系统记录保存，需要时可打印输出。

4）列车识别号跟踪、传递和显示

每列车开始运营前，采用列车识别号来标示。列车识别号由列车表号、车次号、编组号、目的地号组成。列车识别号可由调度员人工输入或计算机按照实施运行图自动生成，经调度员确认生效。系统提供允许人工输入、删除、替换和移动列车识别号的操作功能。ATS系统可以自动完成控制区内和车辆段的列车识别号实时跟踪。

5）监督及报警

当列车运行或信号设备发生异常时，中心计算机自动将有关信息在调度员工作站报警窗口中显示报警，对重要的报警采用声光报警，以引起调度员的注意。

6）系统数据管理

系统数据管理可实现系统模拟、回放和模拟表示盘管理等功能。系统模拟功能在培训工作站上模拟运营操作，利用备用计算机离线进行练习或培训。回放功能提供在工程师工作站上再现运营某个事件，进行数据收集和收集数据的回放，以便事后分析。模拟表示盘管理功能显示正线、停车线、车辆段等现场信号设备状态，列车运行及车次号信息，并通过网络不停地传送到表示盘计算机，将信息在表示盘上显示出来。

7）统计和报告

系统对所有操作命令都加以收集和存储。系统收集的所有数据应用于统计报告，以评价和分析信号设备的动作过程，有助于决定是否需要预防性维护。

系统自动生成的报告包括日常运行报告、计划报告、人工控制命令报告、列车早晚点报告、准点率统计报告、兑现率报告、基础信号设备状态报告和与运营有关的统计报告。

▶ 二 列车自动防护系统 ┈┈┈┈┈┈┈┈┈┈┈┈▶

列车自动防护（ATP）系统是保证地铁行车安全，缩短列车行车间隔的重要安全系统，主要由地面设备和车载设备组成。该系统当前划分为固定闭塞（Fixed Block，简称FB）和移动闭塞（Moving Block，简称MB）两种方式。固定闭塞又分为速度码模式、目标距离模式（Distance-To-Go，准移动闭塞）。例如，北京地铁1号线、上海地铁1号线采用速度码模式；上海地铁2号线、3号线，广州地铁1号线、2号线，南京、深圳地铁采用目标距离模式（准移动闭塞）。例如，广州地铁3号线、武汉地铁1号线采用移动闭塞。3种闭塞方式的列车运行时间间隔均可达到90s（移动闭塞理论行车间隔还可以缩短几秒钟）。

1 固定闭塞

固定闭塞的 ATC 系统具有以下技术特点。

（1）线路划分为若干固定的闭塞区域。

（2）一个闭塞区域只能由一列车占用。

（3）闭塞区域长度按照最长列车、满载、最高允许速度、最不利制动率及最小列车运行间隔时间等条件来设计。

（4）列车间隔为若干闭塞分区，每一个都是列车制动的起点和终点。

（5）采用阶梯式（入口/出口限制）速度控制方式或分级连续曲线速度控制方式，速度码模式需要一个闭塞分区作为保护区段。

（6）速度码模式列车控制精度不高、列车运行舒适度较差、司机劳动强度大。

（7）站间闭塞比较容易实现。

（8）行车间隔受到限制，行车间隔要求越短，闭塞分区数量越多，轨旁设备数量也就越多。

1）速度码模式

固定闭塞一般都是基于轨道电路传输信息。地面设备由无绝缘轨道电路、速度码发生器和计算机联锁编码逻辑组成。根据 ATP 速度码序的规定和列车前方轨道电路的空闲状态，生成相应的速度码信号向轨道电路发送。ATP 车载设备接收监测每轨道电路区段的速度码，经译码将限制速度显示在司机显示器上。司机根据显示器上的显示速度驾驶列车。当列车运行速度超过限制速度时，ATP 车载设备接通列车常用制动系统，将列车实际速度降低到限制速度以下。如果常用制动率未达到减速的要求，列车即实施紧急制动停车，实现列车超速防护。为了进一步保证列车的安全，速度码模式停车地点前方设置一个闭塞分区，即保护区段。

2）无绝缘轨道电路

无绝缘轨道电路是 ATP 地面故障-安全设备。轨道电路连续监测列车占用/空闲，并传送 ATP 速度码。例如，北京地铁采用英国 FS-2500 移频无绝缘轨道电路，上海地铁采用美国 USSI 公司 AF-904 数字移频无绝缘轨道电路。

3）车载设备

ATP 车载设备一般由多种功能模块、天线、测速电机、速度表和运行模式开关等组成。实现速度码监测、实际速度监测、速度码信息（安全速度/目标速度）与实际速度比较，驱动制动系统及电气设备，实现列车接近限制速度时启动常用制动列车超过限制速度实施紧急制动，列车非正常移动时产生紧急制动，并具有轮径磨损自动补偿、故障自诊断及报警、列车运行状态记录等功能。有些系统的车载设备还具有列车停车与门控的相关功能，当列车在站台停稳且误点在误差允许范围内时，车载对位天线与地面对位天线才能更好地感应耦合，并进行车门和屏蔽门的开关操作。

由于车载设备使用计算机软、硬件结合技术，系统具有良好的性能，通过修改软件技术参数，可以满足用户特殊的实用要求。

4）目标距离模式

目标距离模式又称准移动闭塞，其具有以下主要技术特点。

（1）线路划分为若干固定的闭塞区段。

（2）一个闭塞区段只能由一列车占用。

（3）闭塞分区长度按最长列车、满载、最高允许速度、最不利制动率及最小列车运行间隔时间等条件来设计。

（4）列车间隔为若干闭塞分区，列车制动起点根据列车实施速度距离计算，生成速度-距离制动曲线，终点是前方列车占用闭塞分区的边界。

（5）采用连续曲线速度控制方式，只需要一定长度的保护距离（距离前行列车占用闭塞分区的边界）。

（6）准移动闭塞方式列车控制精度较高，运行舒适度较好，减轻了司机劳动强度。

（7）站间闭塞比较容易实现。

（8）行车间隔要求越短，闭塞分区数量越多，轨旁设备数量也就越多。

准移动闭塞的信息传输分数字轨道电路传输和无线传输。

（1）基于数字轨道电路的准移动闭塞。

基于数字轨道电路目标距离模式 ATP 系统由数字无绝缘轨道电路和车载设备组成。例如，数字轨道电路有 72 位数字信息，其中包括前置码、应用数据码、循环冗余校验（CRC）码。应用数据码用于控制列车速度和运行相关位数，即线路允许速度、目标速度、目标距离、轨道电路数据（包括线路坡道信息）、道岔位置、运行方向和信号显示。ATP 车载设备格局以上数据生成速度-距离曲线，列车遵照速度曲线行车。列车运行速度超过这条曲线将产生常用制动或紧急制动。

（2）基于无线传输的准移动闭塞。

基于无线传输的目标距离模式 ATP 系统地面设备由移频无绝缘轨道电路、位置应答器（PR）、固定闭塞处理器（FBP）和无线通信（漏泄同轴电缆）设备组成。固定闭塞处理器按照其配置的区域，根据计算机联锁提供的列车监测数据、信号及道岔数据，初步计算出列车位置，确定列车移动授权权限（LMA），并通过无线传输系统将 LMA 数据发送给 ATP 车载控制器。ATP 车载控制器接收固定闭塞处理器信息和车载 APR 读数器读出的地面位置应答器（APR）位置数据，根据速度和距离传感器（测速电机和多普勒雷达仪）输入的速度信号，计算出列车已行驶的距离，连续不断地确定列车位置。如果列车超过 ATP 控制器计算出的速度曲线和列车运行权限，列车将实施紧急制动。

2 移动闭塞

移动闭塞与固定闭塞的区别在于其采用无线传输或感应环路等方式实现"列车-地面"之间的双向通信，基于列车最大运行速度、制动曲线和列车位置，动态计算列车运行权限，保证前后列车之间的安全距离。

移动闭塞尽管对通信媒介有多种选择，但其趋势是朝着基于无线的方向发展。移动闭塞在大运量地铁线上运用还不多，但在城市小运量轻轨系统（无人驾驶）中已经采用，如上海地铁8号线、伦敦道克兰轻轨、法国里尔轻轨、加拿大多伦多轻轨、巴黎地铁4号线、伦敦地铁朱比利线、广州地铁3号线、武汉地铁1号线。

由于移动闭塞是基于无线通信手段传送列车运行权限（图2-28），因此它具有双向ATO和ATP功能。也就是说，列车在反向运行时，可以有全部的ATP和ATO功能。这为故障处理提供了极大的灵活性。

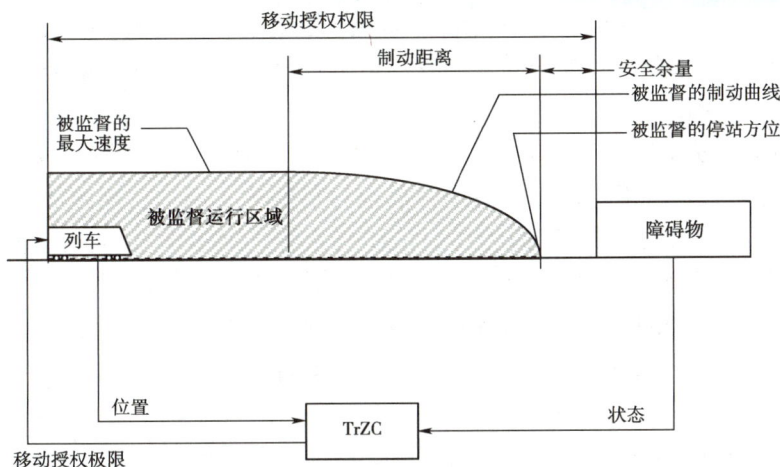

图2-28　移动授权权限

移动闭塞的ATC系统有以下主要技术特点。

（1）线路不划分为若干固定的闭塞分区，列车间隔为后行列车在当前速度下所需要的制动距离加上保护距离。列车间隔是动态的，并随前行列车的移动而移动，列车制动的起点和终点也是动态的。

（2）采用连续曲线速度控制方式，只需要一定长度的保护距离（距离前行列车尾部）。

（3）一般基于通信（交叉感应环线电缆、无线、裂缝波导管、电力传输线等）技术来传输车地双向信息，信息量较大、抗干扰能力较强。

（4）列车控制精度较高，运行舒适度较好，减轻了司机劳动强度。

（5）站间闭塞需要增加独立的设备才能够实现。

（6）最大限度地缩短了行车间隔（一般比准移动闭塞降低5~6s），轨旁设备数量与行车间隔关系不大。

移动闭塞的特点是可以不设轨道电路，但业主常常会根据可用度要求，或者出于非装备列车运营的需要，提出增加后备模式，因此，需要增设列车占用轨道的监测设备，如轨道电路设备或计轴设备。

移动闭塞是基于通信的列车控制系统，其信息传输方式可分为感应环线方式和无线传输方式。

1）感应环线方式

感应环线方式是在线路内铺感应环线，通过环线传输信息。如武汉地铁 1 号线采用的阿尔卡特公司基于感应环线的 SelTracS40 移动闭塞系统。SelTracS40 移动闭塞系统设备由系统管理中心（SMC）、列车控制中心（VCC）和车站控制器（STC）组成。系统管理中心监控列车运行，列车控制中心控制移动闭塞列车安全间隔运行（ATP/ATO），车站控制器内置 InterSig 安全型处理计算机（固态联锁控制器）控制道岔、信号机。在 SelTracS40 移动闭塞系统中，"列车-地面"通信采用敷设在走形轨间的感应交叉环线电缆来实现，如钩感应环线出现故障将失去对列车的监控。

系统管理中心（SMC）是非安全的双局域网计算机系统，其功能类似于通常的控制中心 OCC 或 ATS。

2）无线传输方式

无线传输方式是特指通过无线基站完成信息传输的，例如，德国西门子公司为广州地铁 4 号线、5 号线提供的双向无线通信闭塞系统、阿尔卡特为上海地铁 8 号线提供的 CBTC 即是该系统。该系统的无线通信子系统以扩展频谱的国际标准为基础，使用直接序列扩频（DSSS）调制。DSSS 技术的主要优点如下。

（1）如果报文中的一位或几位在传输期间被破坏，由于传输的冗余可以恢复最初的数据。

（2）提供快速的数据传输，增强对干扰、拦截和衰减的抵抗力。

与感应环线通信和其他无线通信子系统相比，上述无线通信子系统的主要特点如下。

（1）较低的安装成本。

（2）较低的维护成本。

（3）易于扩展。

（4）适用于地铁环境。

（5）强抗干扰和容错能力。

（6）唯一经过地铁隧道现场使用验证。

（7）减少了无线通信基站的数量。

无线通信子系统包括：

（1）一组轨旁无线通信单元提供全面和连续的线路覆盖。这些单元被划分到通信蜂窝内，它们通过一个光链路互相连接，由数量有限的一些接入点控制，并连接到 ATS 总线。

（2）车载无线通信单元以两个为一组分别安装在列车的两端。无线通信单元通过串行口连接到 ATP/ATO 车载设备。

▶ 三 列车自动驾驶系统

列车自动驾驶（ATO）系统是非安全系统，在 ATP 和 ATS 系统基础上工作，接收来自 ATP 的速度命令、ATS 系统的列车运行等级信息。

1 系统组成

ATO 系统由地面设备和车载设备组成。

1）地面设备

（1）在车站设备室内设置站台 ATO 通信器（Platform ATO Communicator，简称 PAC）。PAC 内存储列车行驶至下两个停车点的站间距离、轨道电路数量与长度，以及线路坡度和曲线参数等信息，并于 ATS 系统车站远程终端单元接口得到 ATS 系统及联锁系统的惰行命令、扣车命令、运行方向、下一车站列车通过命令以及目的地等信息。以上 PAC 信息在列车停在站台期间，经联锁系统及轨道电路的有关条件通过 ATO 地面环路发送给列车。

（2）在各车站上下行站台以及列车折返线的轨道处设置环路。列车通过环路的位置及交叉点得到列车定位信息，启动定点停车程序，按定点停车曲线运行，实现车站定点停车。当列车停准时，地面环路会收到车载天线发送的停稳信号，然后才能进行开关车门和屏蔽门的操作，并在列车停在环路上时实现列车-地面通信。

2）车载设备

ATO 车载设备由 ATO 控制器、接收天线、发送天线组成。与列车接口主要包括列车牵引控制和制动控制。与司机显示单元接口为开关门指示灯、列车起动按钮及故障报警灯等。

2 系统功能

ATO 系统的主要功能是模拟最佳司机的行驶，提高列车运行的舒适度，节省能源。ATO 系统主要有以下功能。

（1）自动调整列车速度。ATO 控制器通过列车实际速度与 ATP 给定的最大安全速度和目标速度，并根据线路情况，自动控制列车的牵引及制动，使列车在区间内始终以 ATP 控制的最大安全速度运行，在区间实现自动停止及停车后的再起动。ATO 控制器一旦得到目标速度为"0"的速度信息后，自动控制列车在距离停车点约 10m 的地点停车，当速度信息改为进行信息后，自动控制列车再起动。

（2）自动在车站定点停车。列车进入车站 ATO 地面环路范围后，通过列车-地面通信，由 ATO 车载设备计算出距停车点的距离，并经环路交叉点的信息变化修正停车距离，从而最终能够实现准确定点停车。定点停车精度为 ±0.25m。

（3）向司机显示车门、屏蔽门状态和人工控制车门信息及车站发车。

（4）自动实现列车惰行控制及下一车站自动通过的控制，节省能源并实现列车运行调整。

（5）自动进行运行记录、系统自诊断及报警，便于维修人员判断分析运行中的故障情况。

▶ 四 CBTC 信号系统介绍

CBTC 信号系统不依靠轨道电路向列车控制车载设备传递信息，而是利用通信技术实现列车-地面通信并实时传递列车定位信息。通过车载设备、轨旁通信设备实现列车与车站或控制中心之间的信息交换，完成速度控制。系统通过建立车地之间连续、双向、高速的通信，使列车命令和状态可以在列车和地面之间进行实时可靠的交换，并确定列车的准确位置及列车间的相对距离，保证列车的安全间隔。

1 CBTC 信号系统原理及分类

移动闭塞技术是通过车载设备和轨旁设备不间断地双向通信来实现的。列车不间断地向控制中心传输其标志、位置、方向和速度等信息，控制中心可以根据列车实时的速度和位置动态计算列车的最大制动距离。列车的长度加上这一最大制动距离并在列车后方加上一定的防护距离，便组成了一个与列车同步移动的虚拟分区。由于保证了列车前后的安全距离，两个相邻的移动闭塞分区就能以很小的间隔同时前进，这使列车能以较高的速度和较小的间隔运行，从而提高运营效率，如图 2-29、图 2-30 所示。

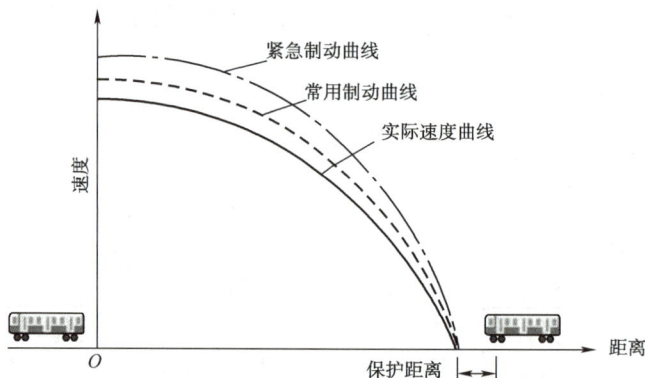

图 2-29 CBTC 信号系统速度-距离曲线

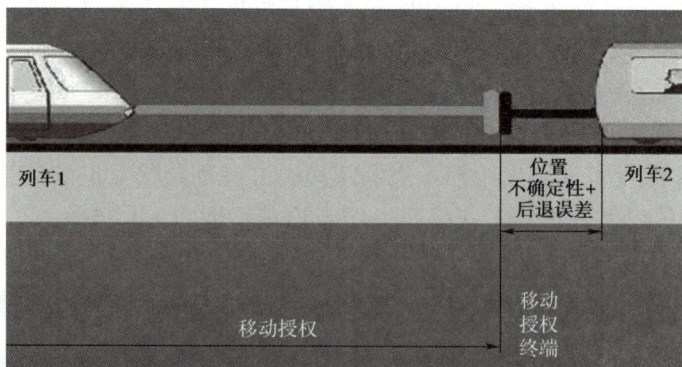

图 2-30 移动授权下的移动闭塞列车分离

1）基于交叉感应环线技术

以敷设在钢轨间的交叉感应环线作为传输媒介的 CBTC 系统，在城市轨道交通中已经应用了较长时间。交叉感应环线的缺点在于，安装在钢轨中间，安装困难且不方便工务部门对钢轨的日常维修，列车-地面通信的速率低。但由于环线具有成熟的使用经验，使用寿命长以及投资少等优点，目前仍继续应用，如图 2-31 所示。

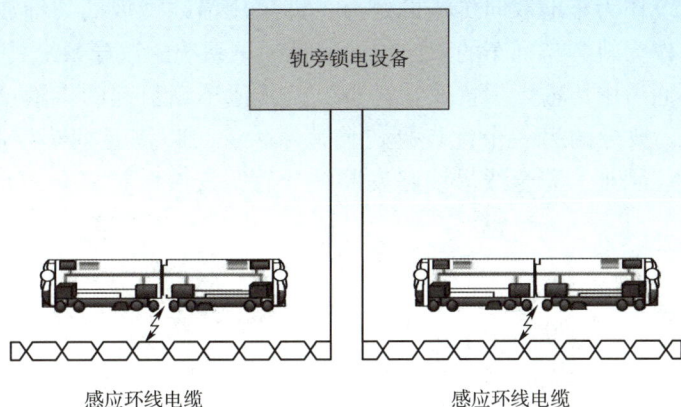

图 2-31　基于交叉感应环线技术

2）基于无线电台通信技术

随着无线通信技术的发展，基于自由空间传输的无线传输技术在 CBTC 系统中得到了应用。无线的频点一般采用共用的 2.4GHz 或 5.8GHz 频段，采用接入点（AP）天线作为和列车进行通信的手段。AP 的设置保证了区间的无线重叠覆盖。自由空间传输的无线具有以下特点：自由空间转播，对于车载通信设备的安装位置限制少；传输速率高；实现空间的重叠覆盖，单个接入设备故障不影响系统的正常工作；轨旁设备少，安装与钢轨无关，方便安装及维护。

基于无线电台通信传输方式 CBTC 系统，已经在北京地铁 10 号线成功应用。

3）基于漏泄电缆无线传输技术

Alstom 的 CBTC 系统在需要的时候也可采用漏泄电缆传输方式，而新研发的系统采用的不多。漏泄电缆方式的特点是场强覆盖较好、可控，抗干扰能力强。单点 AP 的控制距离通常达 800m（每侧漏泄电缆长度为 400m）；缺点是漏泄同轴电缆价格较高，如图 2-32 所示。

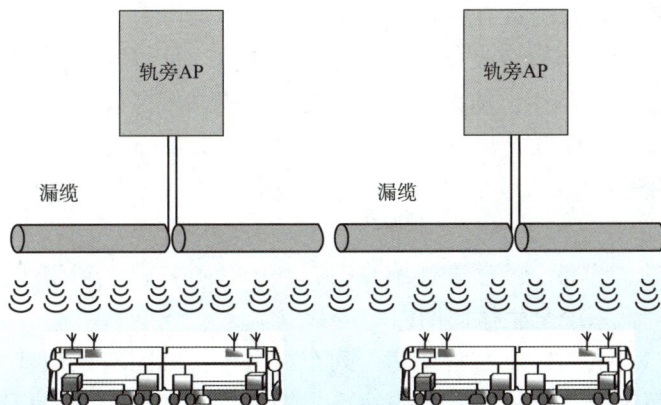

图 2-32　基于漏泄电缆无线传输技术

4）基于裂缝波导管无线传输技术

采用波导系统作为车地双向传输的媒介，即采用沿线铺设的裂缝波导及与波导连接的无线接入点作为轨旁与列车的双向传输通道。该系统的波导系统具有通信容量大、可在隧道及弯曲通道中传输、干扰及衰耗小、无其他车辆引起的传输反射、可在密集城区传输等特点。波导的另一个优点是传输速率大，可以满足列车控制系统的需要。波导的缺点是安装困难，需全线沿线路安装波导管，安装维护复杂，并且造价高，如图 2-33 所示。

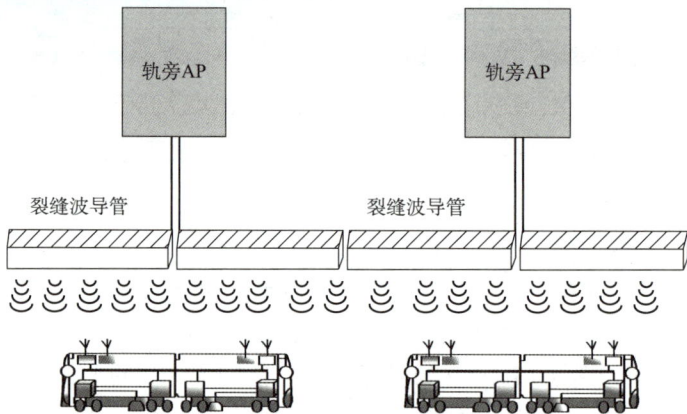

图 2-33　基于裂缝波导管无线传输技术

北京地铁 2 号线、首都机场线均采用裂缝波导管无线传输技术。

2　CBTC 信号系统的优点

移动闭塞又称为基于通信的列车控制系统，即 CBTC 系统，该系统代表着当前世界上城市轨道交通列车运行控制系统的发展趋势，是近年来国际国内推荐使用的一种闭塞制式，在国内各大城市已经广泛采用，如北京、广州、上海、武汉、沈阳等。CBTC 系统采用了先进的通信和计算机技术，可以连续控制、监测列车运行。它摆脱了使用轨道电路判别闭塞分区的占用，突破了固定（或准移动）闭塞需要固定的区间分区的局限性，较以往系统具有更大的技术优越性。

（1）实现车载设备与轨旁设备间的实时双向通信，且信息量大。

（2）便于缩短列车编组，加大列车运行密度，提高服务质量，并可以缩短站台长度和终端站尾轨长度，降低土建工程投资。

（3）实现线路列车双向运行而不增加地面设备，有利于线路故障或特殊需要时的反向运行控制。

（4）可减少轨旁设备，便于安装维修，有利于紧急状态下利用线路作为人员疏散的通道，有利于降低系统全生命周期内的运营成本。

（5）可以适应各种类型、各种车速的列车，由于移动闭塞系统基本克服了准移动闭塞和固定闭塞系统地对车信息跳变的缺点，提高了列车运行的平稳性，增加了乘客的舒适度。

（6）可以实现节能控制、优化列车运行统计处理、缩短运行时分等多目标控制。

（7）系统不依靠轨道电路监测列车位置、向车载设备传递信息，有利于旧线系统升级改造的实施，即有利于在不影响既有线正常运营的前提下，能够对系统进行升级改造，将对运营的影响降到最低。

（8）移动闭塞系统，尤其是采用高速数据传输方式的系统，将带来信息利用的增值和功能的扩展，有利于现代化水平的提高。

复习与思考

一、填空题

1. 地铁运行中的行车有关标志分为_____和_____。

2. ATC 系统包括_____、_____及_____ 3 个系统，简称"3A"。

3. ATS 系统根据列车时刻表自动监控列车运行，并实现_____。

4. 联锁是通过技术方法使_____、_____和_____必须按照一定程序并满足一定条件才能动作或建立起来的相互关系。

二、判断题

1. ATO 子系统只包括车载 ATO 设备。　　　　　　　　　　　（　　）

2. 在正线上，信号机故障不能正常显示绿灯信号时，应开放引导信号，列车以不超过 25km/h 的速度越过该信号机后，按正常速度运行。　　　　　（　　）

3. 月白色表示允许越过该信号机调车。　　　　　　　　　　　（　　）

4. ATP 系统是保证列车运行的重要安全设备，自动控制列车运行间隔和超速防护。
　　　　　　　　　　　　　　　　　　　　　　　　　　　　（　　）

三、简答题

1. ATS 子系统的作用及功能有哪些？

2. 联锁设备的功能有哪些？

3. 行车闭塞法的定义是什么？

4. 什么情况下采用电话闭塞法？它的行车凭证是什么？

5. CBTC 信号系统的优点有哪些？

实训

请完成模块 2　实训工单——掌握行车视觉信号的显示和听觉信号的鸣示方式，见 219 页。

模块 3
行车调度指挥

📖 **学习目标**

1. 了解城市轨道交通运营指挥执行层次；
2. 掌握行车调度指挥原则及行车调度员的职责；
3. 掌握调度命令与口头指示的发布；
4. 了解调度工作制度；
5. 熟悉正常情况下调度指挥的基本方法；
6. 学会调度工作的统计与分析。

📑 **建议学时**

6 学时

单 元 3.1
行车调度概述

　　城市轨道交通与城际铁路有相同点，具有轨道交通的特点；又与城市地面公交系统有相同点，具有适应城市公共交通要求的各项条件。由于必须兼顾到上述两方面，因此，城市轨道交通的运营管理行车组织工作与铁路调度、城市公交调度不同，有其独特的方面。

一 行车调度的基本任务

　　行车调度是城市轨道交通日常运输组织的指挥中枢，以安全运送乘客、满足设备维护的需要，按列车运行图的要求，实现安全、准点、舒适、快捷的运营服务为宗旨。各单位、各部门必须在集中领导、统一指挥的原则下，紧密配合、协调动作，确保行车和乘客安全，完成各项工作任务。

（1）负责城市轨道交通系统的日常行车组织、指挥工作，按照列车运行图的要求组织行车，实现安全、准点和优质的运营服务。

（2）负责监督控制全线客流变化情况，调集人力物力和备用车辆，疏导突发大客流。

（3）负责组织、实施正线、辅助线范围内的行车设备检修以及各种施工、工程车运输作业。

（4）负责组织、处理在运作过程中发生的各种故障、事件、事故。

二 城市轨道交通运营组织机构

1 城市轨道交通运营指挥执行层次

城市轨道交通运营指挥执行层次如图 3-1 所示。

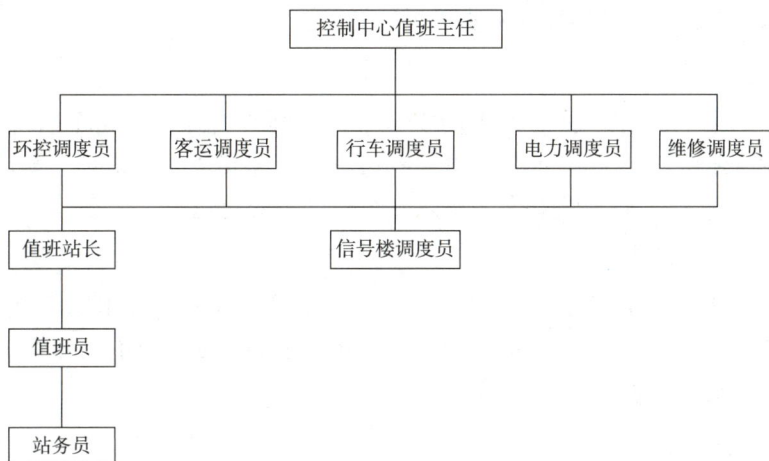

图 3-1 城市轨道交通运营指挥执行层次图

2 城市轨道交通运营指挥机构

（1）运营指挥分为一级、二级两个指挥层级，二级服从一级指挥。

（2）一级指挥为行车调度员、电力调度员、环控调度员、客运调度员和维修调度员。

（3）二级指挥为值班站长、信号楼调度员。

（4）各级指挥要根据各自职责任务独立开展工作，并服从运营控制中心值班主任的总体协调和指挥。

3 城市轨道交通运营控制中心

（1）城市轨道交通运营控制中心（OCC）是地铁日常运营、设备维护、行车组织的指挥中心。

（2）城市轨道交通运营控制中心是地铁运营信息收发中心。

（3）城市轨道交通运营控制中心代表地铁公司总经理指挥运营工作，代表地铁公司与外界协调联络地铁运营支援工作。

（4）城市轨道交通运营控制中心各调度员由值班主任统一指挥。在处理突发事件、事故时，各调度员有责任向值班主任提供本岗位的处理方案，并及时报告有关信息。

（5）城市轨道交通的行车工作由行车调度员统一指挥。

（6）城市轨道交通供电设备运作由电力调度员统一指挥。

（7）环控和防灾报警设备由环控调度员统一指挥。

（8）客流监控和信息收发由客运调度员统一指挥。

（9）维修调度员主要负责管理范围内的故障（事故）信息接收、传递、反馈和处理的组织、协调及统计分析工作。

三 行车调度指挥的原则

1 安全生产原则

在列车调度指挥工作中，必须坚持安全生产原则，正确指挥列车运行，不能发布没有安全保障依据的命令和指示。当得到有关危及行车安全的信息时，要正确、及时、妥善处理，以保证乘客列车的安全为重点，组织列车安全运行。

2 按图行车原则

列车正点率是城市轨道交通运营质量的重要技术指标，也是组织管理水平的综合反映。只有按图行车，才能保持正常的运输秩序，进而保证列车的正点率。

3 单一指挥原则

城市轨道交通的行车工作是一个由互相联系、互相影响的多部门、多单位、各工种所组成的完整系统。在这个系统中，各部门、各单位、各工种间紧密联系、协调一致，对保证行车安全和运输效率有着决定性的意义。行车调度员是为适应城市轨道交通通车特点而设置的行车工作的统一指挥者。在列车运行调整工作中，与行车有关的人员，必须服从所在区段当班行车调度员的集中统一指挥。其他任何人不得发布与行车有关的命令和指示。

4 下级调度服从上级调度原则

在列车运行组织与调整过程中，相邻调度台之间应保持紧密联系，以保证列车的正常交接。对出现的问题，双方要主动协商解决，当出现意见不一致的情况时，由上一级调度进行仲裁。一经上级调度决定，有关人员必须无条件执行。

四 行车调度员的职责

（1）组织各部门、各工种严格按照列车运行图工作。

（2）监控列车到达、出发及途中运行情况，确保列车运行秩序正常。

（3）随时掌握客流情况，必要时调整列车运行方案。

（4）检查督促各行车部门执行运行图情况。

（5）当列车运行秩序不正常时，及时采取措施，尽快恢复正常运行秩序。

（6）及时、准确地处理行车异常情况，防止行车事故发生。

（7）当发生行车事故时，按规定程序及时向上级主管部门汇报，并采取措施防止事故扩大，积极参与组织救援工作。

五 列车车次及其他规定

1 列车

列车识别号为 6 位数，前两位为目的地码，后四位为列车车次。列车车次前两位为服务号，后两位为序列号。序列号个位偶数为上行，奇数为下行，按顺序编号。各种列车的服务号（运行图按系统自动生成的车次）如下。

（1）列车服务号为 01～30。

（2）空列车服务号为 71～79。

（3）调试车服务号为 81～89。

（4）专列服务号为 96～99。

（5）目的地码。

2 工程车

工程车开行车次编号为 501～519。

3 救援列车

救援列车开行车次编号为 601～609。

4 有关列车标志、编组的规定

（1）列车标志：地铁徽记、列车服务号及标志灯等。

（2）工程车尾部必须挂有标志灯。当工程车按首尾机车编组时，应使用首端机车驾驶，当首端机车故障而使用尾端机车驾驶时，按推进运行办理。

（3）列车编组，列车中的机车和车辆的制动机应全部加入列车的制动系统。具体规定如下。

①列车：列车始发不准编挂空气制动系统故障的车辆。在正线运行时按《车辆故障应急处理指南》的要求处理。

②工程车：编入工程列车的车辆不准有关门车。如在运行途中自动制动机发生故障时，报告行车调度员并按其指示办理。

（4）列车、工程车应按规定的编挂条件进行编组。下列车辆禁止编入列车：

①车体倾斜超过规定限度。

②曾经发生脱轨或冲撞事故，未经检查确认。

③装载货物超出限界，无挂运命令。

④装载长轨货物的平板车，无跨装特殊装置。

⑤平板车装载货物违反装载和加固技术条件。

⑥平板车未关闭侧板。

⑦制动系统故障。

⑧未按规定维护或清洁。

▶ 六 行车调度设备

城市轨道交通系统仿佛是一个大联动机，与运输有关的设备、人员紧密联系，协同动作，从而构成了一个庞大的系统性工程。行车调度员是这个系统的指挥官，其能否熟练使用有关运输设备，是否熟悉现场设备，对整个系统的运行起着非常重要的作用。一般情况下，城市轨道交通都设有交通控制中心（或称调度中心），该中心应有以下设备：调度监督，调度集中，行车指挥自动化，列车运行图自动铺画，传真、通信记录设备，无线列调系统及调度命令无线传输设备。同时在中心应备有相关的行车调度规章制度汇编，如《行车组织规则》《行车调度指挥规则》《行车事故处理规则》《控制中心手册》等，配备调度指挥使用的有关调度命令格式、电报、列车运行图，管辖线路各站平面示意图，接触网供电系统及信号、联锁、闭塞设备的有关资料。

1 模拟屏

城市轨道交通控制中心一般装有行车、供电、环控中央监控终端设备，各模拟屏能够显示现场（车站、车辆段）设备的使用和占用情况，包括列车运行状态、供电系统情况和车站环控设备工作情况，如图3-2所示。

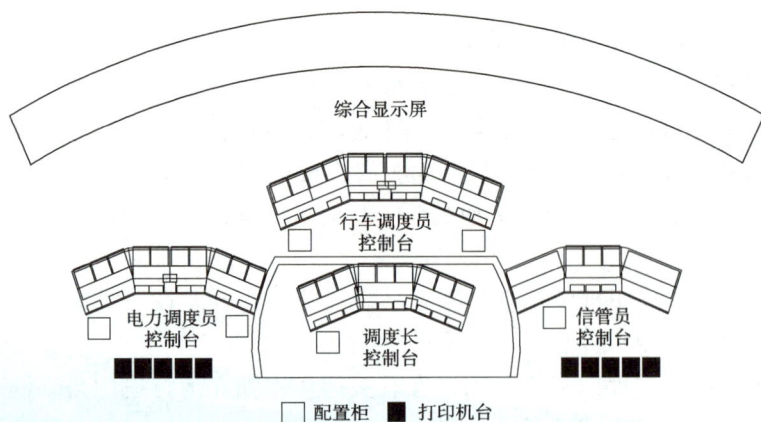

图3-2 调度指挥中心布置示例

综合显示屏主要显示有关行车的信息，包括轨道电路、线路、信号平面布置各站及区间线路布置、列车车次及其运行状态。

2 监视器

在控制中心内，综合显示屏供所有人员监察。控制中心的工作台按各种专业工种分别设置了列车自动控制系统、自动售检票终端监控系统、通信系统、电力监控、防灾报警等操作设备，供有关人员操控及监察日常客运作业与处理故障和事故。

行车调度员配备若干监视终端和一个操作盘，通过监视器可以监视各车站的情况，可对各车站的站台、站厅进行图像监视，并可对监视图像进行切换，同时也可使用移动摄像机进行监控，并对监视的对象进行录像。

3 通信设备

控制中心的通信设备主要有调度电话、无线调度电话、中央广播设备等。

1）调度电话

调度电话是为列车运行、电力供应、维修施工、发布命令等提供指挥手段的专用通信工具，包括调度直通电话、公务电话等。

控制中心设置有防灾调度、行车调度及电力调度直通电话。调度直通电话具有单呼、组呼、全呼、紧急呼叫和录音等功能；各工作台网络采用综合业务数字网（ISDN），可实现与其他部门的通信。同时，具有会议电话功能及来电显示、呼叫转移等功能。

2）无线调度电话

无线调度电话包括无线调度台和手持台。

（1）无线调度台。值班调度主管工作台及行车调度员工作台均须设置无线调度台（互为备用），可对列车司机、站场无线工作人员实施无线通信。该设备具有组呼、紧急呼叫、私密呼叫及对列车进行广播等功能。

（2）手持台。控制中心配备多部手持台用于无线调度台故障时的备用设备，分为车站台、维修台与电力调度台等，在日常交接班时须保持手持台处于良好状态。

3）中央广播设备

值班调度主管工作台、行车调度工作台及电力调度工作台分别设置广播控制台，可对各车站、停车场、车辆段等有关单位进行广播，具有人工和自动广播两种模式，并可指定区域广播。

单 元 3.2
行车调度组织工作

行车调度是实现城市轨道交通系统日常运输工作的指挥中枢，凡与运营有关的各部门、各工种都必须在行车调度的统一指挥下进行日常运营。

一 调度命令与口头指示

行车调度员在组织指挥日常运输工作中对有关部门和人员所发布的完成日常运输生产的具体部署和指挥行车工作的指令，编有号码并在"调度命令登记簿"（表3-1）上登记的，称为调度命令。无须编号或登记的称为口头指示。在日常运输工作中，行车调度员是通过调度命令或口头指示进行行车调度指挥的。根据统一指挥、逐级负责的原则，指挥列车运行的调度命令和口头指示，只能由行车调度员发布。

调度命令登记簿 表3-1

日期	命令				复诵人姓名	接收命令人签名	行车调度员姓名	阅读时刻（签名）
	发令时间	号码	受令处所	内容				

1 调度命令和口头指示的要求（相关教学资源见二维码8）

（1）行车调度员发布调度命令时，在正线由车站值班站长（值班员）负责传达（口头命令行车调度员直接传达给司机，由司机复诵核对），传达给司机或其他有关人员的书面命令应加盖有车站行车专用章。

（2）发布调度命令前必须做到以下几点：

①严格执行《行车组织规则》的有关规定，详细了解现场情况，听取有关人员意见；

②按"调度命令"固定格式（表3-2）要求书写，且先拟订后发布；

③掌握发布调度命令的时机，为缩短抄送命令的时间，可先发内容、号码，后发发令时间、行车调度员代码。

调度命令 表3-2

受令处所		命令号码	行车调度员姓名
命令内容			

行车专用章　　　　　　　　车站行车值班员＿＿＿＿＿＿＿

注：规格 110mm×150mm。

（3）行车调度员在日常工作中，为了确保进行安全、高效地调度指挥，提高各调度的沟通技巧、工作效果，确保调度指令能够迅速准确地下达和执行，必须使用标准调度用语。调度用语要求如下：

①调度工作用语使用普通话，严禁使用其他方言；

②受话者必须复诵，严禁使用"明白""清楚"代替；

③说话者吐字清晰，语速适中。

2 调度命令的发布规定（以南京地铁为例）

（1）发布口头命令的内容。

①临时加开或停开列车，包括列车、工程车及救援列车；

②列车推进运行、退行，工程车退行；

③停站列车临时变通过；

④采用 RM/URM 列车驾驶模式时；

⑤列车救援时；

⑥列车中途清客；

⑦变更列车进路。

（2）发布书面命令的内容（特殊情况下可先用口头命令，事后补发书面命令）。

①发布线路限速或取消限速；

②封锁、开通线路；

③行车调度员认为有必要记录的命令。

（3）调度命令号码。

①值班主任：101～199；

②行车调度：201～299；

③信号楼调度：301～399；

④电力调度：变电所倒闸命令401～499，接触网倒闸命令501～599，施工作业令601～699；

⑤环控调度：701～799。

二 调度工作制度

为了保证调度工作质量，必须坚持标准化作业，按各项规章制度办事。我国许多城市的轨道交通系统根据自身的特点，制定了完整的调度工作制度，具体可以归纳为以下方面。

1 日常工作制度

日常工作制度包括交接班制度、文件传阅制度、员工大会制度、调班申请制度等。

1）交接班制度

交接班会在调度工作中具有承上启下的作用，当班的调度人员必须提前10min到岗，全面了解上一班需要跟进的工作和本班的生产任务。接班值班主任主持召开交接班会，听取各岗位的汇报，布置本班的工作重点，分配工作任务，并制定具体的工作措施。

2）文件传阅制度

当值人员必须按时传阅最新文件，学习贯彻文件的有关精神。在传阅文件后，当值人员应按要求签名并注明日期。

3）员工大会制度

每月月初召开一次全体员工大会，总结上月的工作情况，并布置本月的工作任务，对重点工作内容提出具体要求，同时传达上级（公司或部门）会议精神。

4）调班申请制度

调度岗位轮值必须按照排班表进行，遇特殊情况无法按照排班表上班时，应与相同岗位的同事协商，双方一致同意调班后，由申请人填写"调度员调班申请表"，经双方值班主任同意后调班。

2 安全管理制度

安全管理制度包括安全例会制度、安全检查制度、安全演练制度、事故分析制度。

1）安全例会制度

每月月初召开一次安全例会，总结上月的安全工作情况，对上月发生的故障、事件和事故处理进行分析和学习，同时布置本月的安全工作任务，对安全工作的重点内容提出具体要求，同时传达上级（公司或部门）安全会议的精神。

2）安全检查制度

安全检查制度包括运营前检查、每周一查、非正班检查、消防日查及安全大检查制度。

（1）运营前检查制度。行车调度员在每天运营开始前30min，检查各车站的运营准备情况，填写"运营前准备工作检查记录表"，并进行一次人机界面（MMI）操作功能检查，发现设备设施故障或其他异常情况时，应做好记录，并及时通知维修调度员处理。

（2）每周一查制度。安全员每周检查安全培训记录、设备运行的安全、"调度日志"（兼交接班簿）、调度命令、线路施工作业登记表记录情况，故障及延误报告的填写等，发现问题应及时提出整改。

（3）非正班检查制度。在非正班时间段，控制中心或上级部门领导不定期对控制中心进行突击抽查，检查各班组的两纪一化（劳动纪律、作业纪律、作业标准化）和安全运作情况。

（4）消防日查制度。部分城市的轨道交通系统的消防设施采取自查形式，大多数城市的轨道交通系统的消防设施委托物业管理检查。

（5）安全大检查制度。逢元旦、春节等重要节日时，在节前进行一次安全大检查，检查内容除了日常的安全检查内容外，还包括节假日的运营组织方案和运作命令等。

3）安全演练制度

为使调度员熟练掌握各种应急方案，提高调度指挥水平，各班组每月至少进行一次桌面演练。此外，各班组还需参加上级部门组织的突击演练。

4）事故分析制度

发生事故后，当值班组要进行全面分析，分析不足，总结经验，写出事故处理报告，由控制中心上报部门安全网络；控制中心视情况召开全体成员的分析会，对事故的责任进行内部分析，制定防范措施，教育广大员工，防止出现同类事故。

3 业务培训制度

业务培训制度包括班组学习制度、每日一问制度。

1）班组学习制度

所有调度员必须参加培训网络组织的班组学习。学习内容包括规章文件，运营方案和各种故障、事故处理案例。

2）每日一问制度

为了检查员工对近期重点工作内容和安全关键点的掌握，值班主任每班抽问调度员成员，了解班组成员的掌握情况，发现不熟练时要进行有针对性的培训。

4 填写书面报告制度

（1）运营日报。

①值班主任每日7时前编写运营日报，报告前一天6时至当日6时运营计划完成情况。

②运营日报须送交分公司领导、相关部门领导。

③日报主要内容包括：

a. 列车服务情况，包括事故、故障和列车延误及处理等；

b. 当日完成运送客运量、列车开行情况、兑现率及正点率；

c. 列车晚点、清客、下线、抽线、救援、加开等服务情况；

d. 当日施工计划件数及截至6时的施工完成件数，有关工程车、试验列车运行方面的信息；

e. 耗电量（总耗电与牵引耗电）和车站温湿情况；

f. 接待情况说明；

g. 派班员上报的当日运营列车运营里程、空驶里程、载客里程。

④运营日报的格式按城市轨道交通运营部门的规定执行。

（2）故障和延误报告。

①行车调度员应在行车设备发生故障及造成列车延误时，及时填写故障和延误报告。

②故障和延误报告作为编写运营日报原始资料的一部分。

③故障和延误报告主要包括如下内容：

a. 发生故障的时间、地点、列车编组、报告人员及概况（故障现象）等情况；

b. 发生故障导致行车延误（直接延误、本列延误）、影响情况；

c. 所采用的调整列车运行措施；

d. 恢复正常运作的时间。

④故障及延误报告见表3-3。

故障及延误报告　　　　　　　　　　　　　　　　表3-3

年　月　日至　月　日　　　　　　　编号：控运-0104

序号	时间	车次	车组	发生地点	报告人	概况	直接延误	本列延误	跟进措施	维持运营	终点检修	调整退出	恢复时间
88	89	90	91	92	93	94	95	96	97	98	99	100	101
102	103	104	105	106	107	108	109	110	111	112	113	114	115
116	117	118	119	120	121	122	123	124	125	126	127	128	129
130	131	132	133	134	135	136	137	138	139	140	141	142	143
144	145	146	147	148	149	150	151	152	153	154	155	156	157
158	159	160	161	162	163	164	165	166	167	168	169	170	171
172	173	174	175	176	177	178	179	180	181	182	183	184	185
186	187	188	189	190	191	192	193	194	195	196	197	198	199
200	201	202	203	204	205	206	207	208	209	210	211	212	213
214	215	216	217	218	219	220	221	222	223	224	225	226	227
228	229	230	231	232	233	234	235	236	237	238	239	240	241

行车调度员　日班：_____　夜班：_____

值班主任　日班：_____　夜班：_____

（3）行车事故概况。

①行车调度员应根据每件行车事故及时填写"行车事故概况"。

②"行车事故概况"应按《行车事故管理规则》规定的时间报分公司安全保卫部。

三　正常情况下调度指挥的基本方法

在我国的大部分城市，通常由控制中心（OOC）担任城市轨道交通系统的列车指挥工作，控制中心（OOC）是城市轨道交通运营企业的运营指挥部门，负责所辖各条城市轨道交通线路行车、电力、消防环控及票务等的运行调度和突发事件处理等工作。

1　列车运行指挥日常工作

（1）组织制定行车、电力、环控调度规程，参与运营技术管理、行车组织等规程及突发事件预案，并组织实施。

（2）组织、控制有关行车人员按运行图行车，遇到列车晚点和突发事件时，应及时采取调整措施，迅速恢复列车正常运行。

（3）密切注意客流动态，并按规定负责下达和通知自动售检票系统有关单位实行相关运营方案。

（4）负责行车、设备事故及突发事件的救援抢修的调度指挥，采取有效措施防止事故扩大，尽快恢复正常运行；按事故报告程序及时做好上报和下达工作。

（5）负责编制和组织实施正线的施工、调试列车的作业计划。

（6）建立健全生产运营、调度指挥等各项原始记录、统计和分析表，并按规定向上级主管部门上报。

（7）维护调度纪律，督查各基层单位执行行车调度员调度命令和有关规章制度的情况，发现问题应立即采取相应措施。

2 正常情况下列车运行组织的方法

为实现按图行车，行车调度员要努力确保列车正点运行，行车调度员应在列车出场、列车折返方式和客流组织等方面进行组织，确保列车正点始发。由于列车途中运缓、设备故障等原因，会造成列车运行晚点，此时，行车调度员应根据列车运行点并遵循行车安全原则，尽快使晚点列车恢复正点运行。

正常情况下列车运行组织的主要方法如下。

（1）始发站提前或推迟发出列车。

（2）根据车辆的技术状态、线路允许速度，改变列车运行速度，恢复列车运行正点。

（3）组织车站快速乘降作业，压缩停站时间。

（4）组织列车越站运行。行车调度员应严格遵循列车跳停原则；客流较大车站原则上不安排列车通过；不允许办理连续两列车通过同一车站；列车以规定运行等级速度通过车站；通过车站的计划原则上在始发站安排。

（5）变更列车运行交路，组织列车在具备条件的中间站折返。

（6）扣车。当一条线路的列车由于车辆或其他设备故障引起运行不正常，造成乘客拥挤时，行车调度员可采取扣车措施，将列车扣在附近车站，以缓解运行压力确保列车间隔。

（7）停运列车。当线路某区段中断，已不能满足在线列车运行时，行车调度员可适当抽调部分列车下线，拉大列车运行时间间隔。

3 正常情况下列车运行组织的程序

（1）运营服务前的准备工作。

运营服务前的准备工作是安全运营的前提，通过对技术设备、运营人员、车辆状况的检查，达到开始运营的条件，才能维护正常的运营秩序。

①行车调度员根据"正线施工作业一览表"检查当晚的所有维修施工及调试作业是否完毕，并已销点；线路巡视工作已完成并符合行车条件，方可进行后续的运营前

准备工作。

②运营前 30min，行车调度员的准备工作。

行车调度员检查各车站信号楼运营前的准备工作。各车站值班站长（值班员）、信号楼调度及派班员应及时向行车调度员汇报以下内容：

a. 车站值班员：运营线路空闲、施工结束、线路出清、无防护行车设备正常；行车设备、备品齐全完好（站务人员必须检查正线上红闪灯等各种临时防护设施是否已经撤除，并按要求摆放好）；相关人员到岗情况；道岔功能正常，站台无异物侵入限界。

b. 信号楼调度员：当日使用列车、备用列车安排情况（信号楼调度传真列车出场顺序表至 OCC），设备正常情况，人员到岗情况。

c. 派班员：司机配备及就位情况。

③试验进路、道岔的要求。

a. 行车调度员接到巡视完毕报告，确认线路出清后，通知联锁车站可以进行相关操作（试验进路、道岔），并把相关信号设置为自排/追踪状态，行车调度员检查相关结果。

b. 当试验期间发现异常，行车调度员应及时通知维修调度，派人检查抢修；无法修复时，应立即采取应急措施，尽可能把对运营的影响降到最小范围。

④确认当日列车运行图并核对时间要求：

a. 根据运行命令的要求执行相应列车运行图。

b. 在每天运营前行车调度员用全呼功能，与车站值班员、信号楼调度、派班员核对当日列车运行图以及钟表时间，说明相关注意事项。

（2）运营服务期间。

①调度首班列车要求。

a. 行车调度员应严格按照列车运行图指挥行车，按时组织列车进入正线，到达指定位置。

b. 开行首班车时，要求司机按照限速以 SM 模式驾驶，加强瞭望，注意线路情况。

②铺画列车实际运行图。

a. 根据《行车组织规则》中的有关规定，向各报点站（报点站根据《行车组织规则》规定）收点后，铺画列车实际运行图。

b. 按节规定的符号铺画实际运行图。

③调整列车运行。正常情况下，列车的运行由 ATS 系统自动调整，必要时，行车调度员可人工介入，关闭列车的 ATR 功能，人工修改列车的运行时分、停站时分和折返时分，进行列车运行调整。行车调度员人工修改列车的运行时分、停站时分和折返时分的值必须在系统给出的缺省值的范围内。当列车发生早点时，行车调度员可以在 MMI 上扣车或通知联锁车站操作扣车，适当延长列车的停站时分，使列车在本站正点开出。当列车发生晚点时，列车在车站停稳后，行车调度员可以在 MMI 上操作取消列

车的停车点，减少列车停站时分。此外，在确保安全的前提下，行车调度员还可以采用站前折返、备用车顶替晚点列车、列车中途折返、抽线、单线双向运行、反方向运行等各种灵活的调整方法来调整列车运行。

（3）结束运营服务及列车回库安排。

①结束运营服务。

a. 行车调度员根据列车运行图，组织尾班车正点运行，末班车禁止早点开出。

b. 密切关注相关大客流车站的关站情况，做好尾班车的客运服务工作。

②列车回库安排。

列车回库的安排，按列车运行图的要求，下行或上行列车都可以按顺序进入车场。备用车最后回车场。

（4）工程车开行组织规定。

①开行依据。

a. 按《施工行车通告》或日补充计划或临时补修计划的规定和要求执行，发布工程车开行的调度命令。

b. 临时的特殊情况按行车调度员命令执行。

②工程车运行指挥的规定。

a. 非运营时间，行车调度员负责工程车进路监控，与工程车司机、车长的联络及与各站布置、落实工程车开行的有关事宜；负责与相关车站办理施工请点登记、审批和销点工作。

b. 工程车开车前发布好相关的书面调度命令。

c. 行车调度员在同意工程车开车前，必须在"线路施工作业登记表"上确认工程车运行的前方进路无施工作业，并在控制中心（OCC）联锁工作站上确认工程车运行的前方进路已准备好。

d. 在工程车出基地前，工程车司机要与行车调度员试验无线电的性能；工程车在运行中行车调度员要加强与司机和车长的联系，掌握工程车运行计划，确认进路。

e. 行车调度员组织工程车正线运行时，应尽量避免分段行车；当前方施工作业未按时结束或因特殊情况须组织工程车分段运行时，应提前一个站扣停工程车，并使用调度电话，通知工程车司机允许运行的起止站，受令人必须要原话复诵。

f. 遇到以下情况时，行车调度员应提前通知车站接发工程车：

向司机发布书面调度命令；

当行车调度员使用无线电联系不到司机时，须通过车站拦停工程车询问情况；

临时需要拦停工程车。

（5）调试列车的行车组织。

①开行调试列车的前提条件。

a. 在列车结束服务后的时间进行或在不开行列车的线路上进行。

b. 开行调试列车的线路已执行线路出清程序。

②调度程序。

a. 行车调度员根据《施工行车通告》安排或运作命令组织调试列车上的正线运行。

b. 调试列车临时变更调试计划时，由调试负责人批准。

c. 根据《行车组织规则》要求，做出适当保护。

d. 向基地信号楼调度员、维修调度员和车站值班站长（值班员）发布列车上正线调试的调度命令。

e. 布置相关车站排列调试列车的运行进路。

四 调度工作的统计与分析

运营结束后，还应计算列车运行的指标，统计有关数据，作为分析、考核调度工作的质量依据，以此来不断提高调度工作水平，更好地服务城市轨道交通运营。

1 列车运行指标的计算

列车运行指标计算方法按《运营指标统计办法》有关要求执行，具体如下。

（1）列车计划及实际开行列数，按《运营指标统计办法》中的有关规定执行。

（2）列车正点率按《运营指标统计办法》中的有关规定执行。列车晚点统计方法：比照列车运行图，单程每列晚点 4min 以下为正点，4min 及以上为晚点；排队晚点时则按统计的要求进行统计。同时，因接待工作或其他特殊需要经公司领导同意时，不计算晚点列数。

（3）运行图兑现率按《运营指标统计办法》中的有关规定执行。

（4）列车运营里程按《运营指标统计办法》中的有关规定执行。此项指标由乘务中心派班员计算，控制中心收报后填入"运营日报"中。

2 调度工作的统计

（1）列车统计。

①在运营结束后，由行车调度员提供以下数据，值班主任负责进行当日的列车统计分析，并填写"运营日报"。统计的内容如下：

a. 计划开行列数。

b. 实际开行列数及运行图兑现率。

c. 救援列次。

d. 清客列次。

e. 下线列次。

f. 晚点列数和正点率。

g. 向车辆基地派班员收记运营里程（列公里）。

②行车调度员记录发生晚点列车的原因。

③对晚点列车进行分析，晚点原因分车辆故障、线路故障、供电故障、通信故障、信号故障、客流过多、调度不当、其他等方面。

（2）行车调度员负责工程车统计。

要求根据当天工程车开行情况进行统计，包括工程车列数、实际进出车场的时间。

（3）调试列车统计。

要求根据当天调试列车开行情况进行统计，内容为实际开行调试列车的列数。

（4）检修施工作业及统计分析。

①对前一天正线、辅助线的检修计划件数和完成情况进行统计。

②对检修施工完成情况进行分析：

a. 各施工单位周计划、日补充计划、临时补修计划件数统计。

b. 检修施工作业请点总件数的统计。

c. 对各施工单位计划情况、完成情况进行分析。

3　调度工作的分析

通过对运营指标的完成情况进行统计分析，可以找出提高运营指标的方法，同时，对日常调度工作进行综合统计分析，可以及时发现问题，制定措施。此外，还需对班组调度员的报表填计及运营完成情况进行考核。调度分析、统计工作可分为日分析、定期分析和专题分析。

（1）日分析。

日分析的内容包括：

①正点率、兑现率、列车加开及取消情况、运营里程。

②换车情况、放站、清客、列车救援、严重晚点、反方向运行情况。

③设备故障、列车故障情况。

④施工完成情况。

⑤各种记录报表及运营指标的考核工作。

（2）定期分析。

定期（例如每月或每旬）对该阶段的各项运营指标、安全生产和施工维修等情况进行分析、统计，并做出相应的报表以积累资料，为运营决策部门改进运营组织方案提供必要的依据。

（3）专题分析。

对某一特定的任务组织专题分析，以便指导行车调度员更好地完成任务或进行总结。

知识链接

行车调度工作考核指标

1. 列车运行图的兑现率

列车运行图的兑现率是指统计期内，实际开行列车数与列车运行图规定的计划开行列车次数之比，其体现了基本运行图的完成情况。

（1）计划开行列车数：当日运行图计划开行列车总数（含空车）。

（2）实际开行列车数：当日实际开行的计划列车数（不包含加开列车）。

（3）运休列车数：由于各种原因（列车、天气等），取消的计划列车数（包含计划空车）。

$$实际开行列数 = 实际开行列车数 - 运休列车数$$

（4）加开列车数：全天在计划开行列车数开行的列车数，包括空车和载列车。

$$兑现率 = \frac{实际开行列车数}{计划开行列车数} \times 100\%$$

$$总开行列车 = 实际开行列车数 + 加开列车数$$

2. 正点率指标

正点率指标是指一定时期内正点运行的列车与全部开行列车数之比。

$$列车正点率 = \frac{正点运行列车数}{全部开行列车数} \times 100\%$$

列车正点率包括列车始发正点率和列车到达正点率，列车正点统计的规定如下：

（1）凡按列车运行图规定的车次、时间正点始发，正点运行的列车统计为正点列车数，早点或晚点不超过2min的按正点列车统计；临时加开的列车按正点统计。

（2）由于客流的变化，行车调度员采取临时措施，抽调或加开部分列车时，调整后的运行时间一律按正点统计。

（3）列车运行时刻的确定。

①到达时刻：以列车在站台规定位置停稳，不再移动为准。

②出发时刻：以列车在车站（或存车场、车库）起动时刻为准。

③通过时刻：以列车前部机车通过车站规定位置为准。

3. 平均满载率指标

平均满载率指标是指在单位时间内，车辆载客能力的平均利用效率。

$$平均满载率 = 日均客运量 \times 平均运距 / 输送能力 \times 线路长度 \times 100\%$$

4. 清客统计

当运营列车发生清客时，需要在车站或区间将车上的乘客清除至站台，该列车按清客统计。

5. 载客通过（放站）

由于运输的需要，载客列车在运行过程中要求某一站或某些站不停车通过，该列车按放站统计。

复习与思考

1. 城市轨道交通运营指挥执行层次是如何设置的？
2. 行车调度工作的基本任务是什么？
3. 行车调度命令发布有何要求？
4. 行车调度一般需配置哪些主要设备？
5. 正常情况下列车运行组织的方法有哪些？
6. 行车调度工作考核指标主要有哪些？

实训

请完成模块 3　实训工单——正常情况下的调度指挥，见 221 页。

车站行车作业组织

学习目标

1. 掌握城市轨道交通车站的概念及类型；
2. 熟悉车站行车技术设备的使用；
3. 掌握车站行车作业制度；
4. 了解接发列车作业及折返作业；
5. 了解车站施工作业程序。

建议学时

6 学时

在运输生产活动中，车站起着极为重要的作用。车站是线路上供列车到发、通过的分界点，某些车站还具有折返、停车检修和临时待避等功能；车站是客流集散的场所，是乘客出行乘坐列车的始发、终到及换乘地点，也是运营企业与服务对象的主要联系环节；车站还是城市轨道交通各工种联劳协作的生产基地。

车站的运输生产活动主要由行车作业和客运作业两部分组成。车站行车作业包括接发列车作业、列车折返作业等；车站客运作业包括售检票、组织乘客乘降和换乘作业等。

车站的分类可从不同的角度进行。就车站作业而言，主要是按运营功能和是否具有站控功能分类。

1）按运营功能的不同分类

（1）终点站。终点站是指线路两端或列车交路两端的车站，除供乘客上下车外，通常还具有列车折返、停留或临时检修等运营功能。

（2）中间站。中间站一般只供乘客上下车，是线网中数量最多的车站。有的中间站设有配线，可供列车越行；也有的中间站设有折返设备，可供列车折返。

（3）折返站。折返站是终点站与中间站中设有折返线、渡线等折返设备，可供长、短交路列车进行折返作业的车站。

（4）换乘站。换乘站设在不同线路的交会地点，除供乘客上下车外，还供乘客由一条线路的列车换乘到另一条线路的列车上去。

2）按是否具有站控功能分类

（1）集中站。集中站是指具有站控功能的车站，集中站车站值班员根据调度命令，可监控集中站管辖线路上的列车运行、办理电话闭塞行车和执行扣车、催发车等列车运行调整措施。集中站通常为有道岔车站。

（2）非集中站。非集中站是指不具有车站控制功能的车站。非集中站通常为无道岔车站。

单 元 4.1
车站行车技术设备

车站每天要办理大量的行车作业。为此，根据车站的运营功能和客流量的不同，车站上应设置各种不同种类和容量的行车设备。

一　线路

车站线路包括正线、配线、折返线和存车线等。正线是列车在站内到发、通过及停留的线路；配线是供列车待避、越行的线路，为了降低工程投资，城市轨道交通车站一般不设置配线；折返线是供列车折返的线路，折返线的布置应尽可能保证线路最大通过能力的实现；存车线是临时停放列车的线路，存车线的设置应兼顾运营功能需要与车站造价控制。车站辅助线的长度一般按远期列车长度加 30m 设计。

地下车站的线路通常采用"高站位、低区间"设计，如图 4-1 所示。列车在进站前上坡缓行，出站后下坡加速。这种凸形纵断面设计对行车安全、节约电能、减少加减速时间、降低乘客出入站升降高度、降低造价和缩短工期都是有利的。

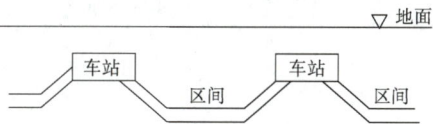

图 4-1　"高站位、低区间"设计

地下车站的线路坡度，考虑排水因素与防止列车溜逸，一般设计为 0.2%。地面车站与高架车站的线路一般设置在平道上。

二　道岔（相关教学资源见二维码 9）

1　道岔的组成

道岔是使列车由一条线路转入另一条线路的连接设备，通常设置在车站上和车辆段内，是轨道的组成部分。道岔有单开道岔、双开道岔和交分道岔等类型，其中单开道岔是最常用的道岔。

单开道岔由转辙器（包括尖轨、基本轨和转辙机械）、连接部分（包括直轨和导曲线轨）、辙叉及护轨（包括辙叉心、翼轨和护轮轨）三部分组成，如图4-2所示。

道岔号数以辙叉号数 N 表示（$N = \cot\alpha$），辙叉角 α 越小，辙叉号数 N 越大，列车通过道岔速度越快，尤其是侧向通过道岔速度也越快。城市轨道交通正线和辅助线一般采用9号道岔，车辆段线路一般采用7号道岔。

二维码9

道岔及道岔开通方向

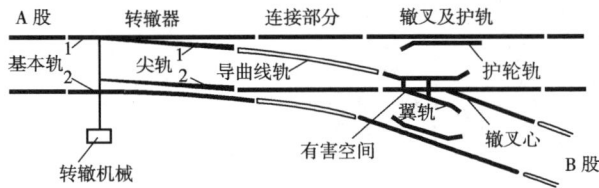

图4-2　单开道岔的组成

② 道岔的使用

正常使用下，道岔采用遥控操作、电气锁闭。在故障情况下，道岔采用现地手摇、人工锁闭。一般来说，道岔的操作由扳道员专人负责，在没有扳道员的车站，可以由站长指定可以胜任该工作的其他人员进行操作。具体操作见表4-1。

扳道员手摇道岔一次作业标准　　　　　　　　　表4-1

作业内容	行车值班员	扳道员	备　注
布置进路（准备工作）	布置扳道员："准备××次×道至×道进路"	复诵："准备××次×道至×道进路"	扳道员携带套筒、手摇柄、锁头、钥匙、对讲机至现场，根据值班员的指令，确认道岔位置并向行车值班员汇报。扳道员根据车站值班员的命令，将需手摇的道岔套筒锁打开，拧开开闭器，将道岔手摇至规定位置，用钩锁器锁闭，然后将进路上所有道岔检查一遍，确认所有道岔开通位置正确
听取汇报	复诵："××次×道至×道进路好"	向行车值班员汇报："××次×道至×道进路好"	值班员再次与扳道员核对进路上所有道岔开通位置是否正确
布置接车	行车值班员在收到邻站报来的列车开点后布置扳道员："××次开过来了，×道接车"	复诵："××次开过来了，×道接车"	扳道员在接车位置，面向来车方向，显示红色停车信号接车，确认列车整列到达后，回收信号，向行车值班员汇报
听取汇报	填写"行车日志"	—	—

在进行人工操作道岔时，应严格按照"一看、二扳、三确认、四显示"的要求操作道岔。即一看现场情况、位置、尖轨与基本轨有无异状，二根据车站值班员布置将道岔手摇到所需位置，三确认道岔操作到位并锁闭，四根据车站值班员命令向司机显示信号。

此外，手摇道岔时必须确认锁闭，确认锁闭的常用方式如下。

（1）尖轨密贴。尖轨与基本轨间，顶端4cm以内无大于2mm的间隙。

（2）手摇操作到位。以听到电动转辙机箱内动接点与静接点接触后发出的"咔嚓"声为准。

（3）其他特殊情况时，由行车值班员下达命令方可进行。

3 道岔的维护

1）道岔的日常维护规定

（1）车站内道岔由行车值班员在运营结束后负责清洁维护。正常情况下，每个夜班当班的值班员都要对所包干的道岔（定、反位）维护一次。如遇雨雪、冰冻天气，视情况及时擦拭上油，确保正常运转。

（2）行车值班员擦拭道岔必须在运营结束后，经当班行车调度员同意，得到允许擦拭的施工信号后方可进行。首先应在操纵台对将要擦拭的道岔进行单锁，确认所携带的对讲机与行车调度员通话正常后方可离开车控室。擦拭工作务必在行车调度员给定的时间内完成，不得影响其他施工作业。如果夜间施工、调试任务较忙，行车调度员一时难以安排时，可在巡道时间内完成，但不得影响巡道人员的正常登记与注销。

（3）道岔擦拭完毕后，值班员应对所擦拭道岔进行检测，确认正常后方可向行车调度员申请注销，将站控权上交，每次擦拭完毕应做好记录备查，因故不能擦拭或只能擦拭某一状态（定位或反位），均应在登记本上注明。在日常检查维护中，发现道岔有不同程度的损坏或其他异常情况时，值班员应立即向有关部门报修。

（4）车站要制定道岔清扫制度，对站内所有道岔落实包干，确保道岔（定位或反位）至少每周上油一次，每半月擦拭一次。

道岔清扫维护及检查的操作见表4-2。

道岔清扫维护及检查的操作　　　表4-2

顺　序	操作要求		
1	联系行车调度员		站控（放权）
2	确认道岔		定（反）位锁闭
3	现场作业	（1）垫木	木块
		（2）铲油污	铲刀
		（3）擦清滑板	棉纱
		（4）磨锈斑	铁砂皮
		（5）擦清滑板	棉纱

续上表

顺　序		操　作　要　求	
3	现场作业	（6）涂油	机油
		（7）整理清扫工具	清点物品
		（8）按相关规定检查道岔状态	—
4		确认道岔位置	定（反）位解锁
5		试排进路（单操）	道岔定（反）位
6		汇报行车调度员	遥控（收权）

要求：道岔滑板光亮无锈斑，面板有油。

2）道岔日常维护方法（擦拭道岔）

在确认线路空闲、道岔状态良好的情况下，先用钢丝刷等工具将杂物、铁锈铲除干净，再用抹布将滑床板表面清理干净，用铲子彻底清洁；用抹布再次将滑板床清理干净，将机油用油刷均匀地涂刷在滑床板上。

道岔擦拭作业完毕后，还需确认道岔滑床板板面无油污；尖轨、辙叉部分干净无油污，护轮轨槽内无杂物；道岔连接杆与道床之间留有约两指宽间隙；道岔区内无杂物、无脏物；上油不能上在尖轨、护轮轨、基本轨、翼轨及辙叉心上；确保表示器，标志灯，矮型信号机清洁、无积灰。

三 渡线

为使列车能从一条线路转入另一条线路，应设置渡线。渡线有单渡线和交叉渡线两种。

单渡线由两副单开道岔和道岔间的直线段组成；交叉渡线由四副单开道岔和一副菱形交叉组成，分别如图4-3和图4-4所示。

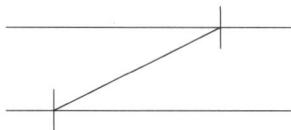

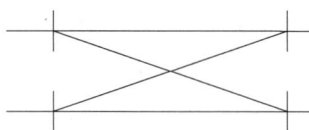

图4-3　单渡线　　　　图4-4　交叉渡线

四 信号与通信设备

为保证行车作业安全和提高行车作业效率，车站设置信号、联锁和通信设备。

（1）信号设备。车站信号设备通常有出站信号机、发车表示器、防护信号机和阻挡信号机等。

（2）联锁设备。车站联锁设备在道岔、信号机、进路之间建立起一种相互制约的联锁关系，是保证列车站内运行或折返作业安全的设备。联锁设备设置在有道岔车站，分电气集中联锁设备和微机联锁设备两种类型。

（3）通信设备。用于车站行车作业的通信设备主要有站间行车电话、集中电话和无线调度电话等。

在采用 ATC 系统的情况下，车站还设置 ATC 系统有关设备，如 ATS 设备等。

五 行车凭证及行车报表

1 行车凭证

城市轨道交通行车凭证是指列车进入区间或闭塞分区的凭证。行车凭证分为两大类：采用基本闭塞法时的行车凭证为自动闭塞的列车速度码及出站信号机的显示；当基本闭塞法停止使用后采用代用闭塞法，即电话闭塞法时的行车凭证为路票或特殊情况下使用调度命令（书面命令、口头命令等）。

1）路票

路票是在电话闭塞法行车时，根据区间空闲相邻两站所承认闭塞的电话记录号码而填发的行车凭证。

（1）路票的要素。路票的要素包括电话记录号码、车次、列车运行方向、车站行车专用章、车站值班员签名、日期。路票样式如图 4-5 所示。电话记录以每站一组 100 个号码，自每日 0 时起至 24 时止，按日循环编号；相邻车站不能使用相同号码；每个号码在一次循环中只准使用一次，号码一经发出，无论生效与否，均不得重发使用。

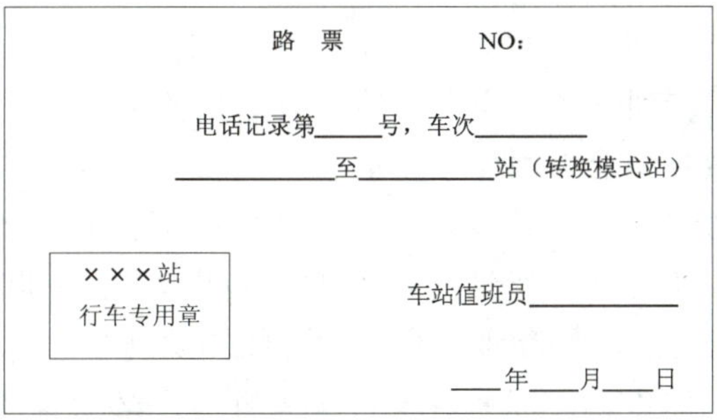

```
              路  票          NO:


        电话记录第_____号，车次_____
        _____至_____站（转换模式站）


    ┌──────────┐
    │ ×××站   │      车站值班员_____
    │ 行车专用章 │
    └──────────┘
                      _____年_____月_____日
```

图 4-5　路票样式

（2）填写路票注意事项。值班员签名必须当班值班员手写，不能使用值班员印章；路票日期以零点为界，按邻站给予确认闭塞的电话记录号码时间为准；路票作为一种行车凭证，具有一定的严肃性，不得做任何涂改，一经涂改立即作废。

2）调度命令

调度命令是指在按规定进行某些行车作业时，向行车值班员、司机发布的作业指示，具有严肃性、授权性和强制性特点。调度命令只能由当班行车调度员发布，且一事一令，先拟后发。接调度命令后，行车值班员栏须由当班值班员手写，无本站行车专用章的调度命令单不能作为行车凭证使用；调度命令单的填写必须符合固定的规范。

2 行车报表

行车报表是指在列车运行及设备维护等活动中，行车人员及相关人员根据现场实际情况而记录下来的原始资料。行车报表的种类有"车站生产日志""调度命令登记簿""设备故障检修（施工）登记簿"等。各类行车簿册都应由行车值班员及时认真填写，做到填写正确、字迹清晰。

单 元 4.2
车站行车作业

一 行车作业基本要求

车站行车作业包括行车接发作业、列车折返作业等。车站行车作业应按照列车运行图要求，不间断地接发列车与折返列车，确保行车安全与乘客安全。对车站行车作业的基本要求如下。

（1）执行命令，听从指挥。严格执行单一指挥制，车站行车作业由车站值班员统一指挥。列车在车站时，列车司机应在车站值班员指挥下进行工作。车站值班员应认真执行行车调度员的命令和上级领导的指示。

（2）遵章守纪，按图行车。认真执行行车规章制度，遵守各项劳动纪律。办理作业正确及时，严防错办和忘办，严禁违章作业。当班人员必须精神集中、服装整洁、佩戴标志，保证车站安全、不间断地按列车运行图接发列车。

（3）作业联系，及时准确。联系各种行车事宜时，必须程序正确、用语规范、内容完整、简明清楚，严防误听、误解和臆测行事。

（4）接发列车，目迎目送。接发列车应严肃认真，姿势端正。认真做好看、听、闻，确保列车安全运行。

（5）行车报表，填写齐全。行车表报包括各种行车凭证、"行车日志"和各种登记簿。行车凭证有路票、绿色许可证和调度命令等；登记簿有"调度命令登记簿""检修施工登记簿""交接班登记簿"等。应按规定内容、格式，认真填写各种行车报表，保持表报完整、整洁。

二 行车作业制度

为加强车站行车作业组织，必须建立健全各项行车作业制度，做到行车作业制度化、程序化、标准化。车站行车作业制度主要有车站值班员岗位责任制度、交接班制度、检修施工登记制度、道岔擦拭制度、巡视检查制度和行车事故处理制度等。

1 车站值班员岗位责任制度

车站行车作业实行单一指挥制，车站值班员是车站行车作业的组织者和指挥者。根据行车作业的需要，车站还可设置助理车站值班员，但在采用 ATC 系统时一般不设该岗位。

（1）车站值班员的岗位职责。执行行车调度员的命令和指示，统一指挥车站的行车作业。监视行车控制台的进路开通方向、道岔位置及信号显示，监视列车运行状态和乘客乘降情况。在实行车站控制时，按列车运行图及行车调度员下达的列车运行计划办理闭塞、排列进路、开闭信号、接发列车、填写行车凭证和其他各种行车报表、办理设备检修施工登记、组织交接班工作。

（2）助理车站值班员的岗位职责。接送列车、监护列车运行，交递调度命令及行车凭证，手信号发车，调车作业现场组织，进行站线巡视和协助乘客乘降组织。在不设助理车站值班员岗位时，上述职责由站台服务员等员工承担。

2 交接班制度

车站值班员交班时，应将列车运行和设备状态、上级指示和命令及完成情况等填记在"交接班登记簿"上，并口头向接班车站值班员交代清楚。

车站值班员接班时，要了解列车运行情况，对行车设备、备品、报表进行检查后，签认接班。内、外勤车站值班员实行对口交接。

3 检修施工登记制度

针对各项检修施工作业，车站值班员应根据检修施工计划，向检修施工负责人交代有关注意事项后，方可登记。凡影响行车作业的临时设备抢修，要在与行车调度员联系作业时间并获得同意后，方可登记。检修施工作业结束后，行车设备经试验确认技术状态良好，方可签认注销。

4 道岔擦拭制度

道岔必须由专人负责定期擦拭。擦拭道岔，必须与行车调度员联系，办理控制权下放手续。道岔擦拭时，车站控制室要有人监护，不准随意扳动道岔。擦拭道岔人员一律穿绝缘鞋，携带防护用具。擦拭前施放木楔，无关人员不得擅自进入道岔区；如需换道岔，室内监护人员应与现场擦拭人员联系，说明道岔号码及定、反位，现场擦拭人员要离开岔道。道岔擦拭完毕，要认真清理现场，清点工具，撤除木楔，并检查有无妨碍列车运行及道岔转换的物品；试验道岔及确认良好后，与行车调度员办理控制权上交手续，有关按钮由信号人员加封并做记录；填写"道岔擦拭登记簿"。

5 巡视检查制度

送电前，车站值班员应进行站线巡视，检查线路上有无影响列车运行的异物。对站内检修施工后的现场进行巡视检查，查看现场是否符合检修施工登记注销要求。检查行车控制台是否有异常情况。

6 行车事故处理制度

发生行车事故后，应立即采取有效措施进行处理，同时向行车调度员及有关部门报告。认真记录事故发生的时间、地点、列车车次、车号、关系人员姓名，人员伤亡和设备损坏情况。赶赴现场，查找人证与物证，并做好记录。清理现场，尽快开通线路。对责任行车事故，应认真查找原因，提出处理意见，制定防范措施。

议一议

车站值班员应具备哪些素质？

三 接发列车作业

由于国内城市轨道交通信号系统普遍实现列车自动监控系统，列车实行自动驾驶运行，城市轨道交通车站原则上不办理接发列车作业。车站对列车运行情况进行监视，负责向行车调度员报点，各站间相互报点。当发生意外事件时，向行车调度员请示，经同意后暂不报点；站台站务员按有关规定迎送列车。只有在信号联锁故障，需人工排列进路组织列车运行及列车开到区间因故障要退回车站等特殊情况下须办理接发列车作业。

1 控制中心办理接发列车作业

在采用自动闭塞时，区间闭塞是自动办理的，但进路排列有以下两种情形：

（1）在行车指挥自动化时，控制中心（ATS）根据使用列车运行图及列车运行实际情况，通过车站联锁设备自动排列进路，实时控制列车接发作业。在控制中心（ATS）自动功能故障时，列车进路由行车调度员人工排列。

（2）在调度集中时，由行车调度员通过进路控制终端控制管辖线路上的信号机、道岔，人工排列列车进路，办理列车接发作业。

在上述两种情况下，车站值班员通过行车控制台监视列车进路排列、信号显示、列车到发、通过情况，以及列车运行状态是否正常等。

2 车站办理接发列车作业

在采用区间闭塞设备时，行车闭塞法为双区间闭塞法；在停用自动闭塞设备时，行车闭塞法为电话闭塞法。在上述两种情形下，区间闭塞由车站值班员办理。

在区间闭塞由车站值班员办理的情况下，列车进路也由车站值班员排列。此外，如果仅当控制中心（ATS）的自动排列进路功能故障时，列车仍可按自动闭塞法行车，此时将控制权下放给集中站，由车站值班员在联锁工作站上排列进路，办理列车接发工作。

列车进路与联锁的概念

列车进路是指列车在车站到达、出发或通过所需占用的一段线路。列车进路的排列通常涉及道岔位置的转换，列车进路的防护则由设置在进路入口处的信号机负责。

联锁是指为了确保列车进路的安全，在道岔、进路和信号机三者之间建立的相互制约关系。联锁设备是实现联锁关系的技术设备。

联锁关系可以归纳为以下几点。

①只有进路上有关道岔开通位置正确，防护这一进路的信号机才能开放。

②当防护某一进路的信号机开放以后，该进路上的所有道岔均不能转换。

③当防护某一进路的信号机开放以后，所有敌对进路的信号机均不能开放。

④在正线出站信号机开放以前，进站信号机不能显示正线通过信号。

1）列车进路办理

（1）电气集中联锁。在采用电气集中联锁设备时，列车进路办理在行车控制台上进行。

在行车控制台上按下拟建立进路的始、终端按钮，只要该进路区段无车辆占用以及无敌对进路存在，与进路有关的所有道岔机会自动转换到规定位置并锁闭，即进路排列完成。

此时，在行车控制台的显示盘上，选出的进路从始端到终端呈现一条白色光带，防护该进路的信号机也同时开放，信号复示器显示绿灯。

当列车驶入进路，防护信号机关闭，信号复示器显示红灯，白色光带随着列车运行逐段变为红色光带，表示该进路被占用。

列车出清进路后，光带由红色变为灭灯状态，表示该进路已经解锁。进路解锁可以是分段解锁，也可以是一次解锁。

（2）计算机联锁。在采用计算机联锁设备时，列车进路办理在操作员工作站上进行。

在工作站显示器窗口的视窗上，用鼠标点击拟建立进路的始、终端要素（信号机），然后点击"排列进路"按钮，再点击"执行"按钮，计算机根据输入的操作命令，经过联锁判断，自动建立进路、开放信号。

当列车驶入进路，防护信号机关闭，随着列车的运行，进路可逐段解锁。

2）双区间闭塞行车

在调度监督、双区间闭塞法行车时，控制权下放给车站。此时，车站值班员办理接发列车作业，行车调度员监督现场设备和列车运行状态。接发列车作业的内容、程序与办法如下。

（1）准备进路。接发列车进路可根据行车调度员下达的列车运行计划预先办理。

（2）办理闭塞。发车站车站值班员用站间行车电话向接车站请求闭塞；接车站车站值班员接到请求闭塞电话后，确认前次列车已经到达前方站、接车区间空闲、接车进路畅通、有关道岔位置正确，以及确认影响接车进路的调车作业已经停止后，按压同意接车按钮。此时，接车站接车表示灯由黄灯显示变为灭灯。关于表示灯的显示颜色与意义参见表4-3。

表示灯的显示颜色与意义　　　　　　　　　　　　表4-3

表示灯类型		发车表示灯	接车表示灯	到达表示灯
表示灯显示	红灯	出站信号开放	邻站出站信号开放	列车到达本站
	绿灯	可以开放出站信号	—	—
	黄灯	列车到达接车站	列车到达前方站	—
	红黄灯	—	列车到达本地	—
	灭灯	—	同意接车	—

（3）开放信号。发车站车站值班员确认发车进路正确无误后，按压发车信号按钮。此时，发车站发车表示灯由绿灯显示变为红灯显示，出站信号机绿灯显示；接车站接车表示灯变为红灯显示，以及闭塞电铃鸣响。

（4）列车出发。列车发出后，发车站车站值班员拔出发车信号按钮，向接车站车站值班员和行车调度员报点，填写"行车日志"；接车站的车站值班员接到报点后填写"行车日志"。此时，出站信号机变为红灯显示。

（5）列车到达。列车到达后，接车站的车站值班员向发车站的车站值班员和行车调度员报点，填写"行车日志"；发车站的车站值班员接到报点后填写"行车日志"。此时，发车站发车表示灯为黄灯显示；接车站列车到达表示灯为红灯显示以及闭塞电铃鸣响，接车表示灯为红黄灯显示。

（6）取消闭塞。在发车站请求闭塞、接车站同意接车和发车站尚未开放出站信号时，如因故需要取消闭塞，由发车站的车站值班员用站间行车电话向接车站的车站值班员请求取消闭塞，接车站的车站值班员请求取消闭塞电话后，破封登记，按压故障按钮。此时，发车站发车表示灯为黄灯显示；接车站接车表示灯为红黄灯显示。

（7）接送列车。列车在车站上到发或通过时，助理车站值班员应按规章要求站在规定地点接送列车，并密切注意列车运行状态与乘客乘降情况，发现有危及行车安全和乘客安全的情况，应立即采取有效措施妥善处理。

3）电话闭塞法行车

改用电话闭塞法行车时，必须有行车调度员命令。由于电话闭塞法行车时无设备控制，为了防止因疏忽向占用区间发车，造成同向列车尾追，要求车站值班员在接发列车作业过程中，严格按照规定的作业程序和要求进行，以确保接发列车作业安全。电话闭塞法行车时，车站值班员办理接发列车作业的内容、程序与办法如下。

（1）办理闭塞。发车站向接车站请求闭塞。接车站确认接车区间空闲，接车进路准备妥当后，向发车站发出承认某次列车闭塞的电话记录号码，并填写"行车日志"。

所谓进路准备妥当，是指接发列车进路空闲、有关道岔位置正确和影响接发列车进路的作业已经停止。闭塞办妥后，因故不能接车或发车时，应立即发出停车手信号进行防护，并由提出一方发出电话记录号码作为闭塞取消的依据，取消闭塞应及时向行车调度员报告。

（2）发出列车。发车站接到接车站承认闭塞的电话记录号码后，应填写路票交给列车司机，向司机显示发车手信号。列车出发后，发车站向接车站和行车调度员报名，并填写"行车日志"。

（3）接入列车。接车站在列车停车位置向司机显示停车手信号。列车整列到达停妥后，应向列车司机收取路票。

（4）闭塞解除。接车站在列车整列发出或进入折返线，以及接车进路准备妥当后，向发车站发出到达列车闭塞解除的电话记录号码。向行车调度员报点，并填写"行车日志"。

联锁站的接发车作业程序见表4-4、表4-5。

接 车 作 业 程 序　　　　　　　　　　表4-4

作 业 程 序	作业程序及用语			说明事项
	值 班 站 长	LOW 操作员 （行车值班员）	站台站务员	
一、听取 预告	1. 根据"行车日志"和 LOW 工作站显示，确认接车线路空闲 2. 听取发车站预告"××次预告"并复诵，通知 LOW 操作员，"排列××次接车进路"	—	—	—
二、准备 进路、开放 信号	3. 确认接车进路防护信号开放正确后，复诵"进路防护信号好了"	4. 听取值班站长"排列××次接车进路"后，在 LOW 上排列列车进路，确认进路防护信号开放好后，口呼"进路防护信号好了"	—	—

续上表

作业程序	作业程序及用语			说明事项
	值班站长	LOW 操作员（行车值班员）	站台站务员	
三、接车	5. 听取发车车站报点，复诵并填写"行车日志" 6. 通知站台站务人员"××次开过来，准备接车"并听取回报	—	7. 站台站务人员复诵"××次开过来，准备接车"，并立岗接车 8. 监视列车到达（通过）及注意站台乘客安全	—
	9. 监视列车到达	10. 监视列车到达（通过）	—	—
四、报点	11. 向发车站报点："××次（×点）×分×秒到（通过）并填写'行车日志'"	—	—	—

发 车 作 业 程 序

表 4-5

作业程序	作业程序及用语			说明事项
	值班站长	行车值班员	站台站务员	
一、发车预告	1. 根据"行车日志"和 LOW 显示，确认发车线路空闲，向前一 LOW 预告"××次预告" 2. 填写"行车日志"	—	—	—
二、准备进路、开放信号	3. 听取前一发车站报点"××次×分×秒开"并复诵，接到接车站准备好接车进路的通知，列车进站后排列列车进路 4. 通知 LOW 操作员"排列××次发车进路"	5. 听取值班站长"排列××次发车进路"的命令后，排列发车进路。进路排列好后，口呼"进路防护信号好了"	—	—
	6. 确认发车进路好后，复诵"进路防护信号好了"	—	—	—

续上表

作业程序	作业程序及用语			说明事项
	值班站长	行车值班员	站台站务员	
三、发车	7. 通知站台站务人员"××次发车进路好了"	—	8. 确认三节车门关闭好后,向司机显示"车门关闭好了"的手信号	—
	9. 监视列车运行及注意站台乘客安全	10. 监视列车运行,直至列车出清联锁区	11. 监视列车运行	—
四、报点	12. 向接车站报点:"××次（×点）×分×秒开"	—	—	—
	13. 填写"行车日志"			
	14. 向行车调度员报点:"××次（×点）×分×秒开"	—	—	—

想一想

采用不同的设备类型,在国内地铁、轻轨线路颁布的规范中,对电话闭塞法时的接发列车作业内容、程序与办法的规定有什么不同?

四 列车折返作业（相关教学资源见二维码10、二维码11）

1 列车折返作业的方式

根据车站折返线的布置,列车折返主要有站后折返、站前折返和混合折返3种。

（1）站后折返。站后布置的折返线如图 4-6 所示。其中,图 4-6a）是列车在终点站站后折返时的尽端线折返设备；图 4-6b）是列车在中间站站后折返时的单渡线折返设备；图 4-6c）是列车在终点站站后折返时的环形线折返设备。

采用站后折返方式,出发列车与到达列车不存在敌对进路；列车进出站速度较快,有利于提高旅行速度；列车进出站不经过道岔区段,乘客无不舒适感。此外,采用尽端线折返设备,折返线既可供列车折返,也可供列车临时停留检修。因此,站后折返方式被广泛采用。站后折返方式的缺点是列车的折返走行距离较长。

二维码10

列车折返作业

二维码11

列车折返方式

099

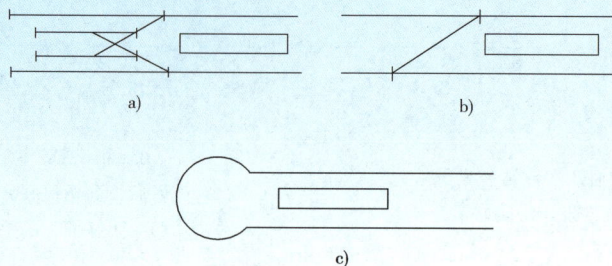

图4-6　站后折返时的折返设备

环形线折返设备能保证最大的通过能力，节约设备费用与运营成本；但它也存在缺点，如列车在小半径曲线上运行造成单侧钢轨磨耗，折返线不能停放检修列车，以及若用明挖法施工修建增大了开挖范围等。图4-7是某终点站高架站环形折返线，该站修建了车站配线，解决了环形折返线不能停放列车的问题，提高了列车折返作业组织的机动性。

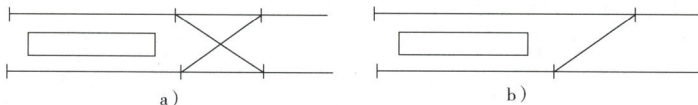

图4-7　站前折返时的折返设备

（2）站前折返。站前布置的折返线如图4-7所示。其中，图4-7a）是列车在终点站站前折返时的交叉渡线折返设备；图4-7b）是列车在中间站站前折返时的单渡线折返设备。

采用站前折返方式，列车无空驶折返走行；乘客上下车一起进行能缩短停站时间；车站正线兼折返线及站线长度缩短，有利于车站造价的节省。站前折返方式的缺点是出发列车与到达列车存在敌对进路；因列车进站或出站侧向通过道岔，列车速度受到限制，影响乘坐的舒适感；在大客流的情况下，站台秩序会受到影响。

产生交叉干扰的条件是：空间上存在进路交叉，占用进路的时间相同。上述两个条件同时具备才构成真正的进路交叉。在采用站前折返方式的情况下，要完全消除接发列车作业的交叉干扰难度较大。而为了避免进路交叉，只能将接发列车作业在时间上错开，但这样又会对终点站的列车折返能力，甚至对铁路的最终通过能力产生不利影响。

（3）混合折返。采用混合折返方式的目的是提高列车折返能力与铁路通过能力。混合折返兼有站后折返与站前折返的特点。

2　折返作业的组织

（1）中央控制。列车在进行折返作业前，应清客、关车门。列车折返进路由列车自动监控系统自动排列或行车调度员人工排列。在车站有数条折返进路的情况下，应在折返作业办法中规定优先采用的列车折返模式，明确列车折返优先经由的折返线或渡线。在办理列车折返作业时，如要变更列车折返模式，列车在折返尚未起动时，可在通知折返列车司机后，变更列车折返模式。

列车在自动排列折返进路时，凭发车表示器的稳定白灯显示进入折返线或折返停车位置。列车在人工排列折返调车进路时，凭调车信号显示进入折返线或折返停车位置。列车停稳后，司机应立即办理列车换向作业，然后凭防护信号机的准许越过显示进入车站出发正线。

列车在自动驾驶时，列车进出折返线的速度按接收到的列车自动防护 ATP 速度码自动控制；列车在人工驾驶时，其进出折返线的速度根据有关规定，由司机人工控制。

（2）车站控制。车站控制时的折返作业组织，除列车折返进路由车站值班员人工排列外，其余与中央控制时的相同。原则上车站值班员按作业办法中规定的优先模式排列折返进路，如要变更列车折返模式，必须要得到行车调度员的同意。

单元 4.3

车站施工作业组织

城市轨道交通行车设备由轨道、供电、机电、通信、信号等十多个专业设备组成，各专业设备都要按照检修周期与工作内容对其设备进行检修。由于检修工作都集中在同一个有限的时间、空间和工作平面内，这就要求有严格的统一计划、统一指挥、统一组织、统一协调的管理手段及协调部门处理好调度、车站、行车检修等方面的关系，以确保设备检修和工程施工工作做到安全、优质、高效。

一 施工作业组织

城市轨道交通企业施工检修作业应按《施工检修作业管理办法》严格办理。OCC 负责对申请的各施工检修作业统一编制定期施工计划，并根据情况分期对施工计划进行调整，并将每周的施工作业计划下发车站。在车站管辖范围内的任何施工均应在车站行车控制室登记，在得到行车值班员的签字确认后方可进行；对影响运营的施工检修作业，例如信号设备检修、道岔检修等作业必须得到 OCC 的同意后方可进行。车站一般的施工作业程序如下。

1 施工登记

施工负责人应在施工开始前规定时间到车站行车控制室要点施工；行车值班员核对施工作业计划，向行车调度员申请，在得到行车调度员同意后，由施工负责人填写"施工检修作业登记簿"（表4-6），行车值班员在确认无误后，签字同意，施工作业开始。

施工检修作业登记簿   表4-6

| | | | | | | 施工时间 | | 行车值班员同意签认 | 行车调度员承认时间 | 行车调度员承认号码 | 行车调度员代码 | 备注 | 注销时间 | 注销人签名 | 施工结果 | 行车值班员同意签认 | 行车调度员销点时间 | 行车调度员代码 | 备注 |
| | 施工登记内容 | | | | | | | | | | | | 施工注销内容 | | | | | | |
日期	作业代码	作业单位	施工负责人	作业内容	作业区域	起	止												

2 施工注销

施工负责人应在规定的施工作业时间内完成施工检修作业，并到车站行车控制室进行施工注销；行车值班员在对施工检修作业后的运营设备进行检测并确认工作状态正常以及施工场地、人员、工具出清后，向行车调度员报告后签字确认施工注销。

3 施工延长

因故施工检修作业未能在规定的施工时间内完成，施工负责人应在规定施工结束时间前的规定时间至车站行车控制室申请施工延长，行车值班员应立即向行车调度员汇报，行车调度员同意后，应先对原施工进行注销，重新进行施工登记后方可开始进行。如施工延长未得到行车调度员的同意则施工按原规定时间结束并注销。

4 异地注销

施工作业登记开始与注销不在同一车站办理称为异地注销。异地注销施工在进行施工登记时应向车站说明情况并由车站向行车调度员汇报，得到同意后，由登记站行车值班员电话通知注销站同时对施工进行登记；施工结束，施工负责人在注销站办理施工注销手续，车站行车值班员向行车调度员汇报并通知登记站同时对施工进行注销手续。

二 特殊施工作业

1 动车施工

每日运营结束后车站行车值班员须查看本日施工计划，若本站在动车施工范围内则应再次确认本站管辖范围内无其他施工与该动车施工冲突；运营结束后根据行车调度员的调度命令使用电话闭塞或自动闭塞办理列车的出库；列车出库后，至相应站办理施工申请手续，该站行车值班员根据行车区域施工办理手续申请该施工；其他施工有关车站在列车施工期间做好安全监护工作；施工列车施工结束后回注销车站注销施工，该站行车值班员根据行车区域施工办理手续注销该施工；列车回库所经各站根据行车调度员下达的调度命令使用电话闭塞或自动闭塞办理列车的回库作业。

2 接触网停电施工

每日运营结束后车站行车值班员须查看本日施工计划，若本站在接触网停电施工范围内则应确认无其他必须带电施工项目；运营结束后施工人员至相应车站办理申请手续，该站行车值班员确认接触网停电后，根据行车区域施工办理手续向行车调度员申请该施工，并申请接触网停电。行车调度员通知电力调度员办理，接触网停电完毕后发布施工命令号同意该施工。施工结束后施工现场负责人回登记车站注销施工并申请接触网送电，该站车站行车值班员根据行车区域施工办理手续注销该施工；行车调度发布施工注销号码，注销该施工后通知电力调度员办理接触网送电操作。接触网送电完毕后有关集中站确认接触网处于供电状态，以便次日正常运营。

3 影响通信设备施工

施工人员至相应车站办理申请手续，该站行车值班员须向施工现场负责人再次核实影响哪些通信设备，再根据行车区域施工办理手续，向行车调度员申请该施工，并说明影响的通信设备。行车调度员根据当日施工计划及实际情况发布施工命令号同意该施工，行车值班员告知邻站临时通信方式后同意该施工。

施工期间发生通信设备严重故障时按《通信设备故障预案》办理。施工结束后施工现场负责人回车控室注销施工，车站行车值班员确认有关通信设备恢复正常后向行车调度员注销该施工，并通知邻站恢复正常通信方式。

4 施工冲突

动车作业区域内不安排其他检修施工同时作业。两列或两列以上动车在同一线路同时作业时，相邻动车的安全防护距离至少为两站一区间；动车和其他无须动车的检修施工在同线路同时作业时，安全防护距离至少为一站区间；电动列车和其他需接触网停电的检修施工在同一线路同时作业时，需设置一定的安全防护距离。

复习与思考

1. 车站有哪些主要行车设备？
2. 车站可分为哪些种类？
3. 列车进路办理有哪些形式？
4. 车站施工作业按施工的范围及性质可分为哪几类？

实训

请完成模块 4　实训工单——车站接发列车作业，见 223 页。

车辆基地作业组织

学习目标

1. 了解车辆段与综合基地相关内容；
2. 掌握编制车场行车作业中列车运转流程；
3. 掌握调车作业计划的编制方法；
4. 掌握车辆段检修施工作业程序。

建议学时

10 学时

单元 5.1

车辆段组成及技术设备

一 车辆段与综合基地

车辆段及综合基地包括车辆段、综合维修中心、材料总库、培训中心等。它是保证城市轨道交通系统中各项设备处于良好状态、确保行车安全的场所。其服务对象包括移动设备（车辆）、机电设备（如车站的自动扶梯、屏蔽门、乘客导向设施、环控设备、给排水设备等）、供电设备（如变电站、变电所、接触网、电力电缆等）、通信信号设备、轨道、桥梁、隧道、房屋建筑等固定维护设施和部门。

1 车辆段

城市轨道交通车辆段主要担负着一条或几条线路列车的停放、检查、维修、清洁整备等任务。有的车辆段还负责乘务人员的组织管理、出乘、换班等业务工作，并相应配备乘务值班室等设施。

1）车辆段的类型

车辆段根据功能可分为检修车辆段（简称车辆段）和运用停车场（简称停车场）；根据其检修作业范围可分为架（场）修段和定修段。独立设置的停车场隶属于有关车辆段。

2）车辆段的必备设施

（1）停车场。车辆段应有足够的停车场地，以确保能够停放管辖线路的列车和工程车辆；车辆段的位置应保证列车能够安全、便捷地进出正线运行，并保证车辆段出入线坡度、长度适宜。停车场应以库内停车为主，在不能满足现有列车数量停放的情况下，可使用露天式等其他类型的停车设施。

（2）检修库。车辆段内设检修库，包括架、定修库和月修库；列车检修作业在列检库或停车库（线）进行。架、定修库内要有桥式起重机和架车设备、车轮镟削机床及存轮库，必要时应设不落轮车轮镟床，转向架、电机、电气设备、制动机维修车间，转向架等设备的清扫装置和单独设立的喷漆库，列车配件仓库等。

（3）洗车设备。在车辆段内，一般安装自动洗车机，用于列车完成自动清洗，完成喷淋、去污、上蜡、吹干等洗车作业。为保持车厢内部以及难以自动清洗部位的整洁，还需设置专用的列车人工清扫线。

（4）运营管理用房。根据运营管理模式的要求，多数运营单位在段内设有相应的办公室，包括乘务队办公室、运转值班室、信号值班室、乘务员备乘休息室、内燃机工程轨道车司机休息用房等。段内还应有设备维修车间，负责段内的动力设施及通用设备维修。

（5）维修管理部门。车辆段内一般还有为该城市轨道交通线路供电、通信、信号、工务和站场仓库建筑等维修管理单位。

（6）其他设施。基地内还有测试列车综合性能的试车线，存放内燃机车、工程车的车库，机关办公楼与其他服务设施，如培训场地、消防设施、食堂、会议厅，以及供处理火灾等紧急事务的专用通道。

3）车辆段的主要功能

（1）列车的停放、调车编组、日常检查、一般故障处理和清扫洗刷、定期消毒。

（2）列车修理——月修、定修、架修与临修。

（3）列车的技术改造或场修。

（4）段内通用设施及列车维修设备的维护管理。

（5）乘务人员组织管理、出乘计划编制、备乘换班的业务工作。

根据各城市线路情况的不同，可以另外设置仅用于停车和日常检查维修作业的停车场或检车区，管理上一般附属于主要车辆段，规模较小，其功能主要有：

（1）列车的停放、调车编组、日常检查、一般故障处理和清扫。

（2）列车的修理——月修与临修。

（3）可另设工区，管理乘务人员的出乘、备乘倒班。

4）车辆段及综合基地的设置与选择

车辆段及综合基地作为列车停放和检修基地、设备维修和材料供应基地、人员培训基地，具有占地面积大、工程造价高、设备及技术接口复杂、与市政设施接口密切等特点。为了实现土地资源的综合配置和合理利用，提高设备使用效率及城市轨道交通建设和服务水平，在进行城市轨道交通网络规划研究时，就必须对路网中车辆基地布局进行统筹规划，明确各自的分工、任务范围及建设时机，经济合理地在路网中配套建设完善的车辆运用检修设施。在网络化运营的条件下，在城市用地规划许可、技术经济条件合理时，可以在路网中的合理位置修建不同规模的车辆基地和维修设置，满足车辆等设备技术检查及故障抢修的需要。总体来说，车辆基地功能划分和各项设施的配置，应根据城市轨道交通线路规划、既有城市轨道交通设备情况和城市规划的具体条件分析确定。规模设计应初、近、远期相结合，车辆配备按设计初期运输需要购置，以后根据运输的发展逐步添置；基地内股道、房屋等土建设施和机电设备配套等应按近期需要设计，用地范围按远期规模控制。

2 综合维修中心

综合维修中心（简称维修中心）是指城市轨道交通系统中，各种设备和设施的维修管理部门。它的业务范围较广，涉及城市轨道交通线路、路基、轨道、桥梁、涵洞、隧道和房屋建筑等设施的维护，以及供电、通信、信号、机电设备和自动化设备的维修和故障修理工作。

1）基本功能

综合维修中心是城市轨道交通系统的重要组成部分之一，一般应具有以下基本功能。

（1）承担全线轨道、道岔、隧道、路基等建筑及设备的日常维护和定期检修任务。

（2）承担全线车站建筑、站内装饰、导向标志、出入口设施、风亭等日常维护和定期检修任务。

（3）承担全线各种变电所、接触网、供电线路及设备的运营管理、日常维护和定期检修任务。

（4）承担全线各种机电系统及设备，包括环控系统、给排水系统、电梯及自动扶梯等设备的运营管理、日常维护和定期检修任务。

（5）承担全线通信、信号系统的运营管理、日常维护和定期检修任务。

（6）承担全线环境与设备监控系统（BAS）、火灾自动报警系统（FAS）、电力监控系统（SCADA）等的日常维护和定期检修工作。

2）设置原则

（1）综合维修中心可分别设立供变电、接触网、通信、信号、机电、土木、建筑等专业车间和流动维修班组，任务量不大时可设综合性维修车间和流动班组。

（2）各车间规模应根据各项设备种类、规格、数量和确定的修理周期等进行计算，并结合检修工艺要求及总体要求确定。

（3）正线区间及车站中的各项设备的维护、检测、试验，均以现场作业为主、回送综合基地检修为辅的方式进行，设备的大、中修例外。

（4）使用效率较低的设备，如接触网检测车、接触网放线车等特种车辆，应考虑多条线共用；部分仪器、仪表，可考虑与车辆段内其他车间设备共用。

（5）综合维修中心根据各专业任务量，可分别或集中设置生产调度室和技术室等行政办公设施。生产车间按作业性质，分为机电车间、修建车间、工务车间、通信信号车间和接触网工区等，还应设置与检修配套的配电间、压缩空气管道等辅助设施。

3）车间组成

（1）机电车间。机电车间由供电工段和机电工段两部分组成。

供电工段承担城市轨道交通供电系统的牵引变电所、降压变电所、电力监控设备、供电电缆等的日常巡检、维护工作。供电工段包括电气工班、继电器工班、仪表计量工班、蓄电池工班、电缆工班。

机电工段负责全线机电设备，如环控系统、自动售检票系统、给排水系统、动力照明系统、电梯及自动扶梯、屏蔽门、车站监控设备的日常巡检、维护工作。机电工段包括电机工班、环控工班、电梯工班、给水工班、屏蔽门工班、自控工班、自动售检票工班等。

（2）修建车间。修建车间由建筑工段和桥隧工段组成。

建筑工段承担全线房屋建筑、车站建筑、站内外装饰、室内外上下水、出入口、风亭和其他地面设施的日常巡检、维护工作，需要配备木工班、电工班、水工班、建筑工班等。桥隧工段承担全线高架桥、隧道的日常巡检、维护和堵漏工作，由隧道巡检工班和清扫工班组成。

（3）工务车间。承担线路的轨道、道岔及其设备的日常巡检、探伤和养护工作，根据工作量大小，由若干个养路工班组成。

（4）接触网工区。负责接触网或接触轨的日常维护、检修和事故抢险。需要配备轨道牵引车、接触网检测车、架放线车等，可存放于特种车库。

（5）通信信号车间。负责全线所有的通信信号系统和设备的运行维护、故障处理的工作。

3 材料总库

材料总库担负着城市轨道交通系统材料、配件、设备和机具，以及劳保用品等的采购、存放、发放和管理工作，为城市轨道交通工程各系统的建设、运营和维修所需材料、机电设备和配件等提供储存和供应服务，并负责材料的采购、保管和发放工作。在工程建设期间可用于临时存放工程材料、设备。

材料总库由机电库、特殊配件库、材料库、易燃品库、卸料线、堆场等组成。存放量小时，也可将机电库、特殊配件库、材料库合并布置，形成综合材料库；有条件时，可采用自动化立体仓库。易燃品库用于存放氧气、乙炔、氢气、油脂、化学物品等，应单独设置并分成隔间。材料库的布置宜邻近卸料线和堆场。

4 培训中心

培训中心负责组织和管理车辆段及综合基地职工的技术教育及培训。城市轨道交通系统网络一般宜共用一个培训中心。中心内应设有教室、设备室、教职员工办公室及配套设施。培训中心应以城市快速轨道交通线网规划为依据，进行合理规划，根据功能和任务确定建设规模。

二 车辆段技术设备

1 车辆运用设备

车辆段（停车场）需配备停车列检库、周月检库、车体清洁洗刷设备及相应线路等设施，列车通过这些设施完成日常的运用整备作业。

有时将作业性质相近的停车列检库和周月检库设计建成运用库。根据总平面布置的具体情况并经场房组合方案比较，有时也将周月检库单独设置或与定临修库等其他场房合建。

停车列检库是建库还是建棚，宜根据当地气象条件确定。南方炎热多雨地区可设棚，北方寒冷多风地区应设库。尽端式停车列检库的库线按每线至多两列位设计；贯通式车库中，每线停放列位不应大于三列位。周月检线按一线一列位考虑。运用库中各种库线宜根据列车的受电方式设置架空接触网或地面接触轨。地面接触轨应分段设置并加装安全防护罩。库线上方的架空接触线应按列位设置隔离开关和分段绝缘器。

为了方便列检作业，停车列检库中设置柱式检查坑，股道两侧地坪低于库内股道轨顶，形成低位作业地坪，检修人员可以很方便地对列车进行日常检查和维护。周月检库除了采用柱式检查坑外，股道间还宜设置高架作业平台，方便工人进出车厢和上下车顶，以满足车门、车体内装、受电弓和空调的检查维护的作业要求。为安全起见，高架作业平台设置与隔离开关联锁的标志灯和平台安全锁。运用库中，根据工艺要求设动力和局部安全电压照明电源，并考虑上下水和压缩空气管路设施。库中检查坑侧壁也应设安全电压照明及其插座。

2 检修库主要设备和设施

为了实现车辆检修工艺要求，根据车辆段所承担的任务范围，段内宜配套建设大架修库、定临修库、喷漆库、检修间以及相应的线路和试车线等。

1）大架修库

大架修库负责车辆大修、架修作业中的架车、部件解体、解钩、车体修整（铝合金模块化车体）、部件组装、落车等检修作业。

大架修作业中，车体与走行部分解的常用方法有两种，即架车体与吊车体。吊车体方式中，库内设置专门的解体组装线，由大吨位桥式起重机配套库线上的检查地沟实现走行部与车体间的分解与移位。架车体方式通过库内设置地下同步架车机完成走行部与车体的分解，通过室内移车台将车体移位。大架修库主要结构尺寸包括车库的跨度、长度和高度。

库内配备移动式升降平台等设备，方便检修人员上下车辆，以及车底电气箱柜的拆装作业。根据需要在库内敷设压缩空气管道、交直流电力插座（或配电箱）、低压照明插座等。

2）定临修库

一般将定修作业与临修作业合库布置，形成定临修库。定修作业量较小时，也可将静调与定临修合库设置。

3）喷漆库

喷漆库宜独立布置或设于联合基地的边侧。库内设有静电喷漆设备和机械通风设备，各种电器及照明设备应满足防爆要求。

4）转向架轮轴检修间

转向架轮轴检修间承担转向架、轮对、轴承轴箱、减振器、齿轮箱的分解、清洗、检测、修理和组装作业，其设置位置应方便车间与检修库和电机间的联系。

5）电机电器检修间

电机电器检修间承担牵引电机、空压机电机、通风机电机、牵引逆变器、辅助逆变器、辅助控制箱、制动电阻箱、司机控制器、高速断路器的检修和性能试验工作。

6）制动（空压机）检修间

制动（空压机）检修间承担车辆制动系统和空压机检修任务，应设制动机、分配阀和空气压缩机检修、清洗、测试和性能试验设备，以及空气制动系统各部件、风缸等的检修、试验设备。

7）不落轮镟轮设备

不落轮镟轮设备可在轮对不与车体分解时，对轮对的轮缘和踏面进行修理加工，使同一转向架上的轮对在加工后有合适的公差配合。不落轮镟轮设备必须设于库内，设备两端的线路长度各满足一列车的长度需要。

车辆定修、临修、架修、大修过程中，除机加工设备、起重设备、电焊机、充电机、移动式空压机、探伤仪等标准设备外，还需要一部分专用设备，以完成车体及零部件的清洁、吹扫、干燥、修理、试验和调试等工作。

3 车体外皮洗刷机

目前，国内车辆段和停车场都设置机械式洗车设备，包括洗车机、洗车线和洗车库。

洗车线宜布置在出入线端的咽喉区头部，并与入段线平行，方便列车入段后直接洗刷，然后直接进入停车列检库。当地形限制时，洗车线也可尽端式布置于停车列检库的入段线侧。当洗车线尽端式布置时，也可将洗车线与不落轮镟轮线并列设置，洗车库与不落轮镟轮库合并，减少占地面积。洗车库两端的线路长度应各满足一列车的长度需要。

采用通过式洗车工艺，可以满足车体两侧及端部的清洗。对于接触轨受电方式的列车，洗车机还应具有清洗顶部的功能。

完整的洗车程序包括 7 个工位：预湿、预冷（热）工位，头、尾部刷洗工位，车体侧面初刷洗工位，侧面次刷洗工位，初冲洗工位，侧面精刷洗工位，终冲洗工位。冲洗水应考虑回收利用。

我国在 20 世纪 90 年代初期开始城市轨道交通建设时，由于大部分采用进口列车，对相应的检修制度、检修工艺及专用设备的要求了解不多，又受制于融资条件，因此配套进口了大量设备，如不落轮镟轮车床、车体外皮清洗机、室内移车台、架车机、电机试验设备等，购置费占到设备总投资的 70 % 以上。现在，有关企业、科研单位投入了大量人力、物力，对上述设备进行开发研制，很多产品已趋于成熟。截至 2020 年底，我国的车辆段设备国产化率已超过 90%。

单 元 5.2

车场内行车作业组织

车场内的常见设备包括线路、信号进路和控制设备、运转日常管理以及各类机电设备、检修设备、列车存放和其他辅助设备。车场可为正线运行列车提供各类后勤保障和服务，确保正常的运营秩序；车场是运行勤务人员的重要工作场所，是为运营有关人员提供后勤保障和服务的场地。在车场还可完成除电动列车以外的各类运营相关设备保障工作。

车场内行车作业是整个城市轨道交通系统行车组织的重要组成部分之一，它在上级运营指挥部门的统一指挥下，按运行图制定的行车计划完成日常的车辆运用工作，其日常工作范围包括：

（1）负责所辖各运行线路内的电动列车运用、检修、整备任务，确保上线运用列车状态良好。

（2）确保上线运营列车准点出场、回库，能顺利进行运用列车的调整。

（3）配合维修人员完成列车的维护、维修、调试等工作。

（4）安排场内调车作业及正线开行施工列车。

（5）协调场内各专业技术工种在规定范围和规定界面的施工作业。

（6）协助正线事故救援工作。

（7）编排列车运用计划，按运行图要求配置列车及乘务人员。

（8）对列车乘务人员及站场行车人员的行政管理、技术管理等。

一 列车运转流程

列车运转流程指的是每日列车运用过程，包括列车出车作业、列车正线运行、列车收车作业、列车整备作业。这些作业由列车运行部门各个岗位协同配合共同完成，列车运转流程如图5-1所示。

1）列车出车作业（相关教学资源见二维码12）

列车出车作业包括编制并下达发车计划、司机出勤、列车出库与出段三部分内容。列车出车作业流程如图5-2所示。

（1）编制并下达发车计划。发车计划由运转值班员根据使用列车运行图、运营检修用车安排、车场线路存车情况等编制，内容包括列车车次、待发股道、运用车编号等。编制发车计划时，应注意避免交叉发车和保证列车出库顺序无误。发车计划编制完毕后，除应将计划下达给信号楼值班员外，运转值班员还应将计划中列车车次、车号、有无备车、备车车号上报给行车调度人员。

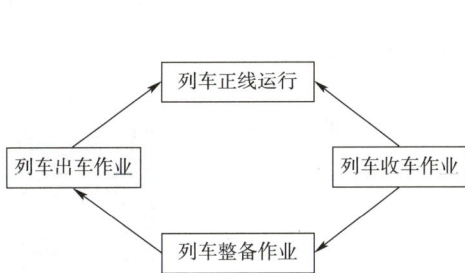

二维码12
列车出库的流程

图 5-1　列车运转流程

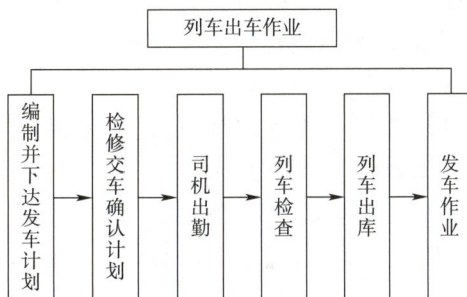

图 5-2　列车出车作业流程

（2）司机出勤。司机应在充分休息的情况下出勤，按规定时间、地点办理出勤手续，领取相应物品。在办理出勤手续时，司机应查看行车告示牌上的行车命令、指示及安全注意事项，了解列车出库股道，并认真回答运转值班员的提问、听取运转值班员传达的有关事项。

办理出勤手续后，司机应对安排值乘的列车按突出重点、兼顾一般的原则进行出车前检查，检查合格后方能发车。检查时发现车辆故障不能担负列车任务时，应及时上报运转值班员并按其指示执行。运转值班员应立即通知检修部门检修故障列车，及时调整司机值乘列车的出车次序，并向信号楼值班员传达变更出车计划。

备用司机应与值乘司机同时出勤，完成备用列车检车程序后，备用司机应在车上待命。在发车工作结束后，方可回到司机休息室待命。

（3）列车出库与出段。列车起动前，应确认信号开放与库门开启正常，并注意平交道是否有人员、车辆穿越。在规定的出库时间已到而出库信号仍未开放时，司机应主动询问信号楼值班员，联系不上时，可通过运转值班员询问。

正常情况下，列车经由出段线出段。列车出段凭防护信号机的显示，在出段线的有码区按人工 ATP 方式运行，在出段线的无码区按限速人工驾驶方式运行。在设备故障（咽喉道岔、道岔区轨道电路、牵引供电）或检修施工（车场路线、临时信号联锁及闭塞设备、接触网）时，列车可以由入段线出段，但应得到行车调度员准许。信号楼值班员在办理列车发车作业时，应确认区间空闲（出、入段线视为区间），停止影响发车进路的调车作业。

2）列车正线运行

从列车运行角度看，列车正线运行主要涉及列车运行交路、列车司机作业和司机正线交接班等。

（1）列车运行交路。列车正线运行的循环交路以及列车在两端折返站的到发时刻和出入段时间、顺序由列车周转图规定。

（2）列车司机作业。司机在值乘中应注意力集中，严禁违章行车。发现异常情况时，应及时采取措施排除故障和险情，确保行车安全和乘客安全。

（3）司机正线交接班。司机在正线交接班时，接班司机应按要求出勤，交班司机应将列车技术状态、有关行车命令与注意事项交代清楚，并填写在司机报单上。如接班司机未能按时到达，交班司机应坚守岗位，及时报告行车调度人员。

3）列车收车作业

列车收车作业包括列车入段与入库（相关教学资源见二维码13）、库内作业两部分。

（1）列车入段与入库。正常情况下，列车由入库线回段。列车入段凭证为防护信号机的显示，在入库线的有码区按人工 ATP 方式运行，在入库线的无码区按限速人工驾驶方式运行。在设备故障或施工作业时，列车可以从出库线入段，但应取得行车调度员的准许。信号楼值班员在办理接车作业时，应确认接车线路空闲并停止影响接车进路的调车作业。

（2）库内作业。列车进入车库停稳后，司机应对列车进行检查，在确认列车无异常后携带列车钥匙、司机报单及其他有关物品办理退勤手续，然后向乘务组长汇报当日工作情况，听取次日工作安排与注意事项。

在发现列车技术状态不良时，司机应向运转值班员报告并做好记录。在发生列车晚点、掉线、清客、行车事故与救援时，运转值班员须组织当事人及有关人员填写情况报告并立即报有关部门处理。

4）列车整备作业

列车整备作业分列车清洗、列车检修和车辆验收 3 部分。

（1）列车清洗。列车清洗包括内部清扫、清洁和车身清洗，列车清洗工作根据清洗计划进行。清洗时的动车按调车作业办理。

（2）列车检修。列车回库停稳后，运转值班员应及时与检修部门办理车辆交接，检修部门按计划进行检修作业。

（3）车辆验收。检修完毕的车辆应及时与运转值班室办理移交手续，运转值班室须派专人对车辆技术状态进行检查，验收确认车辆符合正线运行的要求。

二 乘务管理

司机是城市轨道交通行车组织中的关键岗位。列车在区间运行时，司机负责列车安全与乘务安全。因此，必须加强乘务管理。日常乘务管理中，应合理选择乘务方式，优化配备司机，努力提高乘务管理水平。

1 乘务制度

1）定义

乘务制度是列车司机值勤的一种工作制度，它表示列车司机对运行列车值乘的方式。

2）类型

城市轨道交通乘务管理中，通常使用两种乘务制度，即轮乘制和包乘制。

3）轮乘制与包乘制的区别

（1）轮乘制是列车司机在列车运行的整个工作中，轮流使用参加运行列车的制度。其特点为：

①节省参与运行的司机人数，其配量可减少到最低程度，有较高的工作和管理效率。

②能够比较合理地利用列车台数，降低列车使用成本。

③对列车司机的技术素质要求较高，对列车性能的适应性要求较强。

④不利于列车维护。

（2）包乘制是一列车由一个乘务组固定服务的制度。其特点为：

①列车司机能够比较全面地掌握值乘列车的性能，熟悉列车情况，有利于处理列车运行时的故障。

②有利于管理、监督。

③有利于列车维护。

④由于定人包车，对提高列车的技术状况有一定的好处。

⑤投用列车台数较多，列车使用相对不均匀、不平衡。

⑥需配备的司机人数较多。

2 司机的配备

（1）配备数计算。司机配备数的计算见式（5-1）：

$$P_{配备} = \left(P_{值乘} + P_{替乘} \right) D_{循环} \left(1 + \alpha_备 \right) \tag{5-1}$$

式中：$P_{配备}$——司机配备数，人；

$P_{值乘}$——列车上值乘司机总数，人；

$P_{替乘}$——折返站替换休息司机总数，人；

$D_{循环}$——轮班循环天数，d；

$\alpha_{备}$——司机备用系数，一般取 10%。

司机平均驾驶时间（正线上）为

$$t_{驾驶} = \frac{S_{列}}{V_{旅}\ (P_{值乘} + P_{替乘})\ D_{出勤}} \tag{5-2}$$

式中：$t_{驾驶}$——司机平均驾驶时间，h/d；

$\quad\quad V_{旅}$——列车旅行速度，km/h；

$\quad\quad D_{出勤}$——司机在轮班循环中的出勤天数，d；

$\quad\quad S_{列}$——列车运行里程数，km。

（2）配备数比较。假如城市轨道交通线路运营时间为 5：30—23：00，使用车组数为 10 列，列车里程数为 5120km，列车旅行速度为 32km/h，实行单司机值乘，在列车折返站配备 3 名替换休息的司机。

采用轮乘制时，实行四班二运转，即日班（7：30—16：30）、夜班（16：30—7：30）、休息、休息的轮班制。采用包乘制时，实行五班三运转，即早班（5：30—11：00）、中班（11：00—17：00）、夜班（17：00—回库）、休息、休息的轮班制。

经计算，采用轮乘制时，需要配备司机 58 名，司机平均驾驶时间为 6.15h；采用包乘制时，需要配备司机 72 人，平均驾驶时间为 4.10h，包乘制比轮乘制增加定员 24.1%。

单 元 5.3

调车作业

一 调车作业概述

1 调车作业的意义

1）定义

除正线列车在车站到、发、通过及在区间内运行，参与运营活动以外的所有为了编组、解体列车或摘挂、取送车辆、转线等车辆在线路上有目的的移动统称为调车。

2）调车作业的基本分类

调车作业按方法、方式和过程可以分为以下两类：

（1）由电动列车完成的转线、转场、出入场等相关的作业。

（2）由内燃机车以及其他机车完成的编组、解体、转线、摘挂、取送等有关的作业。

无论是何种形式的调车作业，无论其在方法的使用和实现上有何区别，它们最基本的要求、条件是一致的，没有根本的差异，仅仅是形式、表现方法不同。

3）调车作业的基本作用

调车作业是地铁运行的重要组成部分，也是基地内的一项重要工作。在行车安全上，调车作业安全同样是重点。因为调车作业是确保地铁运行的重要环节之一，它对提高地铁运行的效率，做好列车后勤保障，使电动列车的维护、检查等维修工作的顺利实现有着十分突出的作用。

4）调车作业的功能

（1）及时、正确地进行调车作业，保证电动列车按运行图的规定时刻发出列车，按运行图的要求安排使用列车。

（2）及时取送需检修的车辆，保证检修车辆按时到位。

（3）保证基地设备以及调车作业运行安全和人身安全。

（4）确保其他物资运输的运行秩序正常进行。

5）调车工作的领导指挥系统（图5-3）

场内调车作业可以设调车组，调车组设调车长、司机、调车员（联结员）。

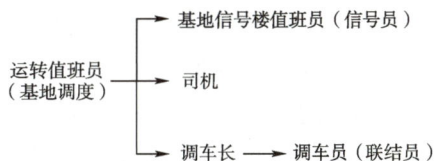

运转值班员（基地调度）
→ 基地信号楼值班员（信号员）
→ 司机
→ 调车长 → 调车员（联结员）

图 5-3　领导指挥系统

2 调车作业的一般要求

1）调车作业基本要求

（1）调车作业必须按照调车作业计划以及调车信号机或调车信号的显示要求进行，没有信号不准动车，信号不清立即停车。

（2）特殊情况使用无线电对讲机联络进行调车作业时，司机与调车人员必须保持联络畅通，联络中断时，应及时采取停车措施，停止调车作业。

（3）调车作业时，调车人员必须正确、及时显示信号，司机要认真确认信号并且鸣笛回示。

2）配合协作要求

调车作业是参加调车作业的相关人员（如司机、调车员、信号楼信号员等）之间的相互配合、相互协作的过程。因此，无论是车辆的动车、信号确认、进路确认及注意事项都必须在作业前明确。

（1）信号楼信号员必须按规定正确、及时安排调车进路，并且监视运转情况。

（2）调车员必须看清计划，确认安全状态后，才准显示信号，不得盲目指挥、盲目显示信号。

（3）司机必须要确认信号，瞭望四周情况后才能起动机车。

3）确认的基本内容

调车作业中，应该看清与确认的情况如下：

（1）线路情况、停留车位置情况。

（2）道岔开通情况、信号显示情况。

（3）车下障碍物与异物情况。

（4）检修线及所进入线路作业情况、进出库房大门情况。

（5）连挂的车辆情况。

（6）走行速度情况、道口四周情况。

（7）参与调车作业的人员情况等。

4）终止作业条件

（1）在调车作业中，调车人员显示的信号得不到司机回示或认为速度过快以及其他异常情况时，必须立即显示停车信号。

（2）司机在无法瞭望信号、信号中断、联络中断或者认为有异常情况时，必须立刻停车。

（3）信号楼信号员发现调车作业人员或作业过程有违反安全规定时，应立即采取措施，命令终止调车作业。

（4）基地或车站管理人员发现有危及调车作业安全、设备安全、人身安全的情况时，应立刻通知有关人员停止调车作业。

5）调车工作的指挥原则

（1）统一领导原则。统一领导是指在同一基地或车站内，在同一时间只能由基地运转值班员或行车值班员统一领导全场的调车工作。

与调车区域相关联的其他作业均应按基地运转值班员的指挥进行（正线车站按行车值班员的领导进行）。

（2）单一指挥原则。单一指挥是指在同一时间内，一台机车或一组列车的调车作业计划的执行、作业方法的拟定和布置，以及列车的行动指挥只能由一人负责指挥。

①所有在车站进行的调车作业，应以确保正线正常运营为基础条件，合理安排调车作业程序、时机，不得以任何理由影响和干扰正线运营。

②基地接车前10min停止调车作业，不迟于列车到达前4min开放接车信号。

③基地发车前10min停止调车作业，不迟于列车发车前2min开放发车信号。

④基地在列车运行图规定的接发列车以外时间，运转值班员可以确定场内的调车作业；但与行车调度员布置的临时接发列车命令有抵触时，以接发列车作业为主。必须先进行调车作业时，应得到行车调度员的批准同意。

调车作业时，因特殊需要必须越出站界、场界调车时，应事先报告行车调度员，得到批准同意后，由行车调度员发给调车作业有关人员调度命令，越出站界、场界进行调车的凭证，调车人员应严格按命令要求执行。

3 调车作业的计划

调车作业都是通过调车作业计划来实现的，所以对于调车作业来说，调车作业计划是进行调车作业的凭证与依据。

调车作业计划是指调车工作的有关领导人员（运转值班员或行车值班员）向调车作业人员以书面形式下达或口头布置方式的调车作业通知，内容包括：起止时间、担当列车（机车）作业顺序、股道号、摘挂辆数（编组车号或车位）、安全注意事项等。

1）调车作业计划的编制、传达

（1）计划编制。

①由于调车作业中，地点比较分散，涉及作业部门较多，钩数不易记忆，环境因素对作业影响较大，所以一般规定调车作业钩数在三钩以上时，应由行车管理的有关部门制定调车作业计划。

②调车作业计划的制定或编制应由运转值班室值班员或行车值班员根据生产部门提出的要求及运行实际状况正确、合理、及时地制定。

③制定调车作业计划时，应充分考虑各方面的因素与条件，力求在确保行车安全的前提下，提高调车作业效率，以最少的作业钩数、最短的调车行程，完成相应的调车作业任务。

（2）计划传递。

①调车领导人员（运转值班员或行车值班员）在编完调车作业计划后，应向信号楼值班员、调车长等参加作业的人员传达清楚，参加调车作业的有关人员在接收调车计划时，必须复诵、核对正确无误后执行。

②为了正确、及时地完成调车作业任务和要求，调车指挥人（调车长）在向参加作业的其他人员传达调车计划时，应预想作业安全事项，进行具体作业方法、注意事项等情况的部署，并与调车长核对复诵计划。在调车作业开始之前，必须使参加调车作业的人员都做到心中有数，避免误听、误传而引起作业重复，以及其他不良后果。

2）调车作业计划的变更

变更作业计划主要是指变更作业股道、摘挂辆数与车辆号、作业方法及取送作业或转线的区域或线路。

（1）调车作业中，必须严格按照调车作业计划所规定的内容与要求进行，不准擅自改变作业内容与计划。

（2）如因运行状况及生产实际需要，必须变更调车作业计划时，应该停止进行中的作业。

（3）由运转值班员或行车值班员将变更后的计划向调车人员及信号员重新布置，传达清楚，并且进行核对和复诵，确认无误后，方可继续作业。

（4）变更作业计划不超过三钩时，可以以口头方式传达；超过三钩时，应重新编制书面调车作业计划，取消执行原计划。

（5）为了贯彻集中统一指挥的原则，调车作业中，调车长在作业过程中决定必须变更原计划时，应及时向有关行车、运转调车领导人员反映，由调车领导人员重新编制书面计划后执行。

（6）所谓调车作业中的"一钩"作业，一般是指机车（列车）或所挂车辆的运行由线路的一股道到另一股道，并且改变运行的方向。

二　车辆段调车作业

1　调车作业运行

1）调车进路确认

在吊车作业中，经常会遇到牵引列车运行和推进列车运行的情况，由于调车进路变化较多，列车存放处所不同，连挂与牵出的地点各异，所以这两种情况在调车作业时常常交替进行。为了分清调车作业中，对进路及周围情况确认的责任，以及能更安全有效地展开调车作业，通常对牵引与推进运行的瞭望和确认要求做以下规定。

（1）列车正向运行、单机运行或牵引列车运行时，前方进路的确认由司机负责。司机在运行时要不中断瞭望，对发生的异常情况，如线路限界情况、信号显示状态、人员行走、道口安全、调车路径是否正确等，要果断采取处置措施。

（2）推进列车运行时，前方进路的确认由最前方调车员（或调车长）负责，调车长应不中断瞭望，及时正确地与司机联系或显示信号。如调车指挥人所在位置确认前方进路有困难时，可指派参加调车作业的其他人员（调车员或连接员）确认、瞭望，并将情况正确、规范地传达给调车指挥人，由调车指挥人与司机联络。一般情况下，调车指挥人应站立在易于瞭望进路，又能使司机看清其信号显示的位置。

（3）在调车作业中，调车作业人员必须按调车信号的显示要求进行；如果运行中遇调车信号机灯光显示不明或熄灭、手信号灯光忽明忽暗或中断、无线电对调机联系中断、信号没有得到回示等，都应视为停车信号而采取措施，使机车（列车）停止作业。

（4）如果车站或基地信号机故障，应由调车人员即刻通知信号值班人员，必要时，应通知运转值班人员或行车值班员组织检修。调车人员必须等有关行车人员到场通知司机或信号机显示允许通过该信号机的信号后，方可按照有关规定和制度越过该架信号机。

2）调车作业进路的变更与终止

在实际调车作业中，由于线路情况变化以及实际工作的需要，必须取消调车作业进路时，进路控制和信号操纵人员必须遵守以下规则。

（1）进路控制和信号操纵人员确认列车尚未起动，应通知调车司机与调车员，并得到回复。

（2）如果列车已经开始运行，必须立即通知司机和调车长，并且确认列车已经停止运行。

（3）如果必须使列车运行时，应确认列车已经按规定进入规定位置停车。

（4）在执行以上三点基本规则之一后，进路控制和信号操纵人员才能够关闭信号机并取消原调车进路。

（5）进行变更进路的排列，开放变更后的调车作业信号时，参加调车作业的司机和调车员在得到信号楼或有关信号操纵人员的通知后，应立即遵照执行，不得盲目动车或强行起动进入信号机内方，防止产生由于进路变更而使列车冒进红灯或者由于道岔转换而造成挤岔或脱轨事故。

3）调车作业中的"连挂"与"摘钩"

在一般的调车作业中，除了列车、机车的转线、出场以外，其他过程均通过"连挂"作业后的移动来实现其调车作业的目的，其他相关的作业中"连挂"是重要环节。调车作业中的"摘钩"或"解钩"是连挂作业中的下一道作业工序，是由于"连挂"而产生"解钩"。"解钩"最终确定调车过程中，列车的停放位置或者通过，使调车作业程序有效持续进行。

我们通常说的"连挂"是指在调车作业过程中，列车、机车相互连接编成为一组或多组的调车作业过程；调车作业中的"连挂"与"摘钩"是通过调车作业人员的操作，由机械或电子设备的动作而完成的，参加调车作业的调车员应根据有关制度规定执行操作程序。

（1）列车连挂规定。

①连挂作业前，推进列车进行时，调车员必须向司机显示"三、二、一车"距离信号。如果调车员没有显示"三、二、一车"的距离信号，不准进行连挂；调车员显示的信号没有得到司机的回示，应立刻显示停车信号。没有停留车位置的距离信号，司机应拒绝挂车。

②单机或牵引列车挂车时，由于司机的瞭望视线不受影响，调车员可以不显示"三、二、一车"距离信号；但是为了确保连挂作业的安全，调车员应在与被连挂车辆即停留车位置接近三车距离时，显示连接信号，司机在瞭望后确认并鸣笛回示。

③"三、二、一车"距离信号除了表示距离的含义外，通常还有以下含义。

"三车"时，司机应掌握的运行速度为8km/h；

"二车"时，司机应掌握的运行速度为5km/h；

"一车"时，司机应掌握的运行速度为3km/h。

为了避免司机对信号显示产生误解，在显示距离信号后，一般不再显示减速信号。

④连挂列车时，遇有气候不良，如暴风雨、浓雾，使调车环境情况复杂，或弯道曲线影响瞭望、照明情况不良、坡道较陡等状况，调车员确认前方停留位置有困难时，无论牵引运行还是推进运行，都应派出人员在停留车连挂一端显示停留车位置信号，并指示司机减速，加强瞭望，防止意外发生。显示停留车位置信号的地点为距连接端前5m处。

⑤连挂列车前，在距停留车一车距离时，司机必须停车，检查确认被连挂列车状况（包括确认被连挂列车前无禁动红牌，被连挂列车上或限界内无作业人员正在作业，被连挂列车周围无异物侵入限界和影响安全的因素存在）。

⑥在调车作业连挂中，必须注意在列车连挂前约3m位置要停车，由调车员对连接的车钩钩位状态进行调整，使车钩位置符合要求，避免因钩位错位而在挂车时损坏

车钩或引起列车溜逸。连挂的速度应掌握在3km/h以下。

⑦连挂后的列车必须根据规定进行试拉,确认连接妥当后方可起动,试拉时不得越出呈关闭状态的信号机。

(2)列车"摘钩"规定。

①摘挂后的列车要按规定位置放置止轮器或采取制动措施防止溜车,以免造成人员伤亡和设备损坏。

②调车作业中的解钩拆车必须在列车停稳的状态下进行,绝不允许对行驶中的列车摘钩。

③调车员在摘钩作业时,司机必须注意瞭望,按调车员的信号显示进行操作。没有调车员的移动信号,司机不准动车。

4)调车速度限制

(1)调车速度限制依据。

①调车作业中,被调动列车自动制动机可能没有全部启动,造成的制动力较小。

②调车作业中,正向运行方向和逆向运行方向交互进行,有时瞭望不便。

③一般情况下,调车线路标准、等级及道岔型号都低于运营正线,存在设备结构限制。

④当推进运行时,需中转信号,在时间上有延误或需增加中转时间。

⑤调车作业时,线路周围情况相对较复杂等。

(2)调车速度限制要求。

调车作业中,要严格控制运行速度,不得违反以下规定:

①在空线上运行时,应严格按照线路、道岔的允许速度运行,最高速度不得超过30km/h。

②调车作业中,因工作需要进出场房、车库时,运行速度不得超过5km/h。

③接近被连挂列车时,运行速度不得超过3km/h。

④瞭望条件不良时,应适当降低速度。

⑤电动列车出入基地无码区时,应按慢速前行方式限速20km/h进行。

⑥正线车站内,调车按相关规定的速度运行。

⑦尽头线调车时,速度不得超过3km/h。

2 尽头线调车及其他限制

1)尽头线调车规定

(1)在尽头线上进行调车作业时,距离线路终端应有不少于10m的安全距离,包括被摘挂车辆的停留。

(2)在特殊情况下必须接近10m时,要严格控制列车运行速度,以随时能停车的(3km/h以下)速度运行。

(3)如果需摘挂车辆,应报告有关行车管理人员时,距离位置有利于再次挂车时,进行预防性措施准备。

（4）天气或环境情况恶劣，导致瞭望距离较短时，通常不允许在尽头线末端近于10m处摘挂车辆或作业。

2）手推调车规定

所谓手推调车，是指以人力推动车列走行至目的地的方法。一般只在短距离移动列车时采用。

一般情况下，手推调车只在基地内列车检修作业中使用。操作时必须遵守以下安全规定。

（1）与被移动列车相关的作业要停止，防止发生人身伤亡事故。

（2）要严格掌握调车速度，必须有相应的安全措施确保制动良好，并指定专门人员负责。

（3）手推调车速度不得超过3km/h，每批手推调车不得超过一辆重车或二辆空车，防止失控，造成不良后果。

（4）车辆走行时，必须有专人进行指挥，并得到有关行车管理人员的同意。

（5）手推调车指挥人应与运转值班室及信号控制部门联系，安排作业计划，开通调车进路，开放调车信号。

（6）禁止手推调车的情况：

①暴风雨雪天气，影响线路及周围瞭望时。

②夜间无照明设备的线路。

③线路坡度大于2.5%时。

④制动措施不能保证随时能停车时。

⑤能进入接发列车进路的线路上，无脱轨器或无隔开设备时。

⑥装载有易燃、易爆物品的车辆。

⑦同一线路上两组车同时手推调车。

（7）手推调车时，必须有操作熟练的人员把关，在采取好各项安全措施后才能进行，确保手推调车过程的安全。

3）其他安全规定

（1）调车作业时，无论什么原因造成调车的列车越过显示红灯的信号机"挤岔"时，调车司机都应该停车，严禁擅自移动列车、机车，列车司机应立即报行车管理人员（行车调度员、行车值班员、运转值班员），等待来人确认情况后，据现场处理指挥人员的命令和允许移动的信号，将列车、机车行驶至规定位置。

（2）调车作业时，需停留的列车不得超越警冲标与压占道岔位置，以免造成走行线路堵塞，影响其他相邻进路的开放，如确实要越出警冲标或压占道岔位置时，应得到有关行车管理人员的批准同意，并根据要求及时开通线路。

（3）通常情况下，城市轨道交通运输各车站、基地，禁止调车过程中进行溜放作业。

（4）调车作业中遇到同一线路上需连挂多节车辆时，禁止采用连续连挂的方式运行。

（5）基地线路上调车作业时，空车四辆以上（含四辆）、重车两辆以上（含两辆），须连接制动风管；正线进行调车以及施工作业连挂列车，必须全部连接制动风管。

（6）调车作业中，在线路上停留的列车如不能以自动制动机、手制动机进行制动防溜时，应采用铁止轮器对列车进行制动。

单元 5.4
车辆段检修施工作业

一 车辆段内施工检修区域的划分与计划提报要求

（1）车辆段内的施工检修作业，只有在接触网及线路上施工检修作业影响列车出入车辆段、机车车辆运行时，才设置作业区域，作业区域须办理封锁手续。

（2）施工、检修计划的划分按《施工检修管理办法》中的有关规定执行，工程车检修作业每月月末应向车场调度员提报下月扣修计划，每次扣修提前一天提报送车计划。

（3）施工、检修计划提报时间按《施工检修管理办法》中的有关规定执行，临时补修计划由作业部门直接向车场调度员提出申请，车场调度员根据当时现场作业情况妥善安排。

（4）日计划和临时补充计划由车场调度员协调、统筹审定后组织实施，车场调度员根据作业要求，遇有需司机或其他部门配合时，应及时通知相关人员。

（5）车场调度员应本着顾全大局、全面衡量、充分利用时间及空间资源确保施工检修作业顺利完成的原则，加强对车辆段内设备维修（含机车车辆检修）工程的施工作业管理、组织和协调。相关部门（中心）应积极配合、服从安排，本着"困难自己克服，方便留给别人"的原则，协调、安排好本部门（中心）的施工、检修作业，确保设备施工、检修作业计划顺利完成。

（6）遇到施工、检修作业影响到机车车辆检修或转轨时，车场调度员应及时通知相关部门调整计划。

二 车辆段内施工、检修作业变更及实施要求

（1）《施工行车通告》中公布的作业区域发生变更时，作业部门应在施工、检修作业前一天12时前报日补充计划进行变更（周六至下周一的变更计划周五12时前提报）。不设作业区域的施工或检修作业，作业部门应提前4h向车场调度员联系落实。

（2）已划定作业区域的施工、检修作业，施工、检修负责人必须在施工、检修作业前 30min 向车场调度员办理请点作业，由施工、检修负责人安排作业区域防护措施。否则，不予安排该项施工、检修作业。不设作业区域的施工、检修作业，施工、检修负责人应在施工、检修作业前 10min 向车场调度员办理请点作业。

（3）车辆段内施工检修作业需停止接触网区域性供电时（如影响正线，须得到行车调度员的同意），施工、检修部门应先向电力调度员办理申请作业，再向车场调度员办理登记。如果属于停车、检修库股道接触网停电时，直接向车场调度员办理申请和登记。

（4）外单位工程车开行前 60min 应到车辆段信号楼办理转道作业和申请开行手续。

三　施工、检修请点及注销

（1）请点作业程序见表 5-1。

请点作业程序　　　　　　　　　　　　表 5-1

步骤	负责人员	措　施
一	车场调度员，轮值工程师，施工、检修负责人	明确以下安排： ①作业地点、时间； ②安全注意事项及防护措施； ③接触网断电范围、时间（如需接触网断电时）
二	施工、检修负责人	填写"车场施工、检修作业登记簿"，记录内容如下： ①作业区域范围，作业起止时间、申请时间； ②作业内容、影响行车程度、作业要求； ③防护措施的详情及注意事项； ④施工时携带的所有工器具及数量； ⑤负责人姓名及其联系方式，计划批准号、单位或部门，填写日期等； ⑥在"车场施工、检修作业登记簿"上签上申请人姓名（填表人姓名）； ⑦如需接触网停电时，施工或检修负责人向电力调度员或轮值工程师提出接触网断电申请并办理相关手续； ⑧如有配合部门时，需配合部门的负责人到场填写配合人员登记表，同时共同确认施工位置和内容
三	车场调度员	①批准作业区域前应确保作业区域无任何作业在进行； ②核对施工、检修作业的计划和内容； ③检查车场线路图简板，安装防护标志； ④安排信号楼值班员在控制台上设置防护措施； ⑤与电力调度员和轮值工程师确认接触网已停电，与施工负责人确认防护措施已正确设置完毕； ⑥在《施工作业令》和"车场施工、检修作业登记簿"上签认； ⑦确认无误后通知作业

步骤	负责人员	措施
四	信号楼值班员	接到车场调度员通知后，在"施工登记簿""停送电登记簿"上做记录，并按规定执行下列工作： ①将作业区域两端道岔锁定在开通邻线位置； ②在控制屏上将有关道岔及信号机封锁； ③在车场线路图简板上安装防护标志； ④施工过程中及时与安全防护员沟通，确保场内作业安全、人员安全
五	车场调度员，施工、检修负责人	①必须与电力调度员和轮值工程师确认接触网已断电，然后才可通知施工人员进行作业； ②施工、检修负责人确认防护措施已设置完毕，并得到车场调度员的同意后方可通知现场作业人员开始作业； ③车场调度员监督车场区域的施工检修作业，发现未按规定进行防护者有权停止其工作

（2）施工或检修注销作业程序见表5-2。

施工或检修注销作业程序　　　　　　　　　　　　　　表5-2

步骤	负责人员	措施
一	施工、检修负责人	①施工、检修作业完毕，确认现场作业人员、工器具已撤除股道，执行线路出清程序； ②向车场调度员申请注销施工、检修作业
二	车场调度员	①与施工、检修负责人确认施工或检修完毕，同时已执行线路出清程序； ②通知信号楼值班员测试作业区域内所有道岔、信号机状态
三	信号楼值班员	测试作业区域内所有道岔、信号，确认设备正常后向车场调度员汇报
四	车场调度员	①得到信号楼值班员测试完毕、设备良好的报告后，通知施工、检修负责人撤除防护标志等防护措施。 ②得到施工、检修负责人汇报已撤销防护措施后，注销施工、检修作业。如果接触网送电作业由其他部门配合完成，则得到施工或检修负责人和配合部门负责人共同确认线路已出清，人员及工器具已撤离现场，车场调度员与施工、检修负责人确认具备送电条件后通知配合部门送电。 ③作业注销后通知信号楼值班员。 ④撤除车场线路图简板上的防护标志
五	施工、检修负责人	撤除防护措施后与配合部门负责人共同向车场调度员汇报并签名注销施工、检修作业
六	信号楼值班员	①接到车场调度员注销通知，撤除防护措施； ②在"施工登记簿""停送电登记簿"上做记录注销； ③撤除车场线路图简板上的防护标志

四 信号设备、线路检修登记规定

（1）信号、线路维修人员对信号设备、线路进行日常检修时，现场须设置防护，应有专职联络人员在信号楼行车控制室值班并加强与现场联系，通报行车情况。

（2）在线路上作业，请点不超过 10min（对列车、机车车辆运行有速度限制时除外），专职联络人员向信号楼值班员提出申请，由信号楼值班员报车场调度员准许后办理给点登记手续。对列车、机车车辆运行有速度限制或请点超过 10min 的检修作业（施工），均需到车场调度员处办理申请、登记手续。

（3）专职联络人员应认真按"车辆段施工、检修作业登记簿"规定的内容逐项（设备名称、编号、工作内容、请点时间、故障状态、是否影响行车等）填写清楚，认真确认信号楼值班员同意的起止时间后，与信号楼值班员互相核对签认。

（4）当行车设备发生故障时，信号楼值班员应将故障情况记入"设备维修检查登记簿"，通知信号、工务人员进行修复，并向车场调度员汇报清楚。检修人员接到通知后立即派人修复。

复习与思考

1. 什么是车辆段及综合基地？其有哪些组成部分？
2. 列车出车作业包括哪些内容？
3. 调车作业的要求有哪些？

实训

请完成模块5　实训工单——车场内行车作业组织，见225页。

模块 6

正常情况下的行车组织

学习目标

1. 了解列车行车组织原则；
2. 熟悉行车指挥自动化时的行车组织方法；
3. 熟悉列车驾驶模式及各种驾驶模式的运用；
4. 掌握调度集中控制和调度监督下的行车组织工作。

建议学时

10 学时

单元 6.1

行车组织指挥体系

一 行车组织概述

1 行车组织概念

城市轨道交通行车组织是采取各种技术手段保证列车运行系统、客运服务系统、检修保障系统的专业设施、设备正常、合理地运转，从而实现安全、舒适、快速、准时、便利地运送乘客，以达到保证乘客顺利出行的目的。它不同于干线铁路，基本上只从事列车运行组织和接发车两项作业，主要由控制中心和车站两级部门完成。

2 接发车作业

目前，城市轨道交通的信号系统普遍具有列车自动监控（ATS）系统，所以，一般情况下车站不办理接发车作业，中央控制室和车站可对列车运行状况进行监视。只有当信号联锁故障，需要人工排列进路组织列车运行及列车退行等特殊情况时，才须办理接发车作业。此时，一般作业程序为办理闭塞、布置与准备进路、开放（关闭）信号或交接凭证、接送列车、开通区间 5 个步骤。

二　行车组织原则

行车组织的主要原则如下。

（1）在列车自动控制（ATC）系统正常情况下，列车以自动驾驶（ATO）模式运行，司机应在列车出库或交接班时输入乘务组号。在有列车自动监控（ATS）系统计划运行图且列车进入正线运行时，自动接收目的地及车次信息；在没有列车自动监控（ATS）系统计划运行图且列车在正线运行时，需由司机或行车调度员输入目的地码和车次号信息。

（2）行车时间以北京时间为准，从零时起计算，实行 24h 制。行车日期划分：以零时为界，零时以前办妥的行车手续，零时以后仍视为有效。

（3）正常情况下，正线上司机凭车载信号显示或行车调度员的命令行车，按运营时刻表和发车计时器（DTI）显示时分掌握运行及停站时间。

（4）非正常情况下行车时，司机应严格掌握进出站、过岔、线路限制等特殊运行速度。

（5）列车在运行中，司机应在前端驾驶；如推进运行时，由副司机或引导员在前端驾驶室引导和监控列车运行。

（6）在车场范围内指挥列车或车场调车的信号以地面信号和调车专用电台为主，手信号旗/灯为辅。

（7）调度电话、车站无线电话用于行车工作联系，联系时必须使用标准用语。

（8）列车司机可使用列车广播系统向乘客进行信息广播。遇信息广播故障时，可使用人工广播。若人工广播也不能使用时，报告行车调度员，并按其指示办理。

（9）列车晚点统计方法。比照运营时刻表，单程每列晚点 3min 以下为正点，3min 及以上为晚点；排队晚点时，则按统计的要求进行统计。行车调度员应根据列车晚点情况及时采取措施，调整列车运行。

三　行车组织指挥体系概述

城市轨道交通是一个复杂的、技术密集型的城市公共交通系统，具有各项作业环节紧密联系和各部门、各工种协同工作的特点。因此，城市轨道交通行车组织必须贯彻安全生产方针，坚持高度集中、统一指挥、逐级负责的原则。在一个调度区段应由该区段的行车调度员统一指挥，相关行车人员必须执行调度命令，服从指挥。行车组织指挥体系结构如图 6-1 所示。

正常情况下，城市轨道交通列车的一个运行周期为：根据列车运行图，列车按照规定时间从车辆段存车线出来，进入正线并投入运营，一直到运营结束退出服务回到车辆段进行整备，整备完毕后再次从车辆段出来进入正线投入运营服务为止。正常情况下，列车的一个运行周期是24h。在这一过程中，需要由行车调度员指挥，车辆段调度员、车辆段值班员、车站行车值班员、站台站务员、司机等人员共同完成。

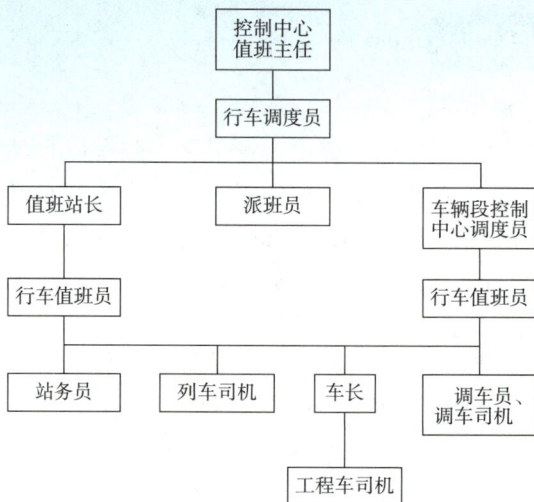

图6-1 行车组织指挥体系结构框图

城市轨道交通行车组织阶段性比较强，主要分为运营前准备、运营期间的行车组织和运营结束后的作业3个阶段。不同的工作人员在不同的阶段有不同的作业，这里着重介绍行车调度员、车站和司机的行车组织作业。

1 行车调度员的行车组织作业

行车调度员在运营前主要进行试验道岔、检查人员到岗情况和设备情况、装入运营时刻表等工作。运营期间主要是利用各种调度设备，组织指挥列车按照列车运行图的计划安全、准点运行。运营结束后，行车调度员要对当天的行车工作进行分析、总结，主要是打印当日计划、实际运行图，编写运营情况报告，进行列车统计分析等工作。

2 车站的行车组织作业

正常情况下，城市轨道交通车站的行车组织作业主要包括首末车组织、运营期间的接发车作业等。开行首班车前，车站各岗位工作人员要准时开门、开启照明和电/扶梯，并试验道岔、巡视车站等。车站末班车发出前，应在规定时间开始广播，通知停止售检票工作，检查付费区乘客均已上车，确认无异常情况后，向司机发出发车信号。

3 司机的行车组织作业

司机在一个运营周期的作业也分为运营前、运营期间和运营后3个阶段。在运营前，司机主要进行列车整备作业（如检查车体内外情况、车载电气、制动设备、无线电话等）；在运营期间，司机主要负责列车的正线运行作业、站台作业和折返作业；在运营结束后，列车应进入车辆段进行整备，以确保第二天的正常运行。

单元 6.2
行车指挥自动化时的行车组织

一　列车驾驶模式

目前，较先进的地铁车辆的列车驾驶模式主要有以下 5 种：列车自动驾驶模式（ATO 模式）、列车自动折返驾驶模式（AR）、受监控的人工驾驶模式（SM 模式）、受限制的人工驾驶模式（RM 模式）、不受限制的人工驾驶模式（URM 模式）。

1）列车自动驾驶模式（ATO 模式）

（1）基本特征。ATO 模式是最优先级的驾驶模式，通过列车自动控制（ATC）信号系统实现。该种模式下，两站间的列车自动驾驶，列车的运行不取决于司机。司机负责监督 ATP/ATO 指示显示的列车状况，列车所要通过的轨道、道岔、信号的状态，必要时加以人工干预。

（2）基本运用。正线的正常运行（包括折返线和试车线）。

2）列车自动折返驾驶模式（AR 模式）

（1）基本特征。AR 模式包括列车的自动换向和有折返轨的自动折返。其中，有折返轨的自动折返又可分为人工折返和无人折返。

（2）基本运用。在折返站和具有换向功能的轨道区段使用。

3）受监控的人工驾驶模式（SM 模式）

（1）基本特征。SM 模式是次优先级的驾驶模式，正常情况下在培训时采用，或当列车自动驾驶设备故障，但车载和轨旁的列车自动防护设备良好时必须采用。在 SM 模式下，司机必须根据显示屏显示的推荐速度驾驶列车，当实际速度与推荐速度相差超过 $-1km/h \sim +4km/h$ 时，会有声音报警；当实际速度大于推荐速度 4km/h 时，列车自动防护产生紧急制动。司机要负责监督列车状况，包括所要通过的轨道、道岔、信号的状态。司机以 SM 模式驾驶时，要保持按下警惕按钮，否则会产生紧急制动。司机以 SM 模式驾驶列车进站，且停在停车窗内时，列车自动防护给出门释放命令后，司机手动开门。

（2）基本运用。SM 模式在以下状态时启用。

①列车自动驾驶故障时的降级运行。

②列车运行时，轨道上发现有障碍物（如人、杂物）。

③列车在下雨时的地面站行驶。

4）受限制的人工驾驶模式（RM 模式）

（1）基本特征。RM 模式是较低级的驾驶模式，在该模式下，列车由司机驾驶，司机负责监督 ATP/ATO 指示显示的列车状况，列车所要通过的轨道、道岔、信号的状态。列车速度不能大于 25km/h，列车自动防护只提供 25km/h 的超速防护。

（2）基本运用。RM 模式在以下状态时启用。

①车辆段运行。

②联锁、轨道电路、列车自动防护轨旁设备。

③列车紧急制动以后。

5）不受限制的人工驾驶模式（URM 模式）

（1）基本特征。URM 模式是故障级驾驶模式，在该模式下，列车的运行完全由司机负责，没有列车自动防护的监控。国内部分地铁车辆采用 URM 模式时，列车前进最高速度可达 80km/h，后退最高速度可达 10km/h。

（2）基本运用。RM 模式在以下状态时启用。

①车载列车自动防护设备故障，不能使用。

②列车部分设备检修和调试。

在城市轨道交通线上，司机可根据线路、设备状态及运营要求，以任何一种驾驶模式驾驶列车运行。

以国内城市轨道交通某种车型为例，各种驾驶模式的特性和运用见表 6-1。

各种驾驶模式的特性和运用　　　　　　　　表 6-1

模式	定义	基本特性	运用
ATO	列车自动驾驶模式	自动控制两站间的列车运行。司机负责监督列车自动防护 ATP 及列车自动驾驶 ATO 的显示，列车运行状态，通过的轨道、道岔和信号的状态，必要时加以人工干预	城市轨道交通正线的正常运行方式
SM	受监控的人工驾驶模式	列车运行由司机驾驶，列车的运行速度受列车自动防护监控，如果列车的极限速度超过了列车自动防护允许速度，则列车产生紧急制动而停车。司机负责驾驶列车，监督列车自动防护的显示	列车自动驾驶故障时（但车载和轨旁的列车自动防护设备良好）降级运营
RM	受限制的人工驾驶模式	列车运行由司机驾驶，列车的运行速度不能大于 25km/h，如果超过，则列车产生紧急制动而停车。司机负责列车运行安全	列车在车辆段范围内运行（试车线例外），或联锁、轨道电路、列车自动防护轨旁设备、列车自动防护列车天线发生故障及列车紧急制动后运行
URM	不受限制的人工驾驶模式	用列车自动防护钥匙开关后才起作用，使用时必须经过批准和登记。列车运行由司机控制，没有限制速度监督	车载列车自动防护设备故障或联锁故障后采用降级的行车组织办法时使用

模式	定 义	基 本 特 性	运 用
AR	列车自动折返驾驶模式	自动控制列车折返，司机可以不在列车上及不干预列车折返作业。司机负责检查自动折返前，乘客已经下车，车门已经关闭，最后操作位于站台端墙处的自动折返按钮	在设有自动折返功能的折返站计划采用的方式

二　行车指挥自动化时的列车运行组织

1　行车指挥自动化子系统的主要功能

行车指挥自动化是利用电子计算机控制调度集中设备，指挥列车运行的一种自动远程遥控设备。在行车指挥自动化时，自动闭塞为基本闭塞法。

行车指挥自动化子系统的主要功能如下。

（1）由基本列车运行图或计划列车运行图生成使用列车运行图。

（2）自动或人工控制管辖范围内各车站的发车表示器、道岔及排列列车进路。

（3）跟踪正线列车运行，显示各车站发车表示器开闭、进路占有和列车车次、列车运行状态等。

（4）自动或人工进行列车运行调整。

（5）自动绘制实际列车运行图和生成运营统计报告。

2　列车运行组织

在行车指挥自动化情况下，由电子计算机通过调度集中设备实现当日使用列车运行图、列车进路自动排列和列车运行自动调整，指挥列车运行。控制中心列车自动监控系统通常储存数个基本列车运行图，经过加开或停运列车等修改后的基本列车运行图称为计划列车运行图。使用列车运行图是当日列车运行的计划，由基本列车运行图或计划列车运行图生成。行车调度员通过显示盘与工作站显示器，准确掌握线路上列车运行和分布情况、区间和站内线路的占用情况，以及发车表示器的显示状态和道岔开通位置等。行车调度员也可应用人工功能，通过工作站终端键盘输入各种控制命令，控制管辖线路上的发车表示器、道岔以及排列列车进路，进行列车运行调整。

在行车指挥自动化情况下，列车占用区间的行车凭证为列车收到的速度码，凭发车表示器显示的稳定白色灯光发车，如发车表示器故障无显示，凭行车调度员的命令发车。追踪运行列车间的安全间隔由列车自动防护子系统自动实现。

3　控制中心 ATS

行车指挥自动化子系统包括控制中心 ATS 设备、车站 ATS 设备和车载 ATS 设备 3 部分。控制中心 ATS 是一个实时控制系统，由调度控制和数据传输电子计算机、工作站、显示盘和绘图仪等构成，电子计算机按双机备份配置；车站 ATS 由列车与地面间数据传输设备和电气集中联锁或微机联锁设备等构成；车载 ATS 由列车与地面间数据传输设备等构成。

4　列车正线运行

列车正线运行可采用以下几种驾驶模式。

（1）列车自动驾驶模式。列车出发前，在列车进路已设置完毕、车门及屏蔽门已关闭的条件下，司机可操作列车进入自动驾驶模式。车载列车自动驾驶系统根据从线路上接收到的速度码，自动控制列车加速、巡航、惰行、制动，控制列车按要求停车，并自动控制车门、屏蔽门的开启。车门、屏蔽门的关闭是由司机按压关门按钮完成的。司机主要监督车载 ATP/ATO 设备的状态显示，并注意列车运行所经过的线路状况（如道岔、信号机），必要时可进行人工干预，以保证行车安全。列车在站台停车时，如果超出了停车区域，则车门和屏蔽门均不能打开。

（2）列车自动防护系统监控的人工驾驶模式。在列车自动驾驶设备故障，但车载和轨旁的列车自动防护系统设备良好，列车发车前，在列车进路已设置完毕、车门及屏蔽门已关闭的条件下，司机操作列车进入列车自动防护系统监控的 SM 模式。列车由司机驾驶，运行速度受列车自动防护系统的实时监督。当列车运行速度接近列车自动防护系统限制速度时，系统向司机发出声光报警信号，提醒司机注意。如果司机未采取措施，列车的运行速度超过了限制速度，并达到了列车紧急制动曲线确定的速度，列车自动防护系统将对列车实施紧急制动。一旦产生紧急制动，不能进行人工缓解时，必须待列车停稳并经特殊操作后才能重新起动列车。到站停车时，采用人工驾驶模式的列车与采用列车自动驾驶模式的列车停站规定相同。

（3）受限制的人工驾驶模式。司机根据信号显示等要求，操作列车进入受限制的人工驾驶模式，一般设定的限制速度为 25km/h，若列车运行速度超过列车自动防护系统限制速度，则产生紧急制动。在此模式下运行时，司机对列车运行安全负责。此运营模式主要作为联锁设备故障情况的降级运行模式及列车在车辆段内的运行模式。

（4）不受限制的人工驾驶模式。在此模式下，列车自动防护系统将不起任何作用，列车运行的安全完全由调度员、车站值班员和司机人为保证。司机必须使用特殊的钥匙开关才能进入该模式。

5　列车出入段

车辆段内的列车驾驶模式采用受限制的人工驾驶模式。所有设备正常的情况下，列车按照设计的模式运行。因车辆段没有安装轨旁列车自动防护系统设备，且联锁设备为 6502 电气集中联锁或计算机联锁，与列车自动防护系统设备没有接口关系，列车在车辆段范围内只能以 RM 模式运行，车载列车自动防护系统提供 25km/h 的超速防护。

列车出入段的程序如下。

（1）列车整备完毕，列车状态符合正线服务后，报告车场信号值班员列车整备完毕。

（2）确认出场信号开放，按该列车出车场时刻以 RM 模式驾驶列车出库，整列离开库门前限速 5km/h。库大门前、平交道口应一度停车，确认线路状况良好后动车。

（3）列车运行到转换轨一度停车，待显示屏收到速度码，ATO 灯亮后，司机确认，列车进入进路防护信号开放模式，以 ATO/SM 模式运行至车站。

6 列车运行调整

1）自动列车运行调整

在执行自动列车运行调整功能时，列车自动监控系统根据使用列车运行图，对早、晚点时间在一定范围内的图定列车自动进行列车运行调整。

自动列车运行调整通过控制列车的停站时间和列车的运行等级来实现。列车运行等级的自动降低或升高可实现列车运行速度的自动控制。列车运行等级的设置如下：

（1）运行等级 1。列车自动监控系统限速等于列车自动防护系统限速，列车在列车自动监控系统限速 ±2km/h 范围内调速。

（2）运行等级 2。列车自动监控系统限速等于列车自动防护系统限速，但经过惰行标志线圈后，在列车速度高于 30km/h 时，惰行进站停车；在列车速度低于 30km/h 时，提速至 30km/h 运行。

（3）运行等级 3。除列车自动防护系统限速为 20km/h 和 30km/h 外，列车自动监控系统限速等于 75% 的列车自动防护系统限速。例如，在列车自动防护系统限速为 65km/h 时，列车自动监控系统限速为 48km/h。

（4）运行等级 4。列车自动监控系统限速等于 65% 的列车自动防护系统限速。

针对列车运行偏离列车运行图的各种可能，列车自动监控系统设置了太早、很早、早点和太晚、很晚、晚点，以及最大、最小停站时间参数。表 6-2 为某城市地铁列车自动监控系统上述各参数的现行取值。系统计算列车实际到站时间与列车图定到站时间的差值，并将此差值与上述 8 种参数进行比较，根据比较结果确定列车运行调整方法。

列车运行调整比较参数取值　　　　表 6-2

参　　数	取值（s）	参　　数	取值（s）
太早	90	太晚	90
很早	60	很晚	60
早点	10	晚点	10
最大停站时间	60	最小停站时间	20

①在早于太早和晚于太晚时，系统不能进行列车运行调整。

②在早点与晚点之间时，系统不能进行列车运行调整。

③在太早与很早之间时，列车降低一个运行等级，调整列车停站时间。

④在很早与早点之间时，列车运行等级不变，调整列车停站时间，停站时间改为图定停站时间加上早点时间，但调整后的列车停站时间不大于列车最大停站时间。

⑤在晚点与很晚之间时，列车运行等级不变，调整列车停站时间，停站时间改为图定停站时间减去晚点时间，但调整后的列车停站时间不小于列车最小停站时间。

⑥在很晚与太晚之间时，列车升高一个运行等级，调整列车停站时间。

2）人工列车运行调整

凡列车早点早于太早、晚点晚于太晚或列车运行秩序较紊乱时，控制中心 ATS 可执行人工功能，由行车调度员进行人工列车运行调整。

在列车早点早于太早和晚点晚于太晚时，可在不退出自动功能情况下执行人工功能进行列车运行调整，此时，人工功能优先于自动功能。但执行人工功能时设定的列车停站时间和列车运行等级仅对经过指定车站的指定列车一次有效。当指定列车经过指定车站后，系统将自动恢复对经过该站的后续列车进行自动列车运行调整。

在列车运行秩序较紊乱时，应退出自动功能，进行人工列车运行调整，待列车运行基本恢复正常后，再进入列车运行调整的自动功能。人工列车运行调整的主要方法如下。

（1）列车跳站停车。列车跳站停车分为列车载客跳站停车和列车空驶跳站停车两种。客流较大的车站原则上不应组织列车跳停通过，仅在由于列车或其他设备故障、发生事故，车站因乘客滞留造成拥挤等原因引起列车运行秩序紊乱，以及特殊需要时，方准列车载客跳停通过。安排列车跳站停车时，应考虑跳站乘客是否有返回乘坐的列车，末班列车不办理列车载客跳停通过。为了缓解客流压力或因列车晚点影响后续列车运行时，准许始发列车空驶跳停，但不宜连续两个空驶列车跳停。组织列车跳站停车时，行车调度员要加强预见性和计划性，提前下达命令。司机和车站有关人员应对乘客做好宣传解释工作。车站应维持秩序，组织好乘客乘降，保证乘客安全。

列车跳站停车的设置可由行车调度员在工作站上进行，也可由行车调度员命令司机在当次列车上进行。前者称为中央设置，后者称为列车设置。

中央设置对允许跳停车站有所限制，并且不能设置同一列车在两个车站连续跳停；列车设置对允许跳停车站没有限制，并且具有连续设置跳停功能。

在行车组织上，为保证服务水平和行车安全，有以下规定：①一般情况下不采取列车跳站停车措施；②图定首、末班客运列车不办理列车跳站停车；③同一车站不允许连续两列车跳停通过；④除特殊情形外，客流较大车站不准列车跳停通过。

（2）扣车。当一条线路的列车由于故障及其他设备故障或某种原因不能正常运行，造成换乘站站台上乘客拥挤时，行车调度员应采取扣车措施，即将另一条线路的上下行列车扣在换乘站附近的各个车站，以缓解换乘站的压力。扣车时间一般应控制在 10min 内，如果堵塞线路的列车在短时间内不能恢复正常运行，可组织扣下的列车在换乘站通过。同时，行车调度员应发布畅通线路各站停售跨线票的命令。

行车调度员实施扣车应在列车到达指定站台停稳，并在发车表示器闪光前完成。如多列车分别在各站进行扣车时，行车调度员应及时命令司机在指定车站扣车。实施扣车后，如要终止列车停站，行车调度员应进行催发车。

（3）设置列车运行等级。除系统自动调整列车运行等级外，行车调度员还可人工设置列车运行等级，即由初始设定的运行等级2改设为其他运行等级。列车运行等级的设置可由行车调度员在工作站上进行，也可由行车调度员命令司机在当次列车上进行。行车调度员设置只对指定列车一次有效。

单元 6.3
调度集中控制下的行车组织

一　调度集中控制的类型与主要功能

调度集中是指挥列车运行的一种远程遥控设备。在调度集中时，自动闭塞为基本闭塞法。调度集中系统由调度集中总机、进路控制终端、显示盘与显示器、描绘仪、打印机和电气集中联锁设备等构成。

1　调度集中控制的类型

调度集中控制是指调度集中和行车指挥自动化时的两种情况。

（1）在调度集中情况下，由行车调度员通过进路控制终端控制管辖线路上的信号机、道岔，直接排列列车进路，办理列车接发作业。

（2）在行车指挥自动化情况下，控制中心ATS能根据当前使用列车运行图及列车运行实际情况，自动办理与实时控制车站上的列车接发作业，即自动完成与接发列车有关的列车进路排列和发车表示器显示控制。

因此，在上述两种情况下，车站的接发列车作业，实际上是由行车调度员集中办理或控制中心ATS自动完成，车站行车值班员通过行车控制台监视列车进路排列、信号显示和列车到发、通过情况及列车运行状态是否正常等。

2　调度集中的主要功能

（1）控制管辖范围内各车站的信号机、道岔及排列列车进路。

（2）显示各车站信号机开闭、进路占用和列车车次、列车运行状态等。

（3）自动绘制列车实际运行图。

二　调度集中时的列车运行组织

在调度集中情况下，由行车调度员人工排列列车进路，指挥列车运行以及进行列车运行调整。行车调度员通过进路控制终端键盘输入各种控制命令，控制管辖线路上的信号机、道岔以及排列列车进路；通过显示盘与显示器，准确掌握线路上列车运行和分布情况、区间和站内线路的占用情况，以及信号机的显示状态和道岔开通位置等。

在调度集中情况下，列车进入区间的行车凭证为出站信号机的绿灯显示。如出站信号机故障，凭行车调度员的命令发车。追踪运行列车间的安全间隔由自动闭塞设备实现。

1 列车运行调整

对始发列车，行车调度员应在列车出段、列车折返交路和客流情况等各方面进行具体掌握和组织，以确保列车正点始发。

在始发站列车正点始发的情况下，由于途中运缓、作业延误或设备故障等原因，难免出现列车运行晚点的情况。此时，行车调度员应根据列车运行的实际情况，以恢复正点和行车安全兼顾为原则，根据规定的列车等级进行运行调整，尽可能在最短时间内使晚点列车恢复正点运行。

列车的等级依次为专运列车、客运列车、调试列车、空驶列车和其他列车。在抢险救灾情况下，优先放行救援列车。对同一等级的客运列车，可根据列车的接续车次和载客人数等情况进行运行调整。列车运行调整的主要方法如下。

（1）始发站提前或推迟发出列车。

（2）根据车辆的技术状况、司机驾驶水平和线路允许速度，组织列车加速运行、恢复正点。

（3）组织车站快速作业，压缩列车停站时间。

（4）组织列车跳站停车。

（5）变更列车运行交路，组织列车在具备条件的中间站折返。

（6）组织列车反方向运行。在双线线路上，如一个方向列车密度较大，而另一个方向列车密度较小时，为了恢复正点运行，可利用有道岔车站的路线，将列车转到列车密度较小的线路上反方向运行。

（7）扣车。

（8）调整列车运行时间间隔。当换乘站由于客流骤增造成拥挤时，行车调度员可根据列车的运行情况，适当调整列车运行时间间隔，尽量避免各线列车同时到达换乘站。

（9）在环形线情况下，当一条线路运行秩序紊乱时，要尽力维持另一条线路列车的正常运行，并通知各站组织乘客乘坐畅通线路方向的列车。

（10）停运列车。行车调度员对列车运行调整方法的选择取决于列车运行的具体情况。而在实际工作中，往往又可以是几种列车运行调整方法综合运用。

2 列车折返作业

（1）行车调度员。行车调度员进行列车折返操作时人工排列进路或通过控制中心ATS自动排列进路的过程可参考模块4相关内容。

（2）司机（以站后无人折返为例）。折返时的作业主要是到达司机与折返司机进行交接，并组织列车进行折返。列车在折返站进行折返时，有人工折返和自动折返两种方式。

运营列车结束服务到达终点站停车标处，显示屏出现折返图标，AR 黄灯亮，列车停稳后左侧车门打开，按压 AR 按钮，确认显示屏上的折返图标由蓝色变为黄色背景，AR 黄灯灭。与折返司机交接完毕，根据站务人员的清客完毕手信号及进路防护信号机的开放信号，关闭列车车门；进入驾驶室本务司机关闭主控钥匙，锁好驾驶室侧门；本务司机锁闭驾驶室侧门，行至头端墙处，操作自动折返按钮，无人驾驶列车折返运行（DTRO），列车自动起动进入折返线，并自动折返到对面站台，完成无人折返作业。

单 元 6.4
调度监督下的行车组织

一 调度监督下半自动控制的列车运行组织

1 车站控制的类型

城市轨道交通系统装备了列车自动控制（ATC）系统，ATC 系统的 ATS 子系统能根据列车运行图自动排列进路、开放信号。当控制中心 ATS 系统故障时，可通过计算机联锁区域现场操作员工作站办理接发列车作业。车站控制是指调度监督和改用电话闭塞法时两种情况。

2 调度监督下的半自动控制功能

在控制中心行车调度员的统一指挥下，由车站行车值班员操作车站计算机联锁或电气集中联锁设备或临时信号设备控制列车运行。早期建成的城市轨道交通至今仍采用这种列车运行组织方式，一些新线由于信号系统尚未安装调试完毕，在过渡期也采取这种方式进行行车组织。调度监督下的半自动控制可实现以下功能。

（1）利用车站信号控制系统具有的联锁功能，车站行车值班员可对进路排列、道岔转换、信号开放实行人工操作。

（2）控制中心可实时反映进路占用、信号及道岔等的工作状态，对线路上的列车运行进行监护。

（3）控制中心可储存信号开放时刻、道岔动作、列车运行等各类运行资料，并可根据需要调用。

（4）车站可根据中央指令对列车运行进行调整。

（5）计算机自动绘制或人工绘制列车实际运行图。

二 调度监督时的列车运行组织

1 调度监督的主要功能

调度监督是一种行车调度员能监督现场设备和列车运行状态，但不能直接进行控制的远程监控设备。城市轨道交通系统采用调度监督组织指挥列车运行，通常是新线在信号系统尚未安装情况下，采用的过渡期调度指挥方式。为了实现调度监督，除控制中心的显示盘等设备外，须在车站安装出站信号机等临时信号联锁及闭塞设备（信联闭设备）。在调度监督时，双区间闭塞为基本闭塞法。双区间闭塞法即以两个站间区间为一个闭塞分区，如上海地铁采用的行车闭塞法有自动闭塞、半自动闭塞、双区间闭塞法等。

调度监督的主要功能如下。

（1）显示各车站出站信号机开闭、区间闭塞、列车运行状态，以及到站列车车次等。

（2）储存和打印列车运行时刻、出站信号机开放时刻等运行资料。

2 调度监督时的行车组织

在调度监督情况下，由车站行车值班员排列列车进路、开闭出站信号，行车调度员通过显示盘，监督线路上各车站信号机开闭显示、区间闭塞情况和列车运行状态，组织指挥列车运行。

双区间闭塞法行车时，列车占用区间的凭证为出站信号机的绿灯显示，凭助理行车值班员手信号发车。追踪运行列车间的安全间隔按双区间要求，由双区间闭塞设备实现。

在按双区间闭塞法行车时，列车正线运行限速为60km/h。列车接近车站时，司机应加强对接近车站的瞭望，控制进站速度，遇有险情应立即制动停车。列车进入通过式车站的限速为40km/h，列车进入尽头式车站的限速为30km/h。

在列车晚点或列车运行秩序紊乱时，行车调度员应及时进行列车运行调整，尽快恢复按图行车，列车运行调整方法可参见调度集中时的列车运行组织，此处不再赘述。需要注意的是，在调度监督时，列车一般不安排跳站停车，如因特殊情况需要跳站停车，应经公司主管领导同意，由行车调度员发布调度命令执行。在调度监督过程中，如发现车站行车值班员或列车司机有违章作业情况，行车调度员应及时下令纠正，确保行车安全。

3 接发列车作业

在调度监督情况下，由于行车调度员只能监督现场设备和列车运行状态，不能直接控制现场列车运行，因此调控权下放，由车站行车值班员运用车站信联闭设备办理接发列车作业。

车站行车值班员办理接发列车作业必须按规定的程序和要求进行。车站接发列车作业的内容与程序如下。

（1）准备进路。有道岔车站的列车接发车进路可根据行车调度员下达的列车运行计划预先办理。

（2）办理闭塞。发车站行车值班员用车站集中电话向接车站请求闭塞；接车站行车值班员接到请求闭塞电话后，确认前次列车已经到达前方站，确认接车区间空闲、接车进路畅通、有关道岔位置正确和确认影响接车进路的调车作业已经停止后，按压同意接车按钮。此时，接车站接车表示灯由黄灯显示变为灭灯。

（3）开放信号。发车站行车值班员再次确认发车进路正确无误后，按压发车信号按钮。此时，发车站出站信号机为绿灯显示，发车表示灯变为红灯显示；接车站接车表示灯变为红灯显示以及闭塞电铃鸣响。

（4）列车出发。列车发出后，发车站行车值班员拨起发车信号按钮，向接车站行车值班员和行车调度员报点，填写"行车日志"；接车站行车值班员接到报点后，填写"行车日志"。此时，发车站出站信号机变为红灯显示。

（5）列车到达。列车到达后，接车站行车值班员向发车站行车值班员和行车调度员报点，填写"行车日志"；发车站行车值班员接到报点后填写"行车日志"。此时，接车站列车到达表示灯为红灯显示以及闭塞电铃鸣响，接车表示灯为红黄灯显示；发车站发车表示灯为黄灯显示。

（6）取消闭塞。在发车站请求闭塞、接车站同意接车和发车站尚未开放出站信号时，如因故需要取消闭塞，由发车站行车值班员用车站集中电话向接车站行车值班员请求取消闭塞，接车站行车值班员接到请求取消闭塞电话后，破封登记，按压故障按钮。此时，发车站发车表示灯为黄灯显示；接车站接车表示灯为红黄灯显示。

（7）接送列车。列车在车站到发或通过时，助理行车值班员应按规章要求站在规定地点接送列车，密切注意列车运行状态及乘客乘降情况，发现有危及行车安全和乘客安全的情况，应立即采取有效措施妥善处理。

知识链接

接发列车作业

1. 电话闭塞法时的接发列车作业

改用电话闭塞法或恢复基本闭塞法行车，必须要有行车调度员的命令。在停止使用基本闭塞法，改用电话闭塞法行车时，调控权下放，实行车站控制，即由车站行车值班员办理接发列车作业。由于电话闭塞法行车时无设备控制，为了防止因工作人员疏忽向占用区间发车，造成同向列车尾追，要求车站行车值班员在接发列车作业过程中，严格按照规定的作业程序和要求进行，以确保接发列车作业安全和能按调整后的列车运行计划不间断地接发列车。

电话闭塞法接发列车作业是在集中站间办理电话闭塞或在相邻站间办理电话闭塞，其办法有所不同。

1）集中站间电话闭塞法行车时的接发列车作业程序与办法

（1）办理闭塞。电话闭塞在集中站间办理。由发车站向接车站请求闭塞，接车站在确认接车区间空闲、接车线路空闲，接车进路准备妥当后，向发车站发出承认某次列车闭塞的电话记录号码。

（2）发出列车。发车站接到接车站承认闭塞的电话记录号码后，向列车显示手信号发车。列车出发后，发车站向接车站通报列车车次、出发时分，并向行车调度员报点，填写"行车日志"。

（3）闭塞解除。列车整列到达并发出或进入折返线，以及接车进路准备妥当后，接车站通知发车站前次列车已经解除闭塞，并向行车调度员报点，填写"行车日志"。

（4）取消闭塞。闭塞办妥后，因故不能接车或发车时，立即发出停车手信号进行防护，由提出一方发出电话记录号码作为闭塞取消的依据。列车由区间退回发车站时，由发车站发出电话记录号码作为闭塞取消的依据。取消闭塞应及时向行车调度员报告。

（5）行车凭证。电话闭塞法行车时，列车占用区间的行车凭证是路票，凭助理值班员的手信号发车。发车手信号的显示方式是：昼间为展开的绿色信号旗上弧线向列车方向做圆形转动；夜间为绿色灯光上弧线向列车方向做圆形转动。

2）相邻站间电话闭塞法行车时的接发列车作业程序与办法

（1）办理闭塞。电话闭塞在相邻站间办理。由发车站向接车站请求闭塞，接车站在确认接车区间、接车线路空闲，接车进路准备妥当后，向发车站承认某次列车闭塞。

接车站向发车站承认闭塞，对最初列车、反方向运行列车，以及在车辆段与相邻站间运行列车应发出承认闭塞的电话记录号码；对其余列车则可用电话闭塞解除法来承认闭塞。

所谓电话闭塞解除法，是指接车站在前次列车已经由本站发出或进入折返线，接车进路已经准备妥当后，用车站集中电话通知发车站前次列车闭塞解除，以此作为对后次列车闭塞的承认。

（2）发出列车。发车站接到接车站承认闭塞的电话记录号码或电话通知后，列车凭出站信号机的绿灯显示发车。如出站信号机故障，以绿色许可证作为列车占用区间的行车凭证，向列车显示手信号发车。开放出站信号，应在确认接车站承认闭塞和发车进路正确无误后进行。

列车出发后，发车站关闭出站信号机，向接车站行车值班员和行车调度员报点，填写"行车日志"。

（3）闭塞解除。列车整列到达并发出或进入折返线，以及接车进路准备妥当后，接车站通知发车站前次列车闭塞解除，并向行车调度员报点，填写"行车日志"。

（4）取消闭塞。闭塞办妥后，因故不能接车或发车时，立即发出停车手信号进行防护，由提出一方发出电话记录号码作为闭塞取消的依据；如列车已经发出，但接车站因故无法接车，应派专人到进站方向站界附近，向驶近列车显示停车信号。取消闭塞应及时向行车调度员报告。

（5）行车凭证。电话闭塞法行车时，如是反方向运行，列车占用区间的行车凭证是路票；在出站信号机故障时，列车占用区间的行车凭证是绿色许可证，凭助理行车值班员的手信号发车。

行车凭证由车站行车值班员负责填发，助理行车值班员负责与司机办理交接。

行车凭证在取得接车站承认闭塞，并确认闭塞区间空闲后方可填发。行车凭证填写，要求内容完整、字迹清楚，出现填写错误时，应重新填写。行车凭证在车站行车值班员确认无误并签名后，方可递交司机。

3）电话闭塞的作业程序

电话闭塞的作业程序见表6-3、表6-4。

车站发车作业程序 表6-3

程　序	值班站长	值班员（站务员）
	作业标准	
一、请求闭塞	1. 根据"行车日志"确认区间线路空闲	—
	2. 向车站请求闭塞"××次闭塞"	—
二、准备发车进路	3. 布置值班员："准备××次发车进路"	4. 复诵"准备××次发车进路"
	5. 听取汇报，复诵"××次××道发车进路好了，线路出清"	6. 将进路上的道岔及防护道岔开通正确位置并加锁。经确认正确后，向值班站长报告"××次××道发车进路好了，线路出清"
三、办理闭塞	7. 复诵接车站发出的电话记录"电话记录××号，××分同意××次闭塞"	—
	8. 填写"行车日志"，对照"行车日志"填写路票	—
四、列车出发	9. 向值班员交付路票并共同核对	10. 接收路票并检查核对
	11. 指示值班员发车	
	12. 列车出发后，向接车站行车调度员报点，"××次××分开"	13. 征得值班站长指示发车的同意后，向司机递交路票，显示发车信号
	14. 复诵车站列车到达时刻及号码"电话记录××号××次××点××分到"，填写"行车日志"，确认区间开通	—

车站接车作业程序   表6-4

程　序	值班站长（值班员）	值班员（站务员）
	作业程序及用语	
一、听取闭塞预报	1. 听取车站闭塞请求，复诵××次闭塞	—
	2. 根据"行车日志"和LOW确认区间空闲	—
	3. 布置值班员（站务员）："检查××道，准备××次接车进路"	—
二、检查及准备进路	—	4. 检查线路空闲，将进路上的道岔及防护道岔开通正确位置并加锁。经确认正确，向值班站长报告"××次××道接车进路好了，线路出清"
	5. 听取汇报后，复诵"××次××道接车进路好了，线路出清"	—
三、承认闭塞	6. 承认闭塞"电话记录××号××点××分同意××次闭塞"	—
	7. 填写"行车日志"，准备接车	—
四、引导接车	8. 听取发车站发车通知，填写"行车日志"	—
	9. 布置值班员："××次开过来，引导接车"	10. 复诵"××次开过来，引导接车"
	—	11. 显示引导信号，监视列车进站停车，收回路票打"×"作废
五、开通区间	12. 填写"行车日志"，报发车站"电话记录××号××次××点××分到"。向行车调度员报点	13. 向值班站长交回路票
	14. 收回路票	—

2. 时间间隔法时的接发列车作业

当车站的一切电话中断时，为维持列车运行，双线区间可改用时间间隔法行车。此时，由车站行车值班员具体组织和办理接发列车作业。由于与行车调度员和邻站行车值班员均无法联系，为了安全、不间断地接发列车，车站须按照特定的行车组织办法进行列车接发作业。

（1）出站信号机或发车表示器置于停车信号显示，中间站道岔一律置于正线列车运行位置。

（2）停止办理一切妨碍正线列车运行的调车作业。

（3）列车进入区间的行车凭证是红色许可证，助理行车值班员手信号发车。

（4）列车发车间隔和列车运行速度应符合有关规定。

（5）通信设备恢复正常后，立刻向行车调度员报告列车运行情况，并根据调度命令恢复原行车闭塞法。

3. 列车自动监控系统控制下列车运行采用列车自动驾驶模式的行车组织办法

1）基本模式

（1）进路控制模式。由列车自动监控系统控制，方式为控制中心自动控制。

（2）列车运行模式。采用列车自动驾驶模式行车。

（3）列车运行控制。采用时刻表控制。

2）行车作业

（1）出/入段/场作业。列车驶入转换轨后，司机将驾驶模式转换为列车自动驾驶系统模式，与行车调度员进行通信测试，同时核对计划的直接向内拨号；列车在回段/场，已驶离转换轨（转换轨上无列车占用）时，行车调度员核对行车计划确认为回段/场列车，在调度终端中删除该列车的车次。

（2）控制中心作业。行车调度员于每日首班列车在段/场转换轨发车前30min，将当日的时刻表由列车自动监控系统（ATS）调出，确认信号控制权在中心，并进行道岔测试；行车调度员通过调度终端或大屏幕，监控列车的运行情况。

（3）车站作业。车站督导员通过SCC监察列车的运行情况，发现问题立即报告行车调度员；接发车作业时站台站务员在距紧急停车按钮（发车方向第一个）2~3m附近的黄色安全线处接发列车，观察路轨及接触网情况。

4. 列车自动监控系统控制下列车运行采用列车自动防护系统监督下的人工驾驶模式行车组织办法

1）基本模式

（1）进路控制模式。由列车自动监控系统控制，方式为控制中心自动控制。

（2）列车运行模式。采用列车自动防护监督下的人工驾驶模式行车（简称ATP模式）。

（3）列车运行控制。采用时刻表控制行车作业。

2）出段/场作业

（1）按运行图规定或行车调度员的调度命令，采用列车自动防护系统监督下的人工驾驶模式出段/场，当列车驶入转换轨后，司机确认驾驶模式为列车自动防护系统驾驶模式，与行车调度员进行通信测试，收到DID号后，核对DID号与计划是否相符。

（2）列车在回段/场，已驶离转换轨（转换轨上无列车占用）时，行车调度员核对行车计划，确认为回段/场列车，在调度终端中删除该列车的车次。

3）车站作业

（1）遵照列车自动驾驶系统模式下的正常作业程序执行。

（2）车站督导员应密切监视SCC，发现异常情况立即报告行车调度员。

4）控制中心作业

（1）遵照列车自动驾驶系统模式下的正常作业程序执行。

（2）列车按照运行图进行驾驶模式的转换后，与司机核对车次及DID号。

复习与思考

1. 列车驾驶模式有哪些？其分别有哪些特征？如何运用？

2. 调度集中和调度监督的功能是什么？

3. 调度集中时，如何进行列车运行组织？如何进行运行调整？

4. 什么情况下车站需要进行接发列车作业？城市轨道交通车站接发列车作业环节有哪些？

5. 行车组织的原则有哪些？

6. 调度监督时，如何进行列车运行组织？

7. 如何进行时间间隔法时的接发列车作业？

实训

请完成模块6　实训工单——行车指挥自动化时的列车运行组织，见227页。

模块 7

非正常情况下的行车组织

学习目标

1. 掌握 ATC 设备故障时的列车运行组织；
2. 掌握车站联锁设备故障时的行车组织；
3. 掌握特殊情况下的行车组织。

建议学时

16 学时

单元 7.1

列车自动控制设备故障时的行车组织

城市轨道交通列车自动控制（ATC）是一套列车运行自动控制系统，是城市轨道交通指挥调度实现自动化、现代化和信息化的基础，主要包括 3 个子系统：列车自动监控系统（ATS）、列车自动防护系统（ATP）、列车自动驾驶系统（ATO）。其中，从安全性角度讲，ATS 和 ATO 两个子系统属于非安全性系统，ATP 属于安全性子系统。

一 ATS 故障时的行车组织

（1）正常情况下，城市轨道交通列车运行实行中央控制，由控制中心（OCC）行车调度员通过列车自动监控系统监控全线列车运行；当列车自动监控系统运行出现故障时（如列车自动监控系统工作站无显示），控制中心行车调度员应通过专用调度电话授权给联锁车站行车值班员，转换列车运行控制模式，实行临时性的站控，通知有关车站通过计算机联锁区域现场操作员工作站（LOW）监控列车运行状态，发现问题及时上报控制中心行车调度员。

（2）联锁站行车值班员确认计算机联锁区域现场操作员工作站上的远程终端单元（RTU）降级模式是否激活。

①当计算机联锁区域现场操作员工作站上的远程终端单元降级模式激活时，保持原状态。

②若计算机联锁区域现场操作员工作站上的远程终端单元降级模式未激活时，各计算机联锁区域现场操作员工作站应在确认列车进站停稳后，人工在计算机联锁区域现场操作员工作站上取消运营停车点。

③当列车折返或出入车辆段时，联锁区的远程终端单元降级模式未激活时，应在计算机联锁区域现场操作员工作站上设置有关列车进路。

（3）当列车自动监控系统设备故障时，行车调度员通知司机在列车身份识别（PTI）系统显示屏终端上输入当时车次号，到转换驾驶台换向运行时，输入新的列车识别号（目的地码和车次号），直至行车调度员通知停止输入为止。

（4）报点车站向行车调度员报告各次列车的到发点及停站时分，至行车调度员收回控制权时止。

（5）行车调度员通过人工铺画列车运行图，掌握全线列车运行情况及列车具体位置，至列车自动监控系统设备恢复正常，收回控制权时止。

（6）当车站在计算机联锁区域现场操作员工作站上取消不了运营停车点时，应立即报告行车调度员，由行车调度员通知司机，用受限制的人工驾驶模式（RM）驾驶列车出站，直至转换为列车自动驾驶模式。

当车站取消运营停车点而列车目标速度仍为零，且这一情况超过30s时，司机应及时报告行车调度员，由行车调度员指示司机开车。列车自动驾驶系统恢复正常时，应向行车调度员报告。

（7）当列车自动监控系统的自动排列进路或联锁系统的追踪进路不能自动排列时，应由人工介入，在人机界面上或在计算机联锁区域现场操作员工作站上人工排列进路。列车自动监控系统工作站站场图主界面显示如图7-1、图7-2所示。

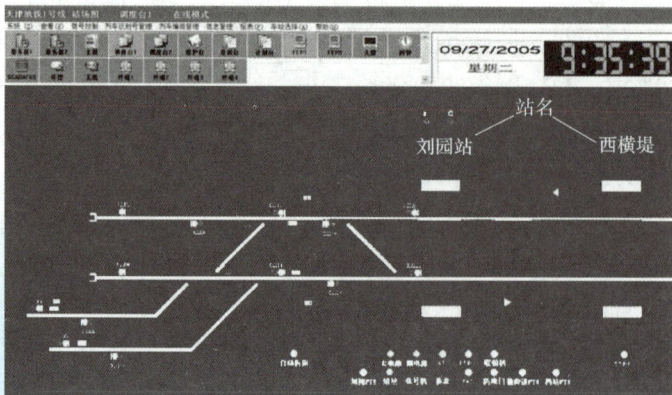

图7-1 列车自动监控系统工作站站场图主界面显示（一）

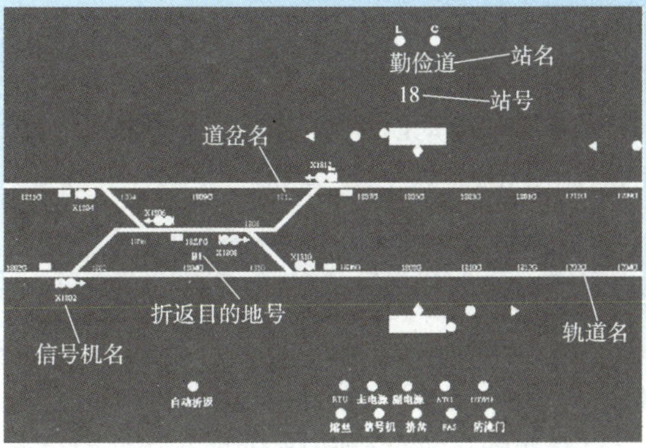

图7-2　列车自动监控系统工作站站场图主界面显示（二）

议一议

在列车自动监控系统故障（工作站无显示）时，控制中心行车调度员为什么要人工铺画列车运行图？

二　列车自动防护系统故障时的行车组织

（1）列车在区间运行发生紧急制动，若司机明确发生紧急制动的原因时，在确认前方列车进路安全的情况下，首先转换为 RM 模式（限速 25km/h 运行）驾驶运行，再向行车调度员报告；当 RM 模式运行未能在规定的范围内恢复列车自动防护系统监控下的人工驾驶模式或列车自动驾驶模式时，应继续以 RM 模式运行到前方车站。

若不明确列车发生紧急制动的原因，司机应立即向行车调度员报告，按行车调度员指示要求执行。

（2）当列车自动防护系统轨旁设备发生故障，行车调度员通知有关司机以 RM 模式驾驶运行。出清故障区段经过两个轨道电路还未恢复列车自动驾驶模式时，司机报告行车调度员。行车调度员指示司机以 RM 模式驾驶至前方车站或终点站。

当列车自动防护系统轨旁设备发生故障且影响范围较大时，由控制中心值班主任决定该区段是否采用不受限制的人工驾驶模式（URM）驾驶或自动站间闭塞模式。

（3）当列车自动防护系统车载设备故障时，行车调度员命令司机以 URM 模式驾驶列车至前方终点站（根据情况可在中间有存车线的车站退出运行）退出服务。列车以 URM 模式运行时，行车调度员应通知车站监控员协助司机瞭望、监控速度表，提醒司机控制速度，必要时立即按压紧急停车按钮。当列车在区间内无法让监控员上车时，可限速 40km/h 运行至前方站，监控员上车后按 URM 模式规定速度运行。

（4）行车调度员应随时注意列车自动防护系统车载设备故障的列车运行情况，确保列车间的最小行车间隔在一站两区间以上。

（5）列车在运行中，因道岔显示故障造成紧急制动（停在岔区）时，车站报告行车调度员、设备维修调度员，行车调度员通知司机限速 15km/h 离开岔区后，及时安排人员带钩锁器到现场将道岔锁定。

（6）列车在站台收不到列车自动防护系统码时，司机报告行车调度员，在得到行车调度员同意后，方可使用 RM 模式动车。

三 列车自动驾驶系统故障时的行车组织

（1）列车自动驾驶系统故障时，司机立即报行车调度员，经行车调度员同意后，切换相应的列车运行降级模式（列车自动防护系统监控下的人工驾驶模式）运行。

（2）若有备用车，行车调度员则安排故障列车运行至终点站退出运营服务，备用车替换运行。

议一议

列车在区间运行发生紧急制动，若司机明确发生紧急制动的原因时，应该怎么做？

单元 7.2
车站联锁设备故障时的行车组织

一 联锁设备出现异常时的处理

1 联锁死机（显示正常，但不能操作）

（1）报告行车调度员和信号维修人员。

（2）行车值班员对联锁主机电源复位，同时行车调度员接收该联锁区的控制权，在人机界面上监控。

（3）如复位故障不能恢复，且人机界面不能监控，报告行车调度员，行车调度员通知有关信号人员组织抢修。

2 联锁工作站全部灰显

（1）报告行车调度员和信号维修人员。

（2）行车调度员接收该联锁区的控制权，在人机界面上监控。

（3）如果人机界面不能监控，报告行车调度员，行车调度员通知有关信号人员组织抢修。

二　电话闭塞法时的接发列车

（1）车站原则上不办理接发列车作业，在电话闭塞组织行车时须接发列车。车站接发列车人员应严格执行接发列车作业程序，手信号的显示地点应便于司机瞭望与确认。

（2）当列车进站时，站台岗人员应于站台楼梯口靠近紧急停车按钮附近立岗，随时注意站台乘客动态，维护站台秩序，监督司机按规范动作关门，发现危及人身安全的紧急情况时，及时按压紧急停车按钮或显示停车信号。

（3）终点站站台人员清客完毕后，应及时显示"好了"信号以通知司机。

（4）电话闭塞组织行车时，接发列车的规定如下。

①按照列车运行图及行车调度员命令，做好接车工作。

②接发列车时，显示手信号的时机：

a. 接车时，在看见列车头部灯时开始显示。

b. 通过列车，应待列车头部越过信号显示地点后方可收回。

c. 停站列车，应待列车停车后方可收回。

d. 发车信号，必须在司机动车或鸣笛回示后方可收回。

e. 引导信号，应待列车头部越过信号显示地点后方可收回。

三　轨道电路故障时的行车组织

（1）站内轨道电路故障时，列车收不到速度码，司机转换 RM 模式，车站行车值班员采用引导方式接发列车。

（2）区间轨道电路故障时，列车可在故障区段前停车，经司机与行车调度员确认后，转换成限速人工驾驶模式后继续行车，在列车越过故障区段后再转换为列车自动防护系统监控下的人工驾驶模式或列车自动驾驶模式运行。

（3）在多个区间轨道电路故障时，改变行车闭塞方式，启用自动站间闭塞法或电话联系法组织行车，列车采用人工驾驶模式。

单 元 7.3
特殊情况下的行车组织

一　扣车规定

（1）当行车调度员需要扣停列车时，在人机界面上操作，并通知司机，或通知车站进行操作。

（2）当车站需要扣车时，由车站值班站长（值班员）在信号单元控制台上操作，并及时通知司机及行车调度员扣车，紧急情况下按压紧急停车按钮。

（3）扣车原则上是"谁扣谁放"，只有在列车自动监控系统故障时，对原人机界面扣停的列车，经行车调度员授权后由有关车站放行。

（4）如取消扣车作业时，行车调度员或车站行车值班员应确认列车已停稳后方可操作。

二 列车反方向运行

（1）在没有列车自动防护系统保护的情况下，除降级运营时，组织单线双方向运行或开行救援列车外，载客列车原则上不能反方向运行。

（2）在列车自动防护系统正常使用时：

①列车反向运行在各站不能通过和自动停车，没有跳停功能，停站时刻由司机掌握。

②列车须反向运行时，在人机界面（计算机联锁区域现场操作员工作站）上排列进路，列车根据列车自动防护系统允许速度以列车自动驾驶或受监控的人工驾驶模式运行。

（3）列车自动防护系统轨旁设备故障时，行车调度员通知司机以 RM 模式运行。

（4）工程车须在明确行车计划和进路排列好的情况下，方可反方向运行。

三 列车退行

（1）列车因故在站间停车需要退行时，司机必须及时报告行车调度员，在得到行车调度员的命令后，方可退行。行车调度员应及时通知有关车站。

（2）列车退行进入车站时，车站接车人员应于进站站台端处显示引导信号，列车在进站站台端外必须一度停车，确认引导信号正确方可进站（后端推进退回车站难以确认时，车站应做好站台防护工作）。

（3）退行列车到达车站后，司机应及时向行车调度员报告，同时根据行车调度员的命令处理。

四 列车推进运行

（1）列车推进运行，必须得到行车调度员的调度命令，应有引导员在列车头部引导。

（2）因天气影响，难以辨认信号时，禁止列车推进运行。

（3）在3%及以上的下坡道推进运行时，禁止在该坡道上停车作业，并注意列车的运行安全。

五　恶劣天气时的行车组织

（1）在恶劣天气条件下的行车组织，以确保行车安全为原则，采取降低运行速度、严格控制一个站间区间只准同方向一列车占用的办法组织行车。

（2）当遭遇恶劣天气影响运营时，车站（高架及地面）应做到以下几点。

①各岗位要按照分工，加强对各自负责区域的检查和巡视，发现危及运营安全情况时，立即向运营控制中心（OCC）行车调度员、设备维修调度员汇报。

②车站值班站长要立即赶赴现场了解情况，并组织人员、物资进行先期处理。

（3）遇恶劣天气影响司机瞭望或危及运营安全时，司机立即向行车调度员汇报。特殊地段（出入基地、进站、曲间弯道）操纵列车，应采取减速运行、加强瞭望等安全措施，确保列车运营正常。

（4）运营控制中心根据气象预报的预警信息，立即向运营公司领导和有关部门、中心通报，当大雾、暴风、雨、雪、严寒等恶劣天气来临时，提供不同等级的预警、预报。

（5）运营控制中心根据各类天气的影响程度和相应级别向运营公司领导报告，经同意后，指挥机构和现场处置机构自然成立。

（6）运营控制中心对现场恶劣天气条件下的防范措施进行检查、指导，及时向车站发布运营信息。

（7）运营控制中心执行指挥机构指令，对不具备安全运营条件的车站下达关闭命令，启动公交接驳方案。

（8）运营控制中心组织具备运行条件的区段维持运营。

复习与思考

一、填空题

1. 列车自动监控系统设备故障时，行车调度员通知司机在列车身份识别系统显示屏上输入当时＿＿＿＿＿＿，到转换驾驶台换向运行时，输入新的＿＿＿＿＿＿＿＿＿，直至行车调度员通知停止输入为止。

2. 列车在运行中，因道岔显示故障造成紧急制动（停在岔区）时，车站报告行车调度员、设备维修调度员，行车调度员通知司机限速＿＿＿＿＿＿ km/h 离开岔区后，及时安排人员带钩锁器到现场将道岔锁定。

3. 扣车原则上是＿＿＿＿＿＿，只有在列车自动监控系统故障时，对原人机界面扣停的列车，经行车调度员授权后由有关车站放行。

4. 在恶劣天气条件下的行车组织，以＿＿＿＿＿＿为原则，采取降低运行速度、严格＿＿＿＿＿＿＿＿＿的办法组织行车。

二、简答题

1. 列车推进运行时，应注意哪些事项？

2. 电话闭塞组织行车情况下，接发列车时，显示手信号的时机是什么？

实训

请完成模块7　实训工单——ATC 设备故障时的行车组织，见 229 页。

救援列车与工程车的开行

1. 了解救援列车的开行程序；
2. 了解工程车的开行相关规定。

建议学时

6 学时

单 元 8.1

救援列车的开行

一 救援列车请求与派遣的注意事项

（1）列车的故障在规定时间内未能排除，且不能动车时，司机及时报告行车调度员，由运营控制中心值班主任确定处理办法，当决定救援时，司机做好救援的防护连挂工作。

（2）正线发生列车故障需救援时，行车调度员及时通知有关换乘点的司机，事后应通报派班员。需车辆段出车时，应及时通知信号楼，由信号楼负责车辆段内的组织安排。

（3）请求救援列车需要疏散乘客时，行车调度员发出口头命令通知司机和有关车站，要做好乘客疏散及救援工作。司机除引导乘客下车外，还必须做好列车的防护及协助救援工作。

二 救援有关规定（相关教学资源见二维码 14）

（1）行车调度员决定救援或接到司机的救援请求后，向有关车站、司机（维修调度员、运转派班员）发布开行救援列车的命令，及时组织备用车上线。采用无列车自动防护系统保护的列车救援或由于挤岔、脱轨、线路故障等原因可能会影响救援时，必须发布封锁线路的命令。

二维码14
列车救援组织

（2）已申请救援的列车严禁动车，司机应做好防护及救援准备工作。

（3）原则上救援列车空车前往救援。救援列车司机在接到救援命令，清客广播两次后，可关闭客室照明，2min 内未能清客完毕，带客前往救援。列车到达存车线车辆段前，安排车站、公安配合，再次清客。

（4）救援列车应距被救援车 20m 外停车，以 5km/h 速度在接近故障车 3m 处一度停车，听候救援负责人（被救援列车司机）的指挥连挂。故障车在连挂之前可继续排除故障，但不能动车，如故障排除则报告行车调度员解除救援。

（5）向封锁线路发出救援列车时，不办理行车闭塞手续，以行车调度员命令作为进入该封锁线路的许可。

（6）在未接到开通封锁线路的调度命令前，不得将救援列车以外的其他列车开往该线路。

▶ 三 救援列车开行程序

救援列车的基本任务是及时抢救灾害，排除线路故障，迅速恢复正常运行秩序。为达到上述目的开行的列车或轨道车等，都是救援列车。

1）救援列车的请求与派遣

列车在区间被迫停车，不能继续运行时，司机要立即向运营控制中心行车调度员报告。征得运营控制中心行车调度员同意后，司机应及时判明故障部位，并确定是否能自己处理。如果列车的故障在规定时间内未能排除，且不能动车时，司机要立即使用无线电话向运营控制中心行车调度员申请救援，不得动车，并做好防护。

行车调度员接到司机的救援请求决定救援后，使用无线调度电话向有关车站、司机［车辆段控制中心（DCC）、运转值班员］发布开行救援列车的调度命令，及时组织备用车上线；也可以采用正线上运行的列车就近安排，担当救援任务。调度命令内容包括清客地点（救援列车担当救援任务时须清客）、救援任务（连挂地点、运行进路、被救援列车清客地点）、救援列车车次及注意事项等。

2）救援故障列车前的准备工作

救援列车可采用正向牵引、推进运行的方式进行救援。

（1）清客。救援列车必须在就近站台进行清客作业，故障列车停在站台或部分已进入站台，必须进行清客作业。

（2）建立无线通信。救援列车、故障列车与行车调度员之间建立无线通信，进行通话测试。

（3）选择驾驶模式。如果使用正向牵引方式，完成清客作业后，司机应前往另一端的驾驶室，得到行车调度员授权后，选用 RM 模式前往故障列车现场，并在故障列车前不少于规定距离外停车，然后以调车方法与故障列车进行连挂。如果使用推进运行方式，完成清客作业后，司机应选用 RM 模式前往故障列车现场；接近故障列车时必须得到行车调度员授权，选用 RM 模式并停在故障列车前不少于规定距离处，然后进行挂接。

3）救援列车与故障列车进行连挂作业

救援过程中，列车连挂由车站行车值班员现场指挥，行车调度员须通过 ATS 监视列车当前状况。

（1）救援列车司机必须确定故障列车已将故障排除，方可进行连挂作业。

（2）完成挂接后，救援列车、故障列车司机必须进行制动系统测试。

（3）得到行车调度员授权后，救援列车司机可使用以下驾驶模式及指定速度将故障列车驶离正线：

①使用正向牵引方式。救援列车司机可使用 RM 模式以不高于指定速度驾驶列车。

②使用推进运行方式。救援列车司机可使用 URM 模式以不高于指定速度驾驶列车，在途中必须依据故障列车司机指示驾驶，如在规定时间（如 5s）内得不到故障列车司机指示，救援列车司机必须停车。

单 元 8.2
工程车的开行

▶ 一　施工计划分类

凡需进入轨行区，影响列车运行或对车站客运服务带来较大影响的施工作业，须有施工计划的批准方可安排施工。

施工计划按时间划分为周计划、日补充计划和临时补修计划。

（1）周计划在施工部门提交"周施工计划申报单"的基础上，由施工管理部门组织召开计划审批会议后，编成《施工行车通告》下达。

（2）日补充计划由施工部门向施工管理部门提报，由施工管理部门审核、协调计划必要性后，经运营控制中心审核后下达执行。

（3）临时补修计划由施工部门向 OCC 提报，由值班主任审核、协调计划必要性后下达执行。

运营控制中心根据施工作业计划签发《施工作业令》，施工人员凭《施工作业令》到车站或信号楼办理施工登记，车站、信号楼按有关规定办理施工手续。

运营时间内的临时抢修作业由运营控制中心负责安排。非运营时间的施工，因抢修需要的临时补修计划有优先权，运营控制中心在组织实施施工计划时有调整权。

二 工程车的开行相关规定

（1）工程车开行依据及工程车开行指挥的规定可参考模块3的单元3.2。

在正常情况下，工程车在正线运行时，应按闭塞方式组织运行，凭地面信号及调度命令行车。一个联锁区同一线路，原则上只准有一列工程车运行，工程车之间至少应保证一个区间的间隔。同一联锁区必须开行多辆工程车或间隔不能满足时，应由值班主任同意。工程车在区间、非联锁站及无信号机的车站作业后折返时，凭调度命令行车。

在特殊情况下，可根据运营控制中心行车调度员的调度命令，采用封锁区间运行的方法，但必须符合下列要求。

①封锁区间的所有道岔均应保持锁闭，开通列车运行方向。

②封锁区间内无其他施工、维修作业。

③列车不准越出封锁区间范围运行。

④列车必须按规定的时间离开封锁区间。

⑤封锁区间两端必须按规定设置防护设施。

工程车在有道岔车站进行转线调车作业时，司机应在道岔区段防护信号机前规定的位置停车，使用无线手持电台向车站行车值班员报告说明车辆现在的位置、去向和行车有关的作业，车站行车值班员接到司机的行车报告后，检查线路，办理有关的进路，开放信号，司机按照相应的显示信号并确认道岔位置（道岔处于定位或反位）正确后，进行转线调车作业。

在道岔区段防护信号出现故障时，工程车进入线路道岔区段，车站行车值班员必须将线路上的道岔按工程车运行方向在 ATS 单元控制台（或鼠标控制台）上进行锁闭，司机按车站行车值班员引导手信号进行有关的作业。

工程车司机应注意工程车停车位置，尽量使工程车停在平直长坡道上；不能停在平直长坡道上的工程车，应注意做好防溜措施，必须在车辆两端放置防溜设施，防止车辆溜放。

工程车司机应在出车前对车辆（含轨道平板车）的走行部位、连挂装置和制动装置进行性能检查，确认状态良好、合格后方能使用。在行车中，工程车司机应注意观察车辆的状态，确保施工作业过程中工程车的安全运行。

（2）工程车可以牵引运行，也可推进运行，各站按正常列车办理。

（3）工程车中，车辆编挂作业由车长负责检查。工程车装载货物高度超过距轨面3800mm 的要求时，接触网必须停电。

（4）工程车进出正线的规定如下。

①工程车必须在本线路最后一列列车之后运行，并保持数个（一般情况下为 4 个站间距）站间区间的间隔，以保证运行安全。

②工程车必须在正线第一列列车运营前 60min 出清正线。

③工程车在车站始发或停车后再开时，司机要确认地面信号或按行车调度员的命令行车。

④工程车在运行中，车站原则上不用接发列车，司机、车长通过电台加强与车站的联系，掌握运行计划，确认运行进路。开行超长、超限、集重货物的工程列车时，车站必须派人在站台监督列车运行，发现危及人身安全的紧急情况时，应及时显示停车信号并报告行车调度员。

⑤工程车到达指定的施工作业区域后，行车调度员应根据施工计划及时发布书面命令封锁该作业区，并布置有关防护措施。待施工结束后，再开通有关线路，安排工程车回车辆段。

⑥工程车编挂有平板车时，因施工或装卸货物的需要，可以在中途站甩下作业，但要做好安全防护及防溜安全措施，返回时要挂走。平板车在区间内，原则上不准甩下作业。工程车在有坡度的线路上施工停靠时，不得进行分解、连挂等一系列作业。

⑦工程车司机应随时注意出车前、行车过程中的车辆运行状态，发现问题及时报运营控制中心行车调度员。

⑧工程车载有工具、物品和空载运行时，都不得侵入行车限界。工程车载有工具、物品时，应安放稳固，必须有防范工程车工具和物品在行驶过程中滑落的安全措施。工程车在区间装卸工具、物品时，施工负责人应指挥工程车停于指定的规定位置，不得随意停放，要确保工具、物品装卸的安全。

⑨工程车在线路上行驶时，工程车司机应注意瞭望前方线路情况，防止有施工工具、材料、物品和施工人员突然侵入行车限界，并注意前方道岔开行方向是否正确。在线路行驶过程中，工程车要平稳走行，不得急停急动。

⑩内燃机车在连挂轨道平板车时，轨道平板车不允许载人。工程车在运行过程中，车上人员应按有关规定站好，不得妨碍司机的瞭望视野。

⑪工程车在线路上临时停放时，必须放置防滑、防溜装置，车辆两端要放置警示标志。

⑫遇有线路、道岔等行车设备检修完工后，按规程规定使用工程车配合试运转作业时，要由施工负责人和专业工程技术人员在现场负责技术问题，由施工负责人指挥工程车运行。

⑬工程车司机必须掌握好工程车运行速度，按规定速度操作运行。工程车运行速度见表 8-1。

工程车运行速度　　　　　　　　　　表 8-1

序号	项目	机　型	速度（km/h）	说　明
1		内燃机车	45	
2		接触网检修作业车 接触网架线作业车	50	
3	正线	网轨检测车	70	通过车站40km/h，车辆段25km/h
4		磨轨车	60	
5		平板车	45	

议一议

1. 遇到哪些情况时，行车调度员需提前通知车站接发工程车？
2. 在正常情况下，工程车在正线运行时，凭什么方式行车？

复习与思考

一、填空题

1. 救援列车应距被救援车_____ m 外停车，以_____速度接近故障车_____ m 处一度停车，听候救援负责人（被救援列车司机）的指挥连挂。故障车在连挂之前可继续排除故障，但不能动车，如故障排除则报告行车调度员解除救援。

2. 工程车在正线运行时，凭_____及_____行车。一个联锁区同一线路，原则上只准有_____列工程车运行，工程车之间至少应保证_____区间的间隔。同一联锁区必须开行多辆工程车或间隔不能满足时，应由_____同意。工程车在区间、非联锁站及无信号机的车站作业后折返时，凭调度命令行车。

二、简答题

在正线运行时，内燃机车、接触网检修作业车、磨轨车允许运行速度分别为多少？

模块 9

列车开行计划与运输能力

学习目标

1. 了解列车开行计划相关知识；
2. 掌握列车运用计划的内容；
3. 理解列车运输能力的概念及其计算方法；
4. 熟悉提高运输能力的措施。

建议学时

6 学时

列车开行计划是城市轨道交通系统日常运输组织的基础。列车开行计划编制的基础是客流、技术设备及其能力等，其内容除了全日行车计划外，还包括列车运行交路、列车停站设计和列车运用计划等。

单元 9.1

列车开行计划

一 全日行车计划

全日行车计划是营业时间内，各个小时开行的列车对数计划，它规定了城市轨道交通线路的日常运输任务，是编制列车运行图、计算运输工作量和确定列车运用的基础资料。

全日行车计划编制的基础是客流计划。客流是指在单位时间内，城市轨道交通线路上乘客流动人数和流动方向的总和。客流的概念既表明了乘客在空间上的位移及其数量，又强调了这种位移带有方向性和具有起讫位置。客流可以是预测客流，也可以是实际客流。在建成新线投入运营的情况下，客流计划根据客流预测资料进行编制；在现有运营线路的情况下，客流计划根据客流统计资料和客流调查资料进行编制。

客流计划以站间到发客流量数据作为原始资料，通过计算得到各站方向的上下车人数和全日分时最大断面客流量等客流数据。在客流计划编制过程中，高峰小时的断面客流量可以通过高峰小时站间到发客流数据来计算，也可以通过全日站间到发客流量数据来估算。在用全日站间到发客流数据时，在求出全日断面客流量数据后，高峰小时的断面客流量按占全日断面客流量的一定比例来估算，比例系数的取值可通过客流调查来确定。

1 全日行车计划编制资料

（1）营业时间。城市轨道交通系统营业时间的安排主要考虑了两个因素：一是方便乘客，满足城市生活的需要，即考虑城市居民出行活动的特点；二是满足城市轨道交通系统各项设备检修养护的需要。有关资料统计，世界上大多数城市的轨道交通系统营业时间在 18 ~ 20h，个别城市 24h 运营，如美国的纽约和芝加哥。适当延长运营时间，是城市轨道交通系统提高服务水平的体现。

（2）全日分时最大断面客流量。全日分时最大断面客流量通常是在高峰小时断面客流量的基础上，根据全日客流分布模拟图来计算确定（相关教学资源见二维码15）。

（3）列车定员数。列车定员数是列车编组辆数和列车定员数的乘积。列车编组辆数的确定以高峰小时最大断面客流量作为基本依据。

在客流量一定的情况下，为达到一定的运能，除可采用增加列车编组辆数措施外，也可采用缩短行车间隔时间的措施。但在行车密度已经较大时，为满足增长的客流需求，往往采用增加列车编组辆数措施。

列车定员数的多少取决于列车的尺寸、车厢内座位布置方式和车门设置数。在列车限界范围内，列车长宽尺寸越大载客越多，车厢内座位纵向布置比横向布置的载客要多，车厢内车门区比座位区载客要多。

（4）线路断面满载率。线路断面满载率是指在单位时间内，特定断面上的车辆载客能力利用率。在实际工作中，线路断面满载率通常是指早高峰小时、单向最大客流断面的列车载客能力利用率，计算公式如下：

$$\beta = \frac{P_{max}}{C_{max}} \tag{9-1}$$

式中：β——线路断面满载率；

P_{max}——单向最大断面客流量，人；

C_{max}——高峰小时线路输送能力，人。

线路断面满载率既反映了高峰小时开行列车在最大客流断面的满载程度，也反映

了乘客乘车的舒适程度。为了提高车辆运用效率、降低运输成本和提高经济效益，在编制全日行车计划时，城市轨道交通系统可采用列车在高峰小时适当超载的做法。

2　全日行车计划编制程序

（1）计算营业时间内每小时应开行列车数。

$$n_i = \frac{P_{max}}{P_{列}\beta} \tag{9-2}$$

式中：n_i——全日分时开行列车数，列或对；

$P_{列}$——列车定员数，人；

β——线路断面满载率。

（2）计算行车间隔时间。

$$t_{间隔} = \frac{3600}{n_i} \tag{9-3}$$

式中：$t_{间隔}$——行车间隔时间，s；

n_i——全日分时开行列车数，列或队。

（3）最终确定全日行车计划。在已经计算得到各小时应开行列车数和行车间隔时间的基础上，应检查是否存在某段时间内行车间隔时间过长的情况。

行车间隔时间过长，会增加乘客的候车时间、降低乘客的出行速度，不利于吸引客流。为方便乘客、提高服务水平，城市轨道交通系统在非高峰运营时间内，如9:00—16:00 间的非高峰运营时间，最终确定的行车间隔时间标准一般不宜大于6min；在其他非高峰运营时间内，最终确定的行车间隔时间标准也不宜大于10min。另外，对于全日行车计划中的高峰小时行车间隔时间，应检验其是否符合列车在折返站的出发间隔时间。

3　全日行车计划编制实例

1）编制资料

（1）早高峰小时（7:00—8:00）站间起讫点（OD）客流数据见表9-1。A站至H站为下行方向。

早高峰小时站间 OD 客流量（人）　　　　　　　　　　　　表 9-1

OD	A	B	C	D	E	F	G	H
A		2415	2121	2653	1728	2235	3510	4327
B	2402		625	1639	1440	2371	2795	3310
C	1916	608		209	315	833	1100	1640
D	2658	1456	254		199	705	998	1702
E	1660	1236	330	186		189	502	1159
F	3201	2440	713	754	209		351	1973
G	4300	3200	925	1028	512	425		828
H	3690	3010	1638	1836	1106	1858	756	

（2）分时最大断面客流分布比例如图9-1所示。

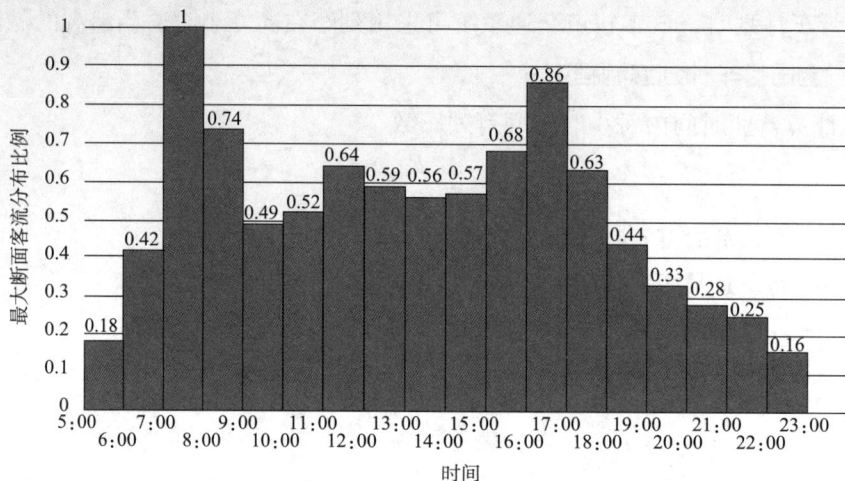

图9-1　分时最大断面客流分布比例

（3）列车编组为6辆，车辆定员为310人。

（4）线路断面满载率，早、晚高峰小时为1.1，其他运营时间为0.9。

2）编制全日行车计划

（1）计算早高峰小时断面客流量。根据早高峰小时站间OD客流数据，计算早高峰小时断面客流量，计算结果见表9-2，早高峰小时最大断面客流量为30711人。

早高峰小时上下车人数与断面客流量（人）　　　　　　　表9-2

下行			车站	上行		
断面客流量	上车	下车		下车	上车	断面客流量
	18989	0	A	19827	0	
18989						19827
	12180	2415	B	11950	2402	
28754						29375
	4097	2746	C	3860	2524	
30105						30711
	3604	4501	D	3804	4368	
29208						30147
	1850	3682	E	1827	3412	
27376						28562
	2324	6333	F	2283	7317	
23367						23528
	828	9256	G	756	10390	
14939						13894
	0	14939	H	0	13894	

（2）计算分时最大断面客流量。根据分时最大断面客流分布比例图，计算分时最

大断面客流量，计算结果见表9-3。

分时最大断面客流量（人）　　　　　　表9-3

运营时间	最大断面客流量	运营时间	最大断面客流量
5:00—6:00	5528	14:00—15:00	17505
6:00—7:00	12899	15:00—16:00	20884
7:00—8:00	30711	16:00—17:00	26412
8:00—9:00	22726	17:00—18:00	19348
9:00—10:00	15048	18:00—19:00	13513
10:00—11:00	15970	19:00—20:00	10135
11:00—12:00	19655	20:00—21:00	8599
12:00—13:00	18120	21:00—22:00	7678
13:00—14:00	17198	22:00—23:00	4914

（3）计算分时开行列车数。根据分时最大断面客流量、列车定员与线路断面满载率数据，计算分时开行列车数，计算结果见表9-4。

分时开行列车数　　　　　　表9-4

运营时间	开行列车数	运营时间	开行列车数
5:00—6:00	4	14:00—15:00	11
6:00—7:00	8	15:00—16:00	13
7:00—8:00	16	16:00—17:00	13
8:00—9:00	14	17:00—18:00	12
9:00—10:00	9	18:00—19:00	9
10:00—11:00	10	19:00—20:00	7
11:00—12:00	12	20:00—21:00	6
12:00—13:00	11	21:00—22:00	5
13:00—14:00	11	22:00—23:00	3

（4）最终确定全日行车计划。检查表9-4中的分时开行列车数，非高峰运营时间内部分小时的行车间隔较长（超过了10min或6min），为保持一定的服务水平，对开行列车数进行调整，最终确定的全日行车计划见表9-5。

全 日 行 车 计 划　　　　　　表9-5

运营时间	开行列车数	行车间隔	运营时间	开行列车数	行车间隔
5:00—6:00	6	10min	14:00—15:00	11	5min27s
6:00—7:00	8	7min30s	15:00—16:00	13	4min37s
7:00—8:00	16	3min45s	16:00—17:00	13	4min37s
8:00—9:00	14	4min18s	17:00—18:00	12	5min
9:00—10:00	10	6min	18:00—19:00	9	6min
10:00—11:00	10	6min	19:00—20:00	10	6min
11:00—12:00	12	5min	20:00—21:00	10	6min
12:00—13:00	11	5min27s	21:00—22:00	6	10min
13:00—14:00	11	5min27s	22:00—23:00	6	10min

该城市轨道交通线路全天开行列车 189 对，其中早高峰小时开行列车 16 对，行车间隔为 3min45s，晚高峰小时开行列车 13 对，行车间隔为 4min37s。

二 列车运用分类及计划

1 列车运用分类

为完成乘客运送任务，城市轨道交通系统必须保有一定数量的列车。列车按运用上的区别，分为运用车、检修车和备用车 3 类。

（1）运用车。运用车是为完成日常运输任务而配备的技术状态良好的列车，运用车的需要数与高峰小时开行列车对数、时间等因素有关，按式（9-4）计算：

$$N = \frac{n_{高峰} t_{列} \, m}{3600} \tag{9-4}$$

式中：N——运用列车数，辆；

$n_{高峰}$——高峰小时开行列车数，对；

$t_{列}$——列车周转时间，s；

m——列车编组辆数，辆。

列车周转时间是指列车在线路上往返一次所消耗的全部时间。它包括了列车在区间运行、列车在中间站停车供乘客乘降以及列车在折返站进行折返作业的全过程。计算公式如下：

$$t_{列} = \sum t_{运} + \sum t_{站} + \sum t_{折停} \tag{9-5}$$

式中：$t_{列}$——列车周转时间，s；

$\sum t_{运}$——列车在线路上往返一次，各区间运行时间的和，s；

$\sum t_{站}$——列车在线路上往返一次，各中间站停站时间的和，s；

$\sum t_{折停}$——列车在折返站停留时间的和，s。

当列车在折返站的出发间隔时间大于高峰小时的行车间隔时间时，需在折返线上预置一个列车进行周转，此时运用车数需相应增加。

（2）检修车。检修车是指处于定期检修状态的列车。列车的定期检修是一项有计划的、预防性维修制度。列车经过一段时间的运用后，各部件会产生磨耗、变形或损坏，为保证列车技术状态良好和延长使用寿命，需要定期对列车进行检修。检修周期见表 9-6。

检修周期表
表 9-6

检修级别	运用时间	走行距离（km）	检修停时
双周检	2 周	4000	4h
双月检	2 月	20000	2h
定修	1 年	100000	10d
架修	5 年	500000	25d
大修	10 年	1000000	40d

（3）备用车。为了适应客流变化，确保完成临时紧急的运输任务，以及预防运用车发生故障，必须保有若干技术状态良好的备用列车。备用车的数量一般控制在运用车数的约 10%。备用车原则上停放在线路两端终点站或车辆段内。

2 列车运用计划

列车运用计划在列车运行图和列车检修计划的基础上进行编制。列车运用计划包括以下 4 个方面。

（1）排定列车出入段顺序和时间。在新列车运行图下达后，车辆段有关部门应根据列车运行图的要求，及时排定运用列车的出段顺序、时间和担当车次，回段顺序、时间和返回方向。出段时间根据列车运行图关于列车在始发站出发时刻的规定确定，出段时间应分别明确司机出勤时间、列车车底出库和出段时间。回段时间和返回方向同样也根据列车运行图确定。

（2）铺画列车周转图。列车正线运行通常采用循环交路，根据列车运行图和列车出段顺序，列车运用计划以列车周转图的形式规定了全日对应各出段顺序的列车在线路上往返运行的交路、列车在两端折返站到达和出发时间以及车辆出入段时间和顺序。列车周转图如图 9-2 所示。

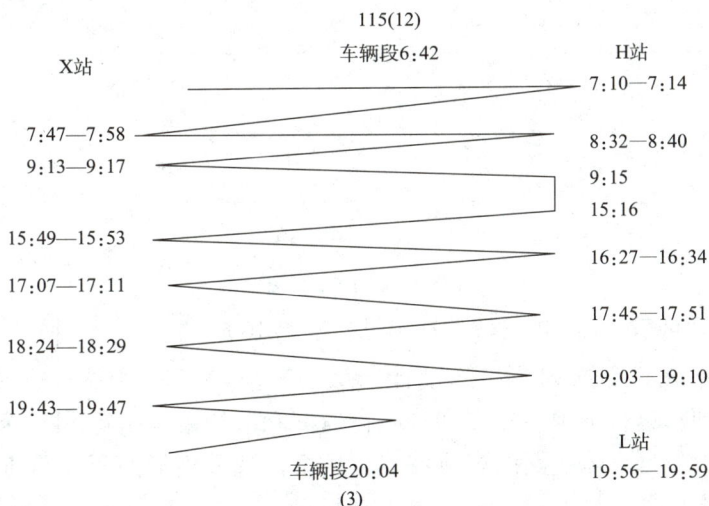

图 9-2　列车周转图

（3）确定对应各出段顺序的列车（列车车底）。根据列车的运用情况和技术状态，在每日傍晚具体规定次日列车的出段顺序和担当交路。在具体规定列车的运用时，应注意使各列车车底的走行里程数能在一定时期内大体均衡。

（4）配备司机。为提高列车利用效率和劳动生产率，城市轨道交通系统的乘务制度通常采用轮乘制。由于司机值乘的列车不固定，在编制列车运用计划时，城市轨道交通公司应对司机的出退勤时间、地点和值乘列车车次，以及工间休息和用餐时间等同步做出安排。在安排司机的工作时，应注意司机的连续工作时间。

▶ 三 列车开行方案

长期以来，我国城市轨道交通的列车开行方案基本上是采用长交路、站站停车方案。但现有城市轨道交通线路的延伸和城市轨道交通网络的形成，使列车运行组织面临新的问题，即在线路各区段客流相差悬殊时或不同城市轨道交通线路共线运行时，如何根据现有客流、设施条件，采用相适应的列车开行方案，实现乘客服务水平、线路通过能力和各项运营指标的最优化。

1 列车运行交路

在列车开行计划中，列车交路规定了列车的运行区段、折返车站和按不同列车交路运行的列车对数。在线路各区段客流量不均衡程度较大的情况下，采用合理的列车交路，能在不降低服务水平的前提下提高列车运用效率，避免运能空放，使行车组织做到经济、合理。

列车交路有长交路、短交路和长短交路三种，如图 9-3 所示。长交路是指列车在线路的两个终点站间运行；短交路是指列车在线路的某一区段内运行，在指定的车站上折返；长短交路是指列车在线路上的运行距离有长短两种情形。

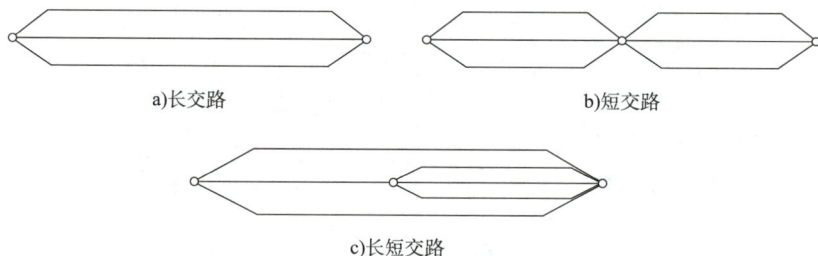

a)长交路   b)短交路

c)长短交路

图 9-3 列车交路图

2 列车停站设计（相关教学资源见二维码16）

传统的城市轨道交通列车停站设计，总是安排列车站站停车，但从优化列车运行组织、提高列车旅行速度和节约乘客出行时间因素出发，根据具体线路的客流特点，还可比选采用下面两种列车运行方案。

（1）跨站停车列车运行方案（图 9-4）。该方案将全线车站分成 A、B、C 3 类。A、B 两类车站按相邻分布原则确定，C 类车站按每隔若干个车站（图中是每隔 4 个）选择一站原则确定。所有列车均应在 C 类车站停车作业，但在 A、B 两类车站则分别停车作业。

跨站停车列车运行方案减少了列车停站次数，因而能压缩列车旅行时间和乘客乘车时间、提高运行速度。同时，由于列车周转加快，因而能够减少列车使用、降低运营成本。

该方案的问题是：由于 A、B 两类车站的列车到达间隔加大，乘客候车时间有所增加，此外，在 A、B 两类车站间乘车的乘客需在 C 类车站换乘，带来不便，因此，该方案比较适用于 C 类车站客流较大，而 A、B 两类车站客流较小，并且乘客平均乘车距离较远的情况。

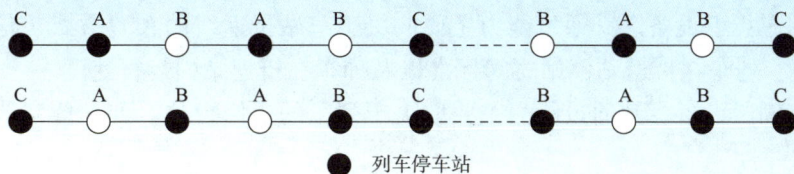

● 列车停车站

图9-4　跨站停车列车运行方案

（2）分段停车列车运行方案（图9-5）。该方案在长短列车交路的基础上，规定长交路运行列车在短交路区段外每站停车作业，在短交路区段内不停车通过；短交路运行列车则在短交路区段内每站停车作业，短交路列车的中间折返点作为换乘站。

● 列车停车站

图9-5　分段停车列车运行方案

分段停车列车运行方案减少了长交路列车的停站次数，因而能压缩长途乘客在列车上消耗的时间；列车运行速度的提高也有利于加快长交路运行车辆的周转。

单 元 9.2
运输能力及其提高措施

一　运输能力概述

为了实现运输生产过程，完成客运任务，城市轨道交通系统必须具备一定的运输能力。运输能力是通过能力和输送能力的总称。在此着重介绍通过能力。

通过能力是指在采用一定的车辆类型、信号设备和行车组织方法条件下，城市轨道交通系统线路的各项固定设备在单位时间内（通常是高峰小时）所能通过的列车数。通过能力的正确计算和合理确定，在城市轨道交通系统的新线规划设计、日常运输能力安排以及既有线改造过程中都是一个重要的问题。

1　影响通过能力的因素

城市轨道交通的通过能力主要按照下列固定设备进行计算。

（1）线路。线路是指由区间和车站构成的整体，其通过能力主要取决于正线数目，信号系统的构成，列车运行控制方式，列车的技术性能，进出站线路的平、纵断面情况，列车停站时间标准和行车组织方法等。

（2）列车折返设备。其通过能力主要取决于车站折返线的布置方式、信号和联锁设备的种类、列车在折返站停站时间标准以及列车在折返站内运行速度。

（3）车辆段设备。其通过能力主要取决于列车的检修台位、列车停留线等设备的数量和容量。

（4）供电设备。其通过能力主要取决于牵引变电所的座数和容量。

城市轨道交通各项固定设备的通过能力通常是各不相同的，其中，能力最小的设备限制了整个线路的通过能力，该项设备的能力即为线路的最终通过能力。由此可见，通过能力实质上取决于固定技术设备的综合能力。因此，各项固定设备的能力应力求协调与配合，避免造成某些设备的能力闲置。在各项固定设备中，限制城市轨道交通通过能力的固定设备通常是线路和列车折返设备。

在影响城市轨道交通通过能力的诸多因素中，权重最大的是列车运行控制方式和列车停站时间。

列车运行控制方式是指列车运行间隔、速度的控制方式和行车调度指挥的方式，取决于采用的列车运行控制设备类型。表9-7是3种列车运行控制方式下的城市轨道交通线路通过能力比较。

线路通过能力比较表 表9-7

序号	闭塞设备	列车间隔控制	列车速度控制	行车调度指挥	通过能力
1	自动闭塞	追踪运行+列车自动防护	连续速度控制	行车指挥自动化	高
2	自动闭塞	追踪运行	点式速度控制	调度集中	中
3	双区间闭塞	非追踪运行	点式速度控制	调度监督	低

由于城市轨道交通车站一般不设置配线，列车只能在车站正线停车办理客运作业，致使列车追踪运行经过车站时间的间隔时间远大于列车在区间追踪运行时的间隔时间。因此，列车停车时间是限制城市轨道交通线路通过能力的又一主要因素。

在实际工作中，通常还把通过能力分为设计通过能力、现有通过能力和需要通过能力3个不同的概念。设计通过能力是指新建线路或技术改造后的既有线路所能达到的通过能力。现有通过能力是指在现有固定设备、现有行车组织方法条件下，线路能够达到的通过能力。需要通过能力是指为了适应未来规划期间的运输需求，线路所应具备的、包括后备能力在内的通过能力。

1）设计能力与可用能力

为避免混淆，可采用以下两个能力概念。

（1）设计能力。某一股道上某一方向1h内通过某一点的乘客空间数量。设计能力相当于最大能力、理论能力或理论最大能力。它一般很难实现，故还需要定义一个

行追踪运行，并在每一个车站停车供乘客乘降。而为了降低车站的造价，城市轨道交通线路一般不设置车站配线，列车在车站正线上办理客运作业。根据行车及客运作业和车站线路设备的这种特点，列车停站时间成为影响线路通过能力的重要因素之一（图9-6）。因此，在计算固定设备的通过能力时，没有必要再去分别计算区间通过能力和车站通过能力，而应把区间和车站看成是一个整体，予以综合分析，计算线路的通过能力。

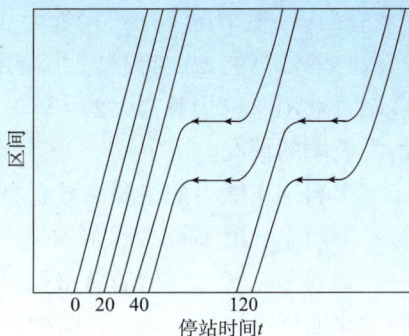

图9-6　列车停站时间对线路通过
能力的影响

2）列车能力

列车能力是每辆车载客数量与每列车编成辆数的积。发散系数可以将多车辆列车中负荷不均匀的情况换算为实用能力，如式（9-9）所示：

列车能力（乘客数/列车）= 每辆车乘客数 × 列车中的车辆数量 × 发散系数

(9-9)

其中，每辆车的乘客数受多个因素的影响，它是能力计算中需要重点研究的问题。列车能力一般要从拥挤水平方面来评价。北美地区拥挤水平一般按 6 人/m^2 计算，这是在扣除座位面积、设备面积后的指标。实际上，北美地区的列车最大容量约为 5 人/m^2，非高峰期实际平均荷载仅为 2 人/m^2。

评价能力唯一真实的办法是考察乘客不再上车而等待下一列车时的车辆荷载，即出现留乘时的情况。避免留乘是所有公交系统设计的目标，它可以得到评价系统可用能力的可靠数据。

评价车辆能力有两个重要指标：一是面向设计的能力；二是一般情况下的可用能力。

（1）面向设计的能力。如果选择了某一类列车，其能力的计算相对简单，主要涉及以下因素。

①座位数。假定所有座位满载。

②站立面积。即可用面积，要扣除座位乘客的腿部所占面积。

③站立密度。一般地，高峰期短时间可承受的平均站立密度为 4 人/m^2，距离长时应相应减少。有时服务策略、地区条件也是调整的因素。

④站立效率。这是用来增加或减少期望站立密度的一个直接因素，它需要兼顾站立空间的特性。

⑤轮椅调整系数。很多城市轨道交通系统是可兼容轮椅的，这一问题要在计算时加以考虑。一般地，一个轮椅所占面积可按 1.2 ~ 1.5m^2 计算，大致相当于 2 ~ 6 名站立乘客所占面积。

⑥行李调整系数（与轮椅类似）。当乘客携带一些大的物体时，需要调整能力。一般情况下它可以忽略，但对一些通往机场或娱乐区域的线路来说不能忽略。

（2）一般情况下的可用能力。当没有为系统选定列车时，可以参照某种通用的列车参数来计算能力，它避免了采用既有系统中某类列车可能导致的偏差。例如，波特兰轻轨采用座位相对宽大的列车，而纽约地铁则采用以站立为主的列车，它们代表了两类极端的情况。

影响列车能力的主要参数包括：

①列车长度。可参照车钩中点计算列车全长的列车名义长度。

②列车宽度。座椅后背最高处列车的宽度，主要考虑到人的肩部比脚部宽。该处一般比地板高出 0.8m，它比站台水平上的列车宽度宽 0.10～0.15m，列车宽度采用外部尺寸，再转换为内部尺寸。一般可假定车体一侧的墙厚为 0.05～0.10m。

③无乘客空间。主要兼顾驾驶室、设备及端墙等，包括车钩末端的 300mm 距离。

④座位密度。一般为 1.5～2.0 人/m²，低限适合通勤或长距离市郊快速铁路，高限适合某些重轨快速线路。

⑤座位利用率。与座位密度类似，乘客就座率也是一个特定场合的设计参数，受政策决策影响。

⑥标准密度。没有被座位占用或为轮椅、行李等设计占用的列车地板的空间，一般可以容纳 4 人/m²。

3）闭塞分区长度确定

（1）在双线自动闭塞、调度集中控制的线路设备条件下，当两个列车在区间追踪运行时，追踪运行列车之间的间隔时间取决于追踪运行列车之间的间隔距离及列车的运行速度，而追踪运行列车之间的间隔距离又取决于闭塞分区的数目和长度。在采用三显示带防护区段信号制度的自动闭塞线路上，为给司机创造一个良好的工作条件，当列车在区间追踪运行时，它们的空间间隔一般应保持 4 个闭塞分区，这样续行列车就能始终在绿色灯光下运行，不必频繁地调速。至于闭塞分区的长度，应同时满足大于或等于列车制动距离加上一个安全距离余量和大于或等于列车最大长度的要求。在不考虑线路平、纵断面对制动距离影响的情况下，闭塞分区长度通常可按式（9-10）计算：

$$l_分 = 0.0386 f v_{max}^2 / b_{max} \qquad (9-10)$$

式中：$l_分$——闭塞分区长度，km；

f——安全系数，经验取值为 1.35～1.5；

v_{max}——紧急制动平均减速度，m/s；

b_{max}——列车最高运行速度，km/h。

（2）在安装列车自动控制系统或列车自动防护系统的线路设备条件下，区间线路分成若干个闭塞分区。一般情况下，每一个闭塞分区有一个轨道电路，轨道电路是信息传输的通道，利用轨道电路可以探测前行列车尾部与续行列车头部之间的距离和传送由地面控制设备发向车载设备的限速命令。列车自动控制程序确定了每一闭塞分区列车的最高运行速度和目标速度。所谓目标速度是指列车以最高运行速度进入闭塞分区后立即进行制动，在考虑了制动生效时间的情况下，到达闭塞分区终点时的速度。

当车载设备通过轨道电路接收地面控制设备的限速命令后，与列车实际运行速度进行比较，如果实际运行速度低于允许速度即加速，高于允许速度即制动。列车在区间运行速度的调速分成若干个限速命令等级，各闭塞分区根据列车最高运行速度和目标速度以及前行列车所占用的闭塞分区的情况向续行列车发送 ATP 限速信号。

根据列车自动控制程序对列车位于闭塞分区始点时的最高速度和到达闭塞分区终点时的目标速度规定，可按式（9-11）计算各闭塞分区长度：

$$l_{分} = t_{空} v_{进} + (v_{进}^2 - v_{出}^2)/b_{max} \tag{9-11}$$

式中：$t_{空}$——制动空走时间，s；

$\quad\quad v_{进}$——列车位于闭塞分区始点时的最高速度，km/h；

$\quad\quad v_{出}$——列车到达闭塞分区终点时的目标速度，km/h；

$\quad\quad b_{max}$——紧急制动平均减速度，m/s²。

3　线路通过能力的计算公式

1）自动闭塞行车

（1）在列车追踪运行的情况下，计算线路通过能力的一般数值公式为

$$n_{max} = 3600/h \tag{9-12}$$

式中：n_{max}——1h 内线路能够通过的最大列车数，列；

$\quad\quad h$——城市轨道交通追踪列车间隔时间，s。

（2）追踪列车间隔时间计算。线路通过能力计算的关键是追踪列车间隔时间的计算。在行车组织方法一定的条件下，列车追踪运行时，续行列车的运行位置及速度取决于前行列车的运行位置。因此，追踪列车间隔时间的计算应从分析追踪运行列车间的最小空间间隔开始。由于列车是以排队方式进站停车办理作业，在把区间和车站作为一个整体进行研究时，计算追踪列车间隔时间的最小空间间隔应按图 9-7 所示方法进行。在确保行车安全的条件下，续行列车以列车运行图规定的速度恰好位于某一通过信号机或闭塞分区分界点的前方。按追踪运行列车先后经过车站必须保持的最小空间间隔计算得到的间隔时间，即为追踪列车间隔时间。

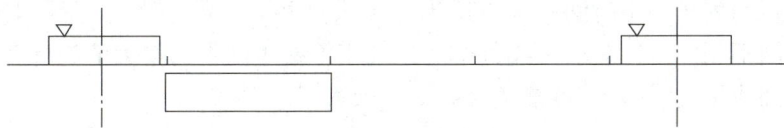

图 9-7　追踪运行列车先后经过车站时的运行位置

追踪列车间隔时间应由 4 个单项作业时间组成，计算公式为

$$h = t_{运} + t_{制} + t_{站} + t_{加} \tag{9-13}$$

式中：$t_{运}$——列车从经过某一通过信号机或闭塞分区界点时起至开始制动时止的运行时间，s；

$\quad\quad t_{制}$——列车从开始制动时起至在站内停车时止的常用制动时间，s；

$\quad\quad t_{站}$——列车运行图规定的列车停站时间，s；

$\quad\quad t_{加}$——列车从在站内起动加速时起至出清车站闭塞分区时止的时间，s。

（3）各项作业时间计算。

①列车进站运行时间 $t_运$ 可按式（9-14）计算：

$$t_运 = 3.6 \times [0.5(l_站 + l_列) + \sum l_i - l_制]/v_接近 \tag{9-14}$$

式中：$l_站$——车站闭塞分区长度，m；

$l_列$——列车长度，m；

l_i——各闭塞分区长度，m；

$l_制$——常用制动距离，m；

$v_接近$——列车接近车站的运行速度，m/s。

闭塞分区的数目取决于行车组织方法上对追踪列车距离间隔和列车接近车站时允许速度的规定。在车站闭塞分区长度大于列车长度时，按列车停靠站台中部考虑。常用制动距离 $l_制$ 计算公式为

$$l_制 = 0.0386 v_接近^2/b \tag{9-15}$$

式中：b——常用制动平均加速度，m/s²；

$v_接近$——列车接近车站的运行速度，m/s。

②列车制动停车时间 $t_制$ 可按式（9-16）计算：

$$t_制 = 0.2778 v_接近/b \tag{9-16}$$

③列车停站时间 $t_站$ 可按式（9-17）计算：

$$t_站 = [(P_上 + P_下)t_{上(下)}/nmd] + t_开关 + t_确认 \tag{9-17}$$

式中：$P_上$，$P_下$——高峰小时车站上下车人数，人；

n——高峰小时开行列车数，列；

m——列车编组辆数，辆；

d——每辆车每侧车门数，扇；

$t_{上(下)}$——平均每上或下一位乘客所需时间，s；

$t_开关$——开关车门时间，s；

$t_确认$——确认车门关闭状态良好及出站信号显示状态时间，s。

计算所得的列车停站时间一般应适当加一余量并取整数。在计算得到的各中间站列车停站时间不相同时，应取全线各中间站列车停站时间中的最大值为计算标准。

④列车加速出站时间 $t_加$ 可按式（9-18）计算：

$$t_加 = \sqrt{0.5(l_列 + l_站)/a} \tag{9-18}$$

式中：a——起动平均加速度，m/s²。

其余符号意义同前。

在列车进行制动和加速进、出站线路纵断面有坡道的情形下，可在上述式(9-16)、式（9-18）的分母部分增加一项修正参数，以考虑列车在坡道上制动和加速时，对制动减速度和起动加速度的影响程度。修正参数的正负号可根据制动或加速、上坡或下坡的具体组合取定。在制动时，上坡为正、下坡为负；在加速时，上坡为负、下坡为正。

2）双区间闭塞行车

双区间闭塞是指列车连发间隔按同一时间、两个区间内只准有一个列车占用进行控制，双区间闭塞列车运行图如图9-8所示。线路通过能力 n_{max} 计算公式为

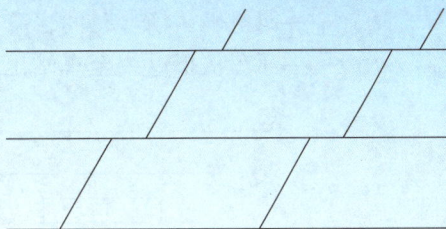

图9-8　双区间闭塞连发运行

$$n_{max} = \frac{3600}{\sum t_{运}^{i} + t_{站} + t_{连}} \qquad (9-19)$$

式中：$t_{运}^{i}$——i 区间运行时分，s；

$t_{连}$——连发时间间隔，s。

4　列车折返设备通过能力计算方法

1）列车折返设备通过能力计算的一般公式

列车折返设备通过能力应按不同的列车折返方式分别进行计算。根据终点站折返线布置的不同，列车折返方式有站后折返和站前折返两种。站后折返是列车利用站后尽端折返线进行折返；站前折返是列车经由站前渡线进行折返。计算列车折返设备通过能力 $n_{折返}$ 的一般数值公式为

$$n_{折返} = 3600/h_{发} \qquad (9-20)$$

式中：$n_{折返}$——列车折返设备在 1h 内能够折返的最大列车数，列；

$h_{发}$——折返列车在终点站的最小出发间隔时间，s。

2）最小出发间隔时间计算

折返列车在终点站最小出发间隔时间的长短反映了列车在终点站的折返迅速程度，是决定列车折返设备通过能力大小的基本参数，也是影响城市轨道交通系统通过能力的主要因素之一。列车折返方式主要有站后和站前折返两种，折返方式不同，$h_{发}$ 的计算方法也不同。下面着重讨论折返列车利用站后尽端折返线进行折返和利用站前双渡线侧向到达、直向出发进行折返两种情形下的最小出发间隔时间计算。由于折返列车在终点站的最小出发间隔时间计算公式在两种情形下要分别计算，因此它们的应用有一定条件。

（1）利用站后尽端折返线进行折返。上行列车进站，停靠车站站台 a，在规定的列车停站时间内，乘客下车完毕；列车由车站正线进入尽端折返线 b，调车进路可以预先办理。列车在折返线停留规定时间后，能够进入下行车站正线、停靠车站站台 c 的前提条件是，前一列下行列车出发并已驶离车站闭塞分区，同时道岔开通下行车站正线和调车信号开放。站后折返时列车折返作业过程如图9-9所示。站后折返时列车折返出发间隔时间如图9-10所示。最小出发间隔时间计算如式（9-21）所示。

$$h_{发} = t_{站} + t_{离去} + t_{作业} + t_{确认} + t_{出线} \qquad (9-21)$$

式中：$t_{站}$——终点站列车停站时间，s；

$t_{离去}$——出发列车驶离车站闭塞分区的时间，s；

$t_{作业}$——车站为折返线停留列车办理调车进路的时间，包括道岔区段进路解锁延迟时间、排进路时间和开放调车信号时间，s；

$t_{确认}$——司机确认信号时间，s；

$t_{出线}$——列车从折返线至车站出发线的走行时间，s。

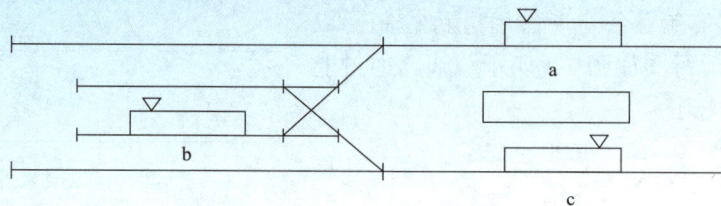

图9-9　站后折返时列车折返作业过程

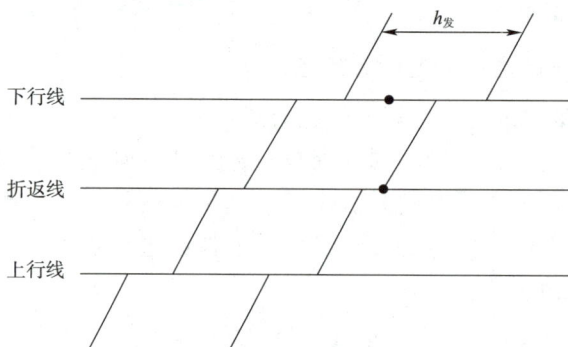

图9-10　站后折返时列车折返出发间隔时间

（2）利用站前双渡线进行折返。列车在终点站的折返走行进路可以有侧向到达直向出发和直向到达侧向出发两种情形。但从列车进站应减速、出站需加速考虑，侧向到达直向出发是采用站前双渡线折返时较为合理的列车进出站运行组织办法。此时，列车在终点站的折返作业过程如图9-11所示。$h_{发}$计算示意图如图9-12所示。

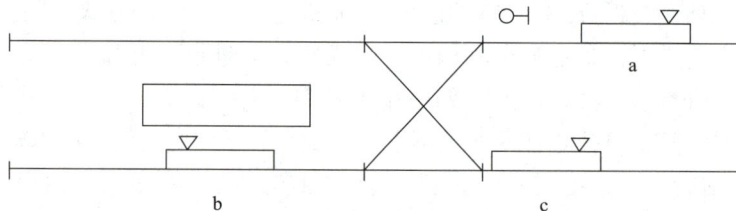

图9-11　列车在终点站的折返作业过程

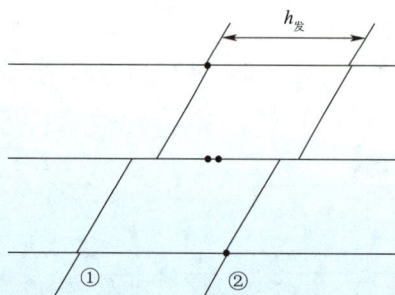

图9-12　$h_{发}$计算示意图

上行列车由进站信号机处 d 侧向进站，停靠下行车站正线 b，在规定的列车停站时间内，乘客下车与上车完毕。然后由车站出发驶离车站闭塞分区 c，并为下一列进站折返列车办妥接车进路。在采用站前双渡线进行折返时，当进站列车位于进站信号机外方确认信号距离处时，即能进入下行车站正线，这时有最小的折返列车出发间隔时间。即

$$h_{发} = t_{确认} + t_{进站} + t_{站} + t_{离去} + t_{作业} \qquad (9\text{-}22)$$

式中：$t_{进站}$——列车从进站信号机处至车站正线的走行时间，s；

$t_{作业}$——车站为进站列车办理接车进路的时间，包括道岔区段进路解锁延迟时间、排进路时间和开放进站信号时间，s。

二 提高运输能力的措施

在既有城市轨道交通系统运营过程中，线路能力通常是相对固定的。但客流则往往是呈逐年增长的态势，线路能力不足的问题逐渐突显出来。因此，为了适应客流的增长，城市轨道交通系统应及时和有计划地采取加强运输能力的措施，不断提高运输能力。

在主要解决运输能力不足的情况下，是否需要采取加强运输能力的措施，应通过运能-运量适应性分析来确定，即根据城市轨道交通线路的高峰小时现有运输能力能否适应一定规划年度高峰小时需要运输能力来确定。高峰小时需要运输能力，可以根据预测的一定规划年度高峰小时最大断面客流量进行计算确定。运量适应图如图9-13所示，运量适应图数据见表9-8。规划年度高峰小时内线路应具有的运输能力计算如式（9-23）所示。

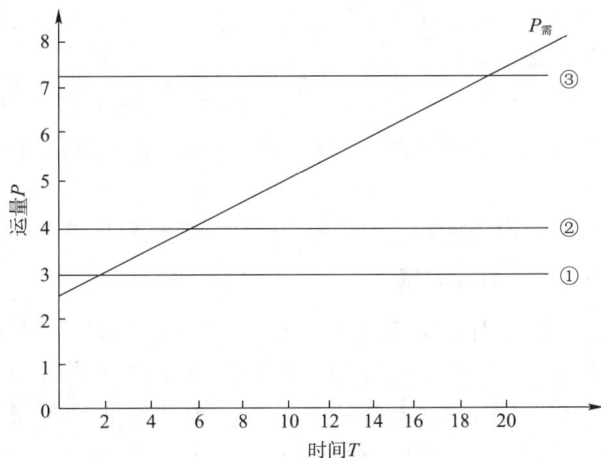

图9-13 运量适应图

运量适应图数据

表9-8

序号	运能状态变化	h（s）	m（辆）	$P_{车}$（人）	P（人）
1	现有运能①	180	6	250	30000
2	扩能措施②	180	8	250	40000
3	扩能措施③	18	8	300	72000

注：$P_{车}$ 表示车辆定员人数，P 表示单位时间（h）列车的运能。

$$P_{需} = P_{规划}（1 + r_{备}）/\beta \tag{9-23}$$

式中：$P_{需}$——规划年度高峰小时内线路应具有的运输能力，人；

177

$P_{规划}$——年度线路单向最大断面客流量，人；

β——线路断面满载率；

$r_{备}$——考虑预测客流数波动的能力后备系数，一般可取 0.10。

影响运输能力的因素有很多，归纳起来有 6 个方面。

（1）线路。包括正线数目、路权是否专用，交叉口的类型和交通控制方式等。

（2）列车。包括列车定员数，最高运行速度、加减速度，车门数及车门宽度和座椅布置方式等。

（3）车站。包括站间距、站台高度和宽度，售检票方式和上下车区域是否分开等。

（4）列车运行控制。包括信联闭类型和列车自动控制系统组成等。

（5）运输组织。包括追踪列车间隔时间、列车编组辆数、列车在折返站停留时间、列车正点率、客流的时间和空间分布特征等。

（6）在路权混用和平面交叉时，其他交通的流量及特点等。

提高运输能力的措施主要有以下几个方面。

1　加强运输能力措施的类型

运输能力是通过能力与输送能力的总称，而通过能力又主要是由线路通过能力和列车折返能力两者中的能力较小者所决定。加强运输能力的措施大体上可以分为运输组织措施和设备改造措施两大类。

（1）运输组织措施。运输组织措施是指运用比较完善的行车组织方法，更好和更有效地使用既有技术设备，无须大量投资就能使运输能力达到需要水平的提高能力措施。

（2）设备改造措施。设备改造措施是指需要大量投资来加强技术设备的措施。

2　加强线路通过能力的措施

线路通过能力是由追踪列车间隔时间的大小决定的，而追踪列车间隔时间是追踪运行的续行列车从某一初始位置至前行列车所处位置所经历的时间总和，即续行列车的进站运行、制动停车、停站作业和加速出站 4 个单项作业的时间总和。因此，根据追踪列车间隔时间计算的原理，可以通过缩短列车的运行时间、加减速附加时间和停站时间等措施来最终达到缩短追踪列车间隔时间，加强线路通过能力的目的。

（1）在既有单线或双线基础上建成双线或四线。采用该措施能大幅度提高线路通过能力。

（2）改造线路平、纵断面。采用该措施能提高行车速度，进而提高线路通过能力。但改造线路平、纵断面受到经济性、施工困难、影响日常行车等因素的制约。因此，该措施在旧式有轨电车线路改造为轻轨线路时多见采用，而在既有轻轨或城市轨道交通线路情况下，则更倾向于采取用新型列车来适应线路条件的做法。

（3）客流量较大中间站修建侧线。采用该措施使侧式站台变成岛式站台，单向运行列车能在站台两侧轮流停靠，这样可以缩短构成追踪列车间隔时间的列车停站时间，较大幅度提高线路通过能力。该措施一般适用于地面线路情况。

（4）客流量较大中间站增建站台。该措施通常是在岛式站台情况下采用，使停站列车的两侧均有站台，乘客能从两侧上下车或上下车分开，缩短列车停站时间，提高线路通过能力。此外，在增建站台时，也可根据客流需求同步修建侧线，并且该措施一般也适用于地面线路情况。

（5）使用新型列车。新型列车的含义包括列车运行性能改善和安装车载控制设备等。列车运行性能主要包括列车构造速度、列车起动平均加速度和制动平均减速度等运行参数。车载控制设备主要有车载制动控制和车载道岔自动转换设备等，列车运行性能改善和安装车载控制设备能提高列车运行速度，缩短追踪列车间隔时间。

（6）改进列车设计。列车上的新设计通常是针对缩短列车停站时间、增加列车定员和提高乘车舒适程度等进行的。就缩短列车停站时间、提高线路通过能力而言，国外已设计制造出六车门列车，以缩短乘客上下车总时间。

（7）采用先进的列车运行控制系统。安装自动闭塞、三显示带防护区段的信号设备以及采用调度集中控制方式的线路，该措施能较大幅度提高线路通过能力。城市轨道交通线路采用的先进的列车运行控制系统，常见的有 ATC 系统，它由 ATP 系统、ATS 系统和 ATO 系统 3 个子系统组成。在实践中，也有单独采用基于计算机控制的 ATP 子系统的情况，它的主要功能是使列车的调速制动实现连续化、自动化，以达到提高列车运行速度及缩短追踪列车间隔时间的目的。

（8）分割车站区域轨道电路。图 9-14 是采用该措施后，缩短追踪列车间隔时间的一个图解。分割车站区域轨道电路可以增加一个前行列车离去速度监督等级。图 9-14a）中，当前行列车出清轨道电路段 cd，达到被监督速度，续行列车恰好运行至进站线路的 a 处；当前行列车出清整个车站轨道电路区域时，续行列车已运行到进站线路的 b 处。

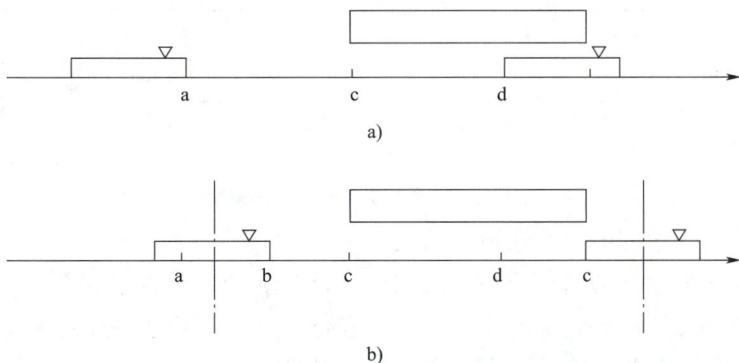

图 9-14　分割车站区域轨道电路时列车追踪运行图解

（9）改用移动闭塞。在列车追踪运行过程中，移动闭塞能使后行列车与前行列车始终保持一个自动控制程序规定的最小安全间隔距离，而不是原先固定闭塞时规定必须间隔若干个闭塞分区所形成的安全间隔距离。因此，用移动闭塞取代固定闭塞，能缩短追踪列车间隔时间。

（10）加强站台乘车组织。乘客为了到站后能减少出站走行距离和避免出站验票人多时的时间延误，往往喜欢在靠近出站口的位置候车，而列车内乘客分布的不均匀又造成列车在车站的停站时间延长。采用该措施就是通过站台客运员的组织，使列车内的乘客尽可能分布均匀，以减少列车停站时间，提高线路通过能力。

3 提高列车折返能力的措施

在行车密度比较高的情况下，线路终点站的列车折返能力往往会成为限制通过能力的薄弱环节。影响列车折返能力的主要因素包括：在站后折返情况下，有图定终点站列车停站时间、出发列车驶离车站闭塞分区时间、车站为折返线列车办理调车进路时间、列车从折返线至出发站线的走行时间等；在站前折返情况下，有列车从进站信号机至到达站线的走行时间、图定终点站列车停站时间、出发列车驶离车站闭塞分区时间、车站为进站列车办理接车进路时间等。针对上述各种影响因素，人们加强列车折返能力的措施主要有：

（1）在终点站修建环形折返线。图 9-15 是地面城市轨道交通线路修建环形折返线的图解。折返站的这种站场配置能缩短乘客上下车总时间、消除列车在折返线等待前行列车腾空站线的时间，提高终点站的列车折返能力。

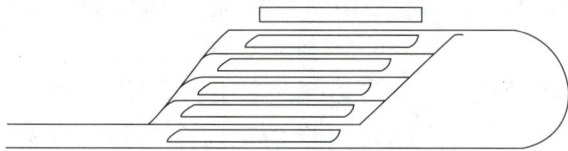

图 9-15　连接各站台线的折返线

（2）增建侧式站台。采用该措施形成一岛一侧式出发站台组合，如图 9-16 所示。这种布置可以缩短乘客上车总时间，加速列车的折返周转。

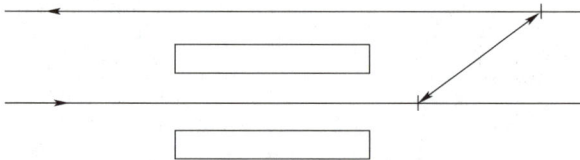

图 9-16　一岛一侧式出发站台组合

（3）优化折返站的道岔与轨道电路设计。

（4）折返站采用自动信号设备。采用该措施后，道岔转换、排列进路、信号开放及进路解锁等能根据列车折返运行情况自动进行。这样，列车在折返作业过程中，能减少办理调车或接车进路时间，从而达到加速列车折返的目的。

（5）在折返线上预置一列车周转。在前行列车已经腾空出发站线，而续行列车还未进入折返线或在折返线停留过程中，此时采用该措施能提高列车折返能力。

（6）改变折返方式。采用不同折返方式来缩短折返列车在终点站的出发间隔时间。

（7）调整列车乘务组劳动组织。

4　加强输送能力的措施

（1）增加列车编组辆数。采用该措施可较大幅度提高输送能力，但列车扩大编组受到站台长度、运营经济性等因素制约。

（2）采用大型列车。大型列车定员多，是目前新建客流较大的线路的优选车型。

（3）优化列车内部布置。该措施的基本出发点是在列车尺寸一定的条件下，通过将双座椅改为单座椅或将纵向的固定座椅改为折叠座椅来增加列车载客人数，达到增加列车定员的目的。改为折叠座椅后，在高峰运输期间可翻起座椅，增加车内站立人数，同时也提高了乘客平均乘车舒适程度。

①修建新线。新线路的建成运营能使单线线路成为双线线路或使双线线路成为多线线路，逐步形成城市轨道交通网络，这样无疑能使运输能力有较大提高，满足城市公共客运交通的需求，提高城市轨道交通系统的客运服务水平。

②增加行车密度。由于修建新线会遇到资金、土地及环保等一系列的困难或限制，并且修建新线也不是在任何客流条件下都是合理、经济的，因此，增加既有线行车密度是提高既有线运输能力的基本途径。增加行车密度的通过能力提高值可由式（9-24）表示：

$$\Delta n_{\max} = 3600(t_{后} - t_{前}) \tag{9-24}$$

式中：$\Delta n_{\max}$——增加行车密度后的小时通过能力提高值，列或对；

$t_{后}$——增加行车密度后的追踪列车间隔时间，s；

$t_{前}$——增加行车密度前的追踪列车间隔时间，s。

③增加列车定员。增加列车编组辆数、采用大型列车或优化列车内部布置来增加列车定员，是提高既有线运输能力的又一途径。但列车的扩大编组往往受站台长度的限制，而街面运行轻轨列车的编组辆数太多，则会在平交道口产生影响其他交通的问题。增加列车定员的输送能力提高值可由式（9-25）表示：

$$\Delta P = n_{\max}(P_{后} - P_{前}) \tag{9-25}$$

式中：ΔP——增加列车定员后的小时输送能力提高值，人；

$P_{后}$——增加列车定员后的列车定员数，人；

$P_{前}$——增加列车定员前的列车定员数，人。

根据各国城市轨道交通系统的运营实践，在扩能的途径方面，通常是增加行车密度和增加列车定员两者并举，其中以增加行车密度为主。

复习与思考

1. 简述城市轨道交通运输能力的概念，并说明设计能力与可用能力的联系和区别。

2. 影响运输能力的因素包括哪些？

3. 试述提高城市轨道交通系统运输能力的措施，请结合某一城市轨道交通系统的具体例子加以说明。

4. 根据本章介绍的方法，计算3min间隔条件下及不同列车容量和编组条件下，各类城市轨道交通系统的小时输送能力，并据此比较各种城市轨道交通系统的适用性。

5. 试分析高峰小时输送能力3万人目标下的城市轨道交通系统的设备配置条件和实现方案。

6. 试定量分析比较不同折返方案下的城市轨道交通系统折返时间。

模块 10

特殊情况与应急处理

学习目标

1. 了解特殊行车事故的相关概念；
2. 熟悉各种特殊情况下的应急处理程序；
3. 了解事故处理应急预案的制订要求，能有效预防各种行车事故。

建议学时

6 学时

单元 10.1

信号系统故障时的处理

一 概念

信号系统故障是指城市轨道交通正线、车场信号系统功能不能正常使用，关键设备损坏等严重影响列车正常运行或危及行车安全的故障。信号系统故障，一定条件下有可能造成列车冲突、相撞后列车脱轨或倾覆，造成乘客伤亡、财产损失等后果。

二 应急处置

1 正线联锁设备故障

车站发现 LOW［本地人机接口（LHMI）］灰显等异常情况、司机发现列车产生信号紧急制动后立即将故障情况报 OCC 行车调度员。OCC 行车调度员在接报或发现故障信息、报警信息后，立即确认相应联锁站 LOW（LHMI）显示是否正常，如果相应联锁站的 LOW（LHMI）及相应的 HMI 都灰显或异常，且本联锁区内的进路及相邻联锁区向本联锁区的进路均无法排列，则判断为联锁设备故障。

OCC 行车调度员核实为联锁设备故障后，按照突发事件应急领导小组指令启动应急预案，向有关部门（中心）发布抢修救援指令。同时 OCC 行车调度员组织电话闭塞行车，立即通知故障区域内的站台列车停车待令；对于迫停在区间的列车，如果列车至前方车站之间的区段为无岔区段，则立即组织区间运行至前方车站待令；如果列车至前方车站之间的区段为有道岔区段，则由行车调度员通知车站人员至现场将相应道岔钩锁至正确位置并加锁后，车站报 OCC 行车调度员，行车调度员组织列车至前方车站待命。

列车司机严格按照 OCC 行车调度员指令做好行车，根据需要利用广播系统对乘客进行安抚；各车站严格按照 OCC 行车调度员指令，做好行车客运组织工作，将事件影响程度降到最低。

有关部门（中心）接到抢修令后立即组织人员携带抢修设备以最快速度赶到现场；信号抢修负责人保持与现场负责人的联系，做好随时投入抢修的准备；信号专业抢修队伍到达故障地点后，OCC 行车调度员做好与现场处置指挥部的指挥权交接。信号专业救援队伍根据抢修方案开始抢修；信号抢修完成后，其他接口部门/专业配合其完成必要的接口功能测试；抢修救援工作结束后，根据需要及时确认有关功能正常后，必须快速清场，恢复原状。

2 正线 ATS 子系统故障

OCC 行车调度员发现 HMI、信号系统大屏灰显或长时间无变化等故障信息后，立即确认相应联锁站 LOW（LHMI）是否正常显示，如果 LOW（LHMI）显示正常，则判断为 ATS 子系统故障，并将故障信息通告维修调度员。维修调度员接到故障报告后，立即组织有关人员判断故障点、故障原因、持续时间等信息，及时将有关情况通报给值班调度长，并配合值班调度长做好故障信息流转工作，及时按规定发布抢修令，组织有关部门进行抢修。

OCC 行车调度员与故障区域列车司机确认当前位置，通知司机人工输入当前目的地码和车次号，换向运行时，输入新的目的码和车次号。行车调度员通知具备站级 ATS 控制权限车站强行站控，在 LOW 上确认相关车站级 ATS 设备被激活的信息，并要求有关车站人工报列车到发点。

OCC 行车调度员收到车站级 ATS 设备已被激活（站级 ATS 具备控制权）的报告后，通知有关车站加强对列车运行的监控；车站发现进路未及时排列时人工排列。OCC 行车调度员收到车站级 ATS 设备未被激活或故障（站级 ATS 无自排、时刻表等功能）的报告后，通知有关车站加强对列车运行的监控，并人工取消运营停车点，两端站人工排列折返进路。行车调度员收到司机关于紧急制动速度为零的报告时，及时通知司机转换为 RM 模式驾驶电客车出站。OCC 行车调度员按车站报点人工铺画列车运行图，并通过 CLOW［中央人机接口（CHMI）］设备做好运营监视，加强与相关车站联系，必要时及时做好运营调整。

维修调度员组织故障抢修，将有关情况及时通报值班调度长、OCC 行车调度员等，并协助值班调度长做好乘客信息系统等各类信息发布工作。列车司机严格按照 OCC 行车调度员指令做好行车，根据需要利用广播系统对乘客进行安抚；各车站按照 OCC 行车调度员指令，做好行车客运组织工作，将事件影响程度降到最低。

工务通信信号中心在接到通知后立即组织人员携带抢修设备以最快速度赶到现场，并与 OCC 行车调度员保持联系、沟通与协调，做好随时投入抢修的准备；救援工作结束后，根据需要及时确认有关功能正常后，必须快速清场，恢复原状。

3 正线道岔故障

车站在保证安全的前提下，在 LOW（LHMI）上对故障道岔进行左、右位（定、反位）往返两次操动测试，如果道岔操动失败，短时间内道岔故障没有恢复，判断为道岔故障，立即报告 OCC 行车调度员。OCC 行车调度员接到报告或通过 ATS 工作站发现道岔故障后，立即对有关列车进行扣车；线路将控制权下放至相关具备车站级 ATS 操作权限车站或联锁站，要求车站对故障道岔进行操动测试，并及时将故障信息通报维修调度员。维修调度员在接到故障信息后，立即通知工务通信信号中心生产调度员。工务通信信号中心生产调度员接到故障通知后立即安排就近信号值班人员赶赴故障现场，协助车站进行故障先期处置。抢修救援工作结束后，根据需要及时确认有关功能正常后，必须快速清场，恢复原状。

4 车场联锁故障

车场内的列车司机发现信号显示异常等故障后立即停车并报信号楼调度员。信号楼调度员在接报或通过显示终端发现控制台显示屏黑屏，显示异常，联锁主、备机全死机的报警信息等立即停止全场的所有作业，通知有关列车司机严禁动车，防止列车进入有关区段，并报车场调度员。车场调度员接报后，及时将故障信息通报维修调度员。维修调度员在接到故障信息后，立即通知工务通信信号中心生产调度员。工务通信信号中心生产调度员接到通知后立即安排就近信号值班人员赶赴故障现场，协助车场调度员进行故障先期处置。车场调度员核实为联锁故障后，立即按信息报告流程进行汇报，同时做好人工现场准备进路的准备。OCC 行车调度员按照公司应急领导小组指令启动本预案，向工务通信信号中心发布抢修指令。列车司机严禁动车，等待信号楼调度员的进一步指令，严格按照信号楼调度员的指令行车。工务通信信号中心在接到通知后立即组织人员携带抢修设备以最快速度赶到现场，并与车场调度员保持联系、沟通与协调，做好随时投入抢修的准备。抢修救援工作结束后，根据需要及时确认有关功能正常后，必须快速清场，恢复原状。

5　车场道岔故障（处于出入段线且影响正线运营）

列车司机发现信号显示异常（开放的信号显示突然灭灯并显示为红灯或信号机灭灯）后立即停车并将故障情况报信号楼调度员。信号楼调度员在接报或通过显示终端发现道岔故障后，立即通知相关列车停车，并报车场调度员，信号楼调度员在保证安全的情况下，对故障道岔进行定、反位往返两次单操测试，若测试无效后，则做好人工准备进路（手摇道岔）的准备。车场调度员接报后，立即对车场作业进行调整，并按信息报告流程进行汇报。OCC 行车调度员按照公司突发事件应急领导小组指令启动应急预案，向有工务通信信号中心发布抢修指令。工务通信信号中心在接到通知后立即组织人员携带抢修设备以最快速度赶到现场，并与车场调度员保持联系、沟通与协调，做好随时投入抢修的准备。司机严格按照信号楼调度员的指令行车。

6　车场其他信号故障（包括轨道电路、信号机等影响出入段线和正线运营的故障）

列车司机发现信号机显示异常（开放的信号显示突然灭灯并显示为红灯或信号机灭灯）后立即停车并将故障情况报信号楼调度员。信号楼调度员在接报或通过显示终端发现故障后，立即通知有关区段的列车停车，并报车场调度员。车场调度员接报后立即对即将进行的车场作业进行调整，并按信息报告流程进行汇报。OCC 行车调度员按照公司突发事件应急领导小组指令启动本预案，向工务通信信号中心发布抢修救援指令。工务通信信号中心在接到通知后立即组织人员携带抢修设备以最快速度赶到现场，并与车场调度员保持联系、沟通与协调，做好随时投入抢修的准备。列车司机严格按照信号楼调度员的指令行车。

单元 10.2
列车冒进信号的处理

一　概念

列车冒进信号是指在未经授权的情况下，列车前端任何一部分越过进路防护信号机显示的停车信号。

二　应急处置

1　列车冒进信号后未轧上道岔时的处理

1）司机的处理

确认列车冒进信号的原因、停车位置及与防护信号机的距离、前方无道岔或前方有道岔但未轧上等情况后，向控制中心行车调度员报告。司机通过广播说明情况，安抚乘客。司机得到行车调度员的退行指示后，根据车站有关人员的手信号，以较低速度退行进站，停于站内列车停车位置标处。待列车退行到站停妥后，根据具体情况开关车门，保证乘客安全上下车，同时向行车调度员报告。

2）车站的处理

发现列车冒进信号后，确认列车运行前方没有道岔或有道岔但未轧上，立即向控制中心行车调度员报告。接到行车调度员准许列车退行回车站的指示后，安排有关人员向司机发出退行信号，指挥列车退行回车站，停于规定位置处。车站通过广播向站台候车乘客说明情况，取得乘客的配合。维护好站台秩序，防止乘客拥挤、围观、靠近列车，发生危险。

3）行车调度员的处理

得到列车冒进信号的报告后，立即指示该列车司机停车，不得再移动列车。停止续行列车的运行，将其尽量驶往就近车站停留，避免停在区间。指示列车退行，要求车站做好组织工作，保证列车安全退行回车站。

2　列车冒进信号后轧上道岔时的处理

1）司机的处理

列车冒进信号，经查看轧上前方道岔后，检查是否挤岔或脱轨，立即向控制中心行车调度员报告。不得移动列车，避免未脱轨的造成脱轨，脱轨的扩大事故。司机通过广播说明情况，安抚乘客。等待有关人员到达后，进行处理。

2）车站的处理

得知列车冒进信号后，根据行车调度员的指示，前往现场检查，确认列车轧上道岔，查看道岔破坏程度、列车是否挤岔或脱轨，将道岔锁闭到适当位置。向控制中心行车调度员报告列车停车地点、道岔当前位置、道岔是否破坏、是否影响邻线行车。按照行车调度员的安排，根据具体情况进行清客和列车救援。

3）行车调度员的处理

得到列车冒进信号并压上道岔的报告后，立即指示该列车司机停车，不得再移动列车，防止扩大事故。停止续行列车的运行，将其尽量驶往就近车站停留，避免停在区间。指示附近车站派人前往现场检查，了解道岔破坏程度、列车是否挤岔或脱轨。如果影响了邻线行车，停止邻线列车的运行。根据事故的严重程度，决定是否清客。根据具体情况确定列车离开现场的方法。如果发生挤岔，按挤岔处理；如果发生脱轨，按脱轨处理。事故列车驶离现场后，对轨道及道岔进行检查和试验，恢复列车运行。

单 元 10.3
列车脱轨时的处理

一 概念

脱轨指车轮落下轨面（包括脱轨后又自行复轨）或车轮轮缘顶部高于轨面（因作业需要的除外）。每辆列车只要脱轨 1 轮，即按 1 辆计算。

二 应急处置

1 乘客疏散

发生脱轨事故后，列车司机应立即广播通知乘客，安抚乘客情绪，提醒乘客准备清客。并检查乘客伤亡情况及有无残疾人士，向控制中心调度员报告列车的准确位置、大约载客量、乘客伤亡人数及是否需要救助。

对于站台上的乘客及从列车上清客到站台的乘客，车站应做好以下几点工作：①发布列车暂时不能运行的消息；②向乘客提供有关路段公共汽车运行资料；③组织滞留乘客有序离开车站。

1）列车在车站脱轨

得到控制中心调度员清客指示后，车站广播提醒站台上的乘客不要登乘列车，并安排人员到站台组织清客。列车司机广播通知车厢内乘客进行清客的决定，打开车门，协助乘客返回站台。清客完毕及时向控制中心调度员报告。

2）列车在区间脱轨

控制中心调度员应做好保护措施：①停止相邻轨道以及乘客疏散可能经过轨道的行车，根据需要指示电力调度员断开牵引供电；②指示就近车站迅速赶赴现场，由司机协助清客；③通知公安部门前往事故地点控制客流并协助疏散。

列车司机在打算清客的车门上安放好应急梯，通知乘客应急梯的位置及使用办法。并通过广播不断发布救援信息以安抚乘客，避免引起恐慌情绪。车站人员到达后，指示乘客跟随车站人员步行去往附近车站。

车站指派清客负责人率领人员携带无线通信设备、扩音器及信号灯前往事故地点，执行清客任务。确定乘客全部撤离列车后，协助司机收回应急梯。在清客过程中，做好组织工作，引导乘客有序疏散，保证全部安全返回站台，抢救伤者脱离现场。对于道岔、交叉口或其他有潜在危险的地方，应当安排人员驻守，避免乘客偏离清客路线，提醒乘客注意脚下障碍物。

确认所有人员撤离车厢及轨道，路段上没有人或障碍物后，向控制中心调度员报告。

② 列车救援

1）事故报告及救援前的准备工作

列车司机检查确认脱轨后，向控制中心调度员请求救援，报告列车的准确地点、脱轨位置及辆数、线路设备损坏程度等情况，并做好防护措施。如列车停在区间，应注意对列车前后线路进行巡查。

调度员接到事故报告后，指示后续列车停留在车站，如区间有其他列车运行时，应指示其尽量驶往就近车站停留，避免停在区间。停止相邻轨道的列车运行。

2）事故救援

对事故现场进行全面勘察，根据脱轨程度、脱轨地点、破损情况及其他实际条件制订具体的起复方案。由一人负责指挥，要分工明确，由胜任人员作业，做好防护。在起复作业中应注意安全，防止发生人身伤亡事故或扩大脱轨事故。

起复完毕后，应当检查列车、线路及其他设备损坏情况，以便及时更换钢轨、枕木或道岔；事故勘察、救援工作及公安调查完成后，清理轨道，把一切工具撤出线路；立即将列车拉到附近的停车场、车辆段或侧线，以及时开通线路。

单元 10.4
接触网大面积停电时的处理

一 概念

由于地铁外部供电系统影响或地铁设备故障等引起的接触网大面积停电，故障可能导致城市轨道交通正线、车辆段（停车场）线路、接触网、客运服务等重要行车设施设备故障，造成列车救援、中断行车等重大影响，需要专业抢修和救援方可恢复行车。

二 应急处置

1 电客车司机的处理

若车场发生接触网大面积停电，电客车司机发现故障后立即上报车场调度员，听从车场调度员指令立即降弓待令，并进行有关信息的续报，等待抢修人员到达。抢修人员到达后配合其做好修复救援工作。如有工程车配合救援，根据车场调度员命令执行工作。接到车场调度员应急终止命令后，按车场调度员命令升弓，恢复正常运行。若正线发生接触网大面积停电，电客车司机立即上报 OCC 行车调度员，做好乘客安抚工作，注意蓄电池电压，并进行有关信息续报。如果发生在车站，现场救援时电客车司机听从行车调度员命令配合车站清客，降弓待令。如果发生在区间，则尽量维持列车进站，列车迫停时应关注蓄电池电压状况，列车休眠前做好乘客安抚。如需进行区间乘客疏散，等待站务人员到场后配合疏散。根据 OCC 行车调度员命令配合现场抢修人员做好故障修复。如有工程车配合救援，根据 OCC 行车调度员命令执行。接到 OCC 行车调度员应急终止命令后，按行车调度员命令升弓，恢复正常运行。注意列车降弓休眠后需再次唤醒时必须得到行车调度员同意。

2 行车值班员的处理

停电发生后，接 OCC 行车调度员启动相应专项应急预案命令并上报值班站长。做好应急广播，通过 CCTV 监视现场情况，做好与 OCC 行车调度员、车站各岗位、救援部门之间的信息传递。将清客结果向 OCC 行车调度员汇报，按响应方案进行乘客的安全疏散，并将区间疏散结果向 OCC 行车调度员汇报。

3 值班站长

值班站长接到行车值班员上报的接触网大面积停电消息后，启动应急预案，通知各岗位控制乘客进站速度。若列车停在车站，根据 OCC 行车调度员命令组织清客。若列车迫停在区间，根据 OCC 行车调度员区间疏散命令，启动相应处置方案，做好区间疏散。接到 OCC 行车调度员应急终止命令后，通知各岗位终止相应应急预案。

单 元 10.5
应急预案及事故预防

一 事故处理应急预案

应急预案是针对各种可能发生的事故或突发事件所需的应急行动而制定的指导性

文件，是应急救援系统的重要组成部分，其目的是指导应急行动按计划有序进行，防止因行动组织不力或现场救援工作的混乱而延误事故应急救援，从而减少人员伤亡和财产损失。

1　应急预案的制订

应急预案的制订应该分层次、分级别。

（1）城市轨道交通特大事故和突发事件应急救援预案应由当地政府组织制订。当地政府应组织城市轨道交通运营单位、公安、消防、供电、通信、供水、交通和医疗等单位建立统一和完善的灾害救援指挥机构和抢险救灾体系，制订故障、火灾、爆炸、化学恐怖袭击、灭火抢险救灾等应急处理工作预案。

（2）城市轨道交通运营单位应急预案。城市轨道交通运营单位应组织制订运营机构应对城市轨道交通事故和突发事件应急救援预案。该预案应遵循统一指挥、逐级负责、快速反应、配合协同的原则。并且该应急预案还要包含以下子预案。

①控制中心应急处理预案（调度指挥预案）。城市轨道交通运营单位应组织制订控制中心应急处理预案，该预案应规定控制中心各调度岗位在运营组织中，遇到各类突发事件时的应急处理程序。

②车站应急处理预案。城市轨道交通运营单位应组织制订车站应对各类事故和突发事件的应急处理预案。车站现场应急处理预案均应遵循及时报警、疏散乘客、抢救伤员的原则，周密制订相关岗位职责、工作流程和设施器材配置标准及操作规程。

③车站其他预案。为确保城市轨道交通运营安全，除火灾应急预案外，运营单位还应建立毒气、爆炸、劫持人质等突发事件应急预案。

④乘务安全应急处理预案。城市轨道交通运营单位应组织制订乘务安全应急处理预案，该预案应规定车站、列车司机及车场行车有关人员对乘客服务、行车组织、调车作业等工作中可能发生的各种应急事件、事故的处理程序。

⑤乘客疏散预案。因发生火灾等突发事件需要疏散乘客时，各岗位工作人员应密切配合、协调动作，根据指挥进行乘客疏散作业。

2　应急预案的基本内容

各应急预案在制订时应明确以下内容。

（1）运营单位抢险指挥领导小组的人员组成和职责，抢险指挥领导小组应负责抢险救援的组织、指挥、决策，并指挥各部门实施各自应急预案，尽快恢复城市轨道交通运营。

（2）抢险信息的报告程序，应遵循迅速、准确、客观和逐级报告的原则。

（3）现场处置过程中各部门的组织原则及有关职责。

（4）不同事故情况下的抢险救援策略和人员疏散方案。

（5）提供救援人员、通信、物资、医疗救护和生活保障。

3　应急预案的分类

应急预案按照针对事故的不同可以分为3种：故障应急预案、事故应急预案、突发事件应急预案，具体如图 10-1 所示。

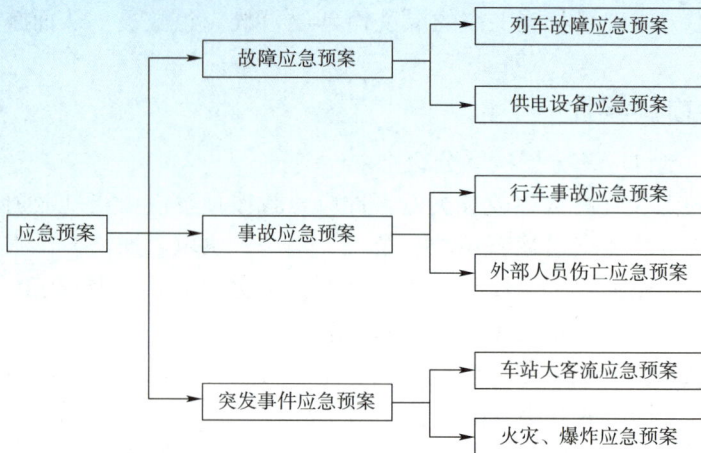

图 10-1 应急预案的分类

4 应急预案的使用

应急预案在编制完成后，应注意让工作人员熟悉和演练。首先，应急预案必须及时发放给有关工作人员，包括应急处置指挥人员、参与应急处置人员、可能与事故直接有关人员、可能会受到事故影响的人员。其次，应急预案必须通过模拟演练与培训来强化。通常应急预案中规定的救援办法都需要多单位、多部门的人员进行有关配合使用，因此应急预案在被编制完后一定要按照里面提及的人员进行配合模拟演练。

二 事故预防途径

1 建立完善的安全规章制度，使安全生产有章可循

完善安全规章制度是抓好运营安全工作的保障。规章制度是管理工作的基础，建立科学、完善、全面的安全生产管理制度，使安全生产有章可循。在地铁开通运营前，狠抓安全规章制度的建设，用规章制度约束员工的工作行为，为员工提供安全生产指引。在严格执行国家、省、市各项安全法律法规的同时，建立健全《安全生产管理办法》《安全奖惩办法》《行车组织规章》等制度和各类操作规程，涵盖公司的各个专业、运营生产环节，使各专业的安全生产管理都有章可循，促进公司的安全生产工作向规范化、制度化迈进。

目前，国内许多地铁都开展了 ISO 9001 质量体系和 OHSMS 18000 职业健康安全管理体系认证工作，国家也出台了《城市轨道交通运营期间安全评估规范》（交通运输部 交办运〔2019〕84 号），这些都为规范运营安全生产工作提供了依据和标准。

2 建立三级安全网络，落实安全生产责任制

坚持"安全第一，预防为主"的工作方针，全面贯彻《中华人民共和国安全生产法》，强化制度化、规范化、科学化的安全管理。坚持管生产必须管安全、安全生产各级主要负责人亲自抓的原则，有效发挥"纵管到底、横管到边、专管成线、群管成网"的安全管理网络作用，形成安全工作一级抓一级、一级保一级、一级监督一级的网络化安全监督管理体系；狠抓安全生产责任制的落实，上自总经理，下至基层员工，逐级签订安全生产目标责任状和社会综合治理目标责任状，将安全生产目标纳入考核内容，明确各层级的安全职责和安全生产目标，有效落实安全生产责任，形成安全生产人人有责的良好氛围。

3 建立安全检查制度，预防运营事故发生

加强监督检查机制是抓好运营安全工作的关键。安全检查是对安全工作实施有效管理的一项重要内容。学习并运用"破窗理论"抓隐患，抓漏洞，因为漏洞不补必酿大祸；建立班组每周一查、中心每旬一查、专业管理系统每月一查、公司每季一查的制度，采取定期检查与不定期抽查相结合，综合检查与专项抽查相结合的形式，坚持安全检查以自查自纠为重点，自下而上，查找不足；严抓隐患整改，按照"五个落实"（任务落实、人员落实、经费落实、质量落实、时间落实），按期整改完成；在做好安全检查工作的同时，逐步建立安全隐患管理机制，将安全检查和隐患管理统一起来，并落实到工作制度中，形成健全的检查网络，实施有效监控。

4 建立安全培训制度，营造安全文化氛围

提高员工安全意识和技能是抓好运营安全工作的基础。认真开展安全生产知识培训教育工作，组织各单位负责人和安全生产管理人员参加《中华人民共和国安全生产法》培训，取得安全生产资格证；对新进员工实行三级（公司级、中心级、岗位级）安全教育；除国家规定的特殊工种外，规定内部特种作业项目，如计算机联锁区域现场操作员工作站操作、列车司机证等；制定特种作业人员安全管理办法和特种作业人员培训持证上岗制度；利用安全宣传月、119消防日等活动，在车站、列车等宣传阵地，向市民派发安全实用手册，不断强化员工和市民的安全意识。通过广泛开展各类安全生产培训教育活动，提高干部职工的安全文化素质。

5 建立应急救援体系，增强应急处置能力

根据国内外地铁运营救援抢险的经验和突发事件的特点，建立健全应急预案体系，针对城市轨道交通运营线路发生火灾、列车脱轨、列车冲突、大面积停电、爆炸、自然灾害以及因设备故障、客流冲击、恐怖袭击等其他异常原因造成影响运营的非常情况制订相应的应急预案，在国家和地方发生紧急事件、疫病传播情况时，制订相应的应急预案。另外，部分预案须经政府组织相关部门、专家进行评审，报市政府。

组织员工对各种预案进行学习，按计划进行演练，演练的方式包括培训式、桌面式、突发式。在演练过程中，每个安全点都安排评估人员把关，使演练活动有序、安全进行。定期实战演练可以及时暴露预案的缺陷，发现救援设备是否足够、发现运营设备是否完好、发现员工是否熟练掌握各种规章，改善各部门间的协调作战能力，增强员工的熟练程度和信心，提高员工的安全意识；通过演练检验规章、设备和预案，

提高员工的业务技能，增强员工对事故事件的应急处理能力。

6 建立事故处理机制，落实责任追究制度

建立健全事故处理机制，按照"四不放过"原则（事故原因没有查清不放过，事故责任者没有严肃处理不放过，广大职工没有受到教育不放过，防范措施没有落实不放过）和安全奖惩办法，定因、定性、定责，严格惩处，通过教育和处罚使员工吸取教训，深化认识，增强岗位意识、责任意识和纪律意识；将降低故障率、事件率作为一项长效工作机制专题研究，开展地铁事故案例研究，学习先进一流的运营安全管理，博采众长，取长补短，用投石头原理防止员工思想麻痹，不断在"平静的水面上荡起水花"，让每个员工认识到任何时候都不要把安全生产形势估计得过好，要始终保持一种危机感和忧患感；同时，转变观念，对发生的事故由此及彼，由表及里，透过现象看本质，从领导层、管理层上剖析深层次原因，从加强管理上，研究制定有针对性的措施，解决安全工作中的问题，变被动管理为主动管理，变事后惩处为事前预防，不断提高事故分析处理能力。

7 建立警地联动机制，共保地铁一方平安

截至 2020 年底，国内地铁都建立了相应的公安部门，地铁运营单位要加强与地铁公安的合作，充分依靠公安力量，保障地铁的平安秩序，建立警地联动工作实施办法，明确联动例会制度、工作联系机制及联动应急机制。通过双方精诚合作，共保地铁平安。

复习与思考

1. 什么是列车冒进信号？
2. 什么是脱轨？
3. 应急预案有哪些类型？其基本内容是什么？
4. 事故预防途径有哪些？

模块 11

城市轨道交通行车事故分析

学习目标

1. 了解安全生产方针与事故处理原则的具体内容。
2. 熟悉行车事故的类型与构成条件。
3. 了解城市轨道交通行车事故有关案例。
4. 能够对行车事故案例进行分析。

建议学时

6 学时

单 元 11.1

行车事故处理规则

一 安全生产方针与事故处理原则

1 安全生产方针

（1）为贯彻"安全第一，预防为主"的安全生产方针和执行党、政、工、团齐抓共管的原则，城市轨道交通公司各级领导要把安全工作当作首要任务来抓，加强安全管理和安全思想教育，强化职工安全意识，严肃劳动纪律和作业纪律，教育职工自觉执行各项规章制度。

（2）做好员工技术培训，提高技术业务水平。加强安全检查，及时消除各类隐患。搞好设备维修，提高设备质量。深入开展安全正点、优质服务的竞赛活动，确保地铁安全运营。

2　事故处理原则

（1）发生事故时，要积极采取措施，迅速抢救，以"先通后复"的原则，尽快恢复运营，尽量减少损失。

（2）事故发生后，要以事实为依据，以有关法规、规章为准绳，按照"四不放过"的原则处理事故，查明原因，分清责任，吸取教训，制定措施，防止同类事故再次发生。

（3）对事故要定性准确，对事故责任者（或单位）以责论处。对事故责任者（或单位），应根据事故性质和情节分别予以批评教育、经济处罚、行政处分直至追究法律责任。

（4）对事故分析处理拖延、推脱责任、姑息纵容、隐瞒不报或不如实反映事故情况者，应予以严肃批评教育或纪律处分。

二　行车事故分类

（1）按照事故损失及对运营造成的影响和危害程度，一般分为特别重大事故、特大事故、重大事故、大事故、险性事故、一般事故和事故苗头。

（2）按事故类别分为行车事故、设备事故、工伤事故、火灾事故等。

知识链接

（1）特别重大事故。在运营工作中，造成下列后果之一的为特别重大事故：

①死亡30人及以上的。

②事故直接经济损失在500万元及以上的。

③造成100人以上的急性中毒。

④其他性质特别严重产生重大影响的事故。

（2）特大事故。在运营工作中，造成下列后果之一的为特大事故：

①死亡10人及以上的。

②中断正线（上下行正线之一）行车240min及以上的。

③事故直接经济损失在300万元及以上的。

（3）重大事故。在运营工作中，造成下列后果之一的为重大事故：

①人员死亡3人或死亡、重伤5人及以上的。

②中断正线（上下行正线之一）行车180min及以上的。

③事故直接经济损失在100万元及以上的。

（4）大事故。在运营工作中，造成下列后果之一的为大事故：

①人员死亡1人或重伤2人及以上的。

②中断正线（上下行正线之一）行车120min及以上的。

③事故直接经济损失在 20 万元及以上的。

（5）险性事故。凡事故性质严重，但未造成损害后果或损害后果不够大事故及以上事故的，造成下列后果之一的为险性事故：

①正线列车冲突。

②正线列车脱轨。

③正线列车分离。

④向占用区段接入或发出列车。

⑤未准备好进路接入或发出列车。

⑥列车运行中擅自切除车载安全装置。

⑦列车错开车门、运行途中开门或车未停稳开门产生紧急制动。

⑧列车冒进信号或越过警冲标。

⑨列车夹人开车。

⑩机车、列车溜入区间或站内。

⑪未拿或错拿行车凭证发车。

⑫列车运行中，齿轮箱吊挂装置、空压机、牵引电机等重要部件脱落。

⑬变电、动力供电、接触网系统操作中发生错送电、漏停电。

⑭运营线路积水漫过轨面，影响行车。

⑮运营线路走行轨由轨头到轨底贯通断裂。

⑯正线各类设施、设备、物资等侵入车辆限界。

⑰列车或列车载物超出车辆限界，装载货物脱落。

⑱运营线路几何尺寸四级超限。

（6）一般事故。凡事故性质及损害后果不够特别重大、特大、重大、大事故及险性事故的为一般事故：

①非正线列车冲突。

②非正线列车脱轨。

③非正线列车分离。

④应停列车全列越过停车标或在站通过。

⑤挤道岔。

⑥通过的列车在已封闭的车站停车，造成后果的。

⑦列车运行中车辆部件脱落，危及运营安全。

⑧中断正线行车 30min 及以上。

⑨错误办理行车凭证发车。

⑩各类因列车、设备、设施异常，造成重伤 1 人。

⑪设施、设备、器材、物品等超出设备限界。

⑫因行车有关人员违反劳动纪律漏乘、出乘迟延耽误列车运行。

⑬错误办理行车凭证耽误列车。

⑭漏发、漏传、错发、错传调度命令耽误列车。

⑮事故直接经济损失在1万元及以上的。

⑯因错发操作命令或人员误操作造成断路器跳闸，或接触网误停电，造成后果的。

⑰接地线错挂、漏挂、错撤、忘撤。

⑱运营中车站正常照明、事故照明全部停电。

（7）事故苗头。凡在地铁运营工作中，因违反规章制度，违反劳动纪律或其他原因造成设备损坏，影响正常行车或危及行车安全，但事件性质或损害后果达不到事故的为事故苗头；因违章行为性质严重，虽未造成损失，但经安全部门认为定性事故苗头的。

①列车、设备故障，中断正线（上下行正线之一）行车20min及以上的。

②列车车门故障无法关闭，且无安全措施行车。

③列车夹物开车。

④通过列车在站停车。

⑤因错办进路造成变更交路或列车错进股道。

⑥运营期间，列车内灯管、广告牌、镜框等松脱。

⑦车站未按规定时间开、关站，造成影响的。

⑧运营期间，设备、设施、广告、备品脱落或掉下站台、隧道，造成停车的。

⑨正线作业进入隧道施工未登记或未注销。

⑩运营中，车站正常照明全部停电。

⑪运营线上，委托外部施工无安全协议和现场无甲方（或甲方指定的）安全负责人。

⑫设备故障情况下，单个道岔手摇道岔作业时间超过20min。

⑬列车"带"着错误的车次、车号运行，造成后果。

⑭调度电话无录音或者未到规定时间录音丢失；中央处理系统未到规定时间数据丢失。

⑮列车、设备、设施人为责任破损，经济损失1000元以上的。

⑯各类机柜门、检查孔盖未按规定锁闭或设施固定不牢，造成后果的。

⑰列车主风管破裂；机车、列车撞止挡；机车、列车溜逸。

⑱无证操作计算机联锁区域现场操作员工作站（LOW）或违章操作安全有关命令。

⑲空调季节，车站环控系统停止运行连续时间超24h的。

⑳人为失误，造成自动消防设施误喷。

㉑因设备、设施突发故障，造成正线列车限速运行。

㉒因设备、设施故障，危及车场行车安全。

㉓在灾难、险情时，防灾报警系统未能正常报警。

㉔行车指挥无线通信联络中断或程控交换机中断30min及以上的。

㉕正线给水主管、消防主管位移、破裂。

㉖因房屋、隧道漏水，影响变电、通信、信号设备正常使用。

㉗运营线路几何尺寸三级超限。

三　运营事故的现场应急处理及指挥抢险

1　运营事故的现场应急处理

（1）事故发生后，各有关岗位应按规定的报告程序进行报告。

（2）有关各类突发事件的应急处理办法，按规定执行，并同时执行各有关专业应急处理方案。

2　运营事故的抢险指挥

（1）运营事故的抢险指挥组织自低向高分为以下4个层级：事故处理主任、抢险指挥小组、公司抢险指挥领导小组和现场总指挥。运营事故的抢险指挥组织的下一级必须服从上一级的指挥，并向上一级报告抢险工作。

（2）运营事故的抢险指挥组织办法。

①事故处理主任。在抢险指挥小组到达现场前，现场抢险指挥由事故处理主任负责，事故处理主任按以下办法自然产生。

a. 若直接影响到行车组织、客运服务及线路施工的：若事故发生在区间，涉及列车的由司机担任；事故区间邻近车站值班站长（或站长）到达事故现场后，由该值班站长（或站长）担任；若事故发生在车站或基地，由值班站长（或站长）或车场调度员担任。

b. 若未直接影响到行车组织、客运服务及线路施工的，由管辖责任部门当班组长或工段长担任现场事故处理主任。

②抢险指挥小组。抢险指挥小组到达现场后，现场的抢险指挥由抢险指挥小组组长负责，抢险指挥小组组长及副组长按以下办法自然产生。

a. 涉及行车安全的事故（事件）处理，由客运部安全领导小组成员担任现场指挥小组组长，相关设备部门领导小组成员担任现场指挥小组副组长。

b. 未涉及行车安全的事故（事件）处理，由设备所属部门安全领导小组成员担任现场指挥小组组长，其他相关部门领导担任现场指挥小组副组长。

③运营分公司抢险指挥领导小组及现场总指挥。若初步判定为可造成重大、大事故的，由运营分公司抢险指挥领导小组负责现场总指挥，运营分公司抢险指挥领导小组由运营分公司安全委员会主任、副主任及运营分公司其他领导组成。必要时，运营

分公司抢险指挥领导小组可以指定现场总指挥。

④事故处理主任、抢险指挥小组、运营分公司抢险指挥领导小组及现场总指挥。其任务是负责指挥抢救伤员，做好救援准备工作，尽快开通线路，并查看现场，保存可疑物证，查找事故见证人，做好记录，待事故调查处理小组到达，如实汇报或移交资料。

四 运营事故的调查和处理程序

（1）特别重大事故按国务院34号令发布施行的《生产安全事故报告和调查处理条例》调查处理。

（2）重大、大事故由运营分公司安全委员会负责组织调查处理；险性事故由安全保卫部负责组织调查处理；一般事故由事故发生部门负责调查处理，并将处理情况报安全保卫部；涉及两个及以上部门并有争议的一般事故，由安全保卫部负责组织调查处理。

（3）重大、大事故调查和处理程序。

①运营分公司领导接到重大、大事故报告后，要立即组成以分公司总经理或副总经理为组长、地铁公安分局局长为副组长、安全保卫部和有关部门负责人为组员的事故调查处理小组，迅速赶赴现场，组织指挥有关人员积极抢救伤员，采取一切措施，迅速恢复运营。同时，做好以下工作。

a. 保护、勘察现场，详细检查列车、线路及其他设备，做好调查记录。绘制现场示意图，摄影录像，如技术设备破损故障时，应保存其实物。

b. 若事故地点的线路破坏严重，无法检查线路质量，则应对事故地点前后不少于50m的线路进行测量，以作为衡量事故地点线路质量的参考依据。

c. 对事故关系人员分别调查，由本人写出书面材料。

d. 检查有关技术文件的编制、填写情况，必要时将抄件附在调查记录内。

e. 提高警惕，注意是否有人为破坏的迹象。

f. 必要时召开事故调查会。

g. 根据调查结果，初步判定事故原因及责任，及时向分公司安全委员会汇报。

②发生重大、大事故的责任单位，应于事故后3日内写出事故报告，一式四份：事故调查处理小组一份、安全保卫部一份、报总公司安委会一份、事故责任部门一份。

③事故调查处理小组接到责任单位事故报告后，由事故调查处理小组组长主持召开事故分析会议，分析事故原因，判明事故责任，制定防范措施。然后，由相关部门编写重大、大事故调查报告，于7日内报分公司安全委员会。

④运营分公司安全委员会接到事故调查处理小组的报告后，由运营分公司安全委员会主任主持召开事故处理会议，审议事故调查处理小组的调查报告，认定事故性质，并对事故责任人提出处理建议，由安全保卫部写出事故报告提交有关部门，于10日内通报全公司，并呈报上级领导机关。

⑤重大、大事故若初步判明系属地铁外部单位责任时，事故调查处理小组应立即发出电传，通知地铁外部责任单位，说明情况和原因，要求责任单位迅速派员参加事故调查分析会议。若双方意见不一致时，可提请司法部门裁决处理。

（4）险性、一般事故调查和处理程序。

①发生险性事故，由安全保卫部负责人立即组织有关人员进行调查。发生一般事故，各部门要立即进行调查，召开事故分析会，查明原因及责任者，做出处理建议，制定防范措施，并于 5 个工作日内将事故报告上报分公司安委会办公室（安保部），一式三份（安全保卫部一份、报总公司安委会一份、事故责任部门一份），由安全保卫部审核归档。

②运营分公司安全委员会认为有必要时，可派员对一般事故进行调查，并可对事故性质提级处理。

③各部门及个人有责任配合事故调查，事故调查人员有权向任何部门及人员调查了解有关情况，并有权限期让其提交书面材料和收集有关资料。拒绝、拖延、影响事故调查的，按分公司有关规定进行处理。

（5）其他。

①运营事故若属人为破坏性质，交由地铁公安分局调查处理。

②运营事故的损失费用，根据以责论处的原则，原则上应由责任部门承担（包括地铁外部责任事故）。

③凡涉及地铁外部人员伤亡的，按相关规定执行。

④运营事故的分析报告书的管理及要求见附录2。

⑤事故苗头的调查处理按一般事故的程序进行。

▶ 五 运营事故的责任判定

（1）事故责任判定的原则：以事实为依据，以规章为准绳。

（2）运营事故责任按责任程度分为全部责任、主要责任、同等责任、次要责任、一定责任和无责任；按责任关系分为直接责任、间接责任。

（3）设备（包括零、配件）质量不良造成事故时，根据设备的质量保证期、使用寿命和损坏情况分析事故原因，判定责任单位。判明产品供应者责任的，列为产品供应者责任。设备的所属部门或管理部门，对设备原因造成的事故，不认真分析、查不出原因的，定为该部门责任事故。

（4）对发生的事故或事故苗头涉及两个以上单位，如双方推脱扯皮，不认真配合调查分析事故，由事故调查小组裁处。

（5）事故发生部门不认真组织事故调查分析、调查资料不全，列为非责任事故依据不足的，定为发生部门的责任事故。

（6）承包地铁设备的施工、维修而造成的运营事故，定为施工、维修承包单位的责任事故。凡因货物装载不良造成的事故，定为装载部门的责任事故。

（7）地铁外部单位责任事故列为其他事故。

（8）因设备质量等原因发生的事故一律统计在该部门的事故中，能确定责任的列为责任事故。如不能确定为地铁责任的，列为该部门其他事故。

（9）凡经公司批准的技术革新、科研项目进行试验时，在规定的试验期内，被试验的项目发生事故，不列入运营责任事故。但由于违反操作规程以及其他人为事故仍列为责任事故。凡已经正式投入使用的各种技术设备，发生运营事故时，一律列为运营事故。对非责任事故，事故发生单位统计事故件数，但不影响安全成绩。

（10）各级安全部门负责对运营事故的定性、定责，上级安全部门发现下级安全部门对运营事故的定性、定责不准确时，有权加以纠正。

单元 11.2
案例分析

一 案例1 未执行"三确认"造成列车挤岔

1 事故概况

某日，某地铁运营公司一列车在洗车线进行洗车，洗车完毕，司机和副司机未与车辆段信号楼值班员联系，未确认进车辆段信号机，亦未确认道岔，擅自动车（当时速度为15km/h），将车辆段5号交分道岔挤坏。信号楼值班员听到挤岔警示后，立即用电台呼叫司机停车，司机紧急停车。列车在越过5号道岔尖轨30～40m时停稳，造成了挤岔。

2 原因分析

司机、副司机安全意识不强，动车前未确认信号、进路、道岔，又未与车场信号楼的信号值班员联系，是造成这起事故的主要原因。当值司机、副司机简化作业程序未认真执行呼唤应答制度。

3 防范措施

强调"安全第一"的指导思想，各工种密切配合，加强联系。如列车进、出车场前，司机须与信号值班员联系，确认信号、进路、道岔后方可动车。司机驾驶中及动车前的呼唤应答不能流于形式，要落到实处。各级人员继续认真检查、监督规章制度落实情况，保证规章制度得到认真执行。车场派班员向司机安排作业计划时，同时布置安全注意事项。

二 案例2 速度过高导致列车撞击车挡

1 事故概况

某日，某地铁运营公司一列车在试车线北端停稳后，报告信号楼要求开始调试作业。信号楼封锁试车线后回复司机"试车线封锁，司机可以进行调试作业"，列车开始调试作业。列车由北往南进行第一次调试，在制动工况下车组偶尔出现空转滑行现象，其他无异常。到达试车线南端停车换端，司机以人工模式由南往北动车，到达试车线北端停车点停车。司机采用人工模式由北往南驾驶，在制动工况下车组也偶尔出现空转滑行现象，其他无异常。

列车停稳换端后，司机接到车场调度员的通知，如果列车无故障就可以回库。司机按其指示执行，准备驾驶车组到试车线北端后结束调试申请回库（在以上行车中司机均未按要求在"一度停车"标前停车再动车）。司机以人工模式由南向北动车，没有按要求在"一度停车"标前停车。车辆进入北端最后一个轨道区段时，由于速度过高，虽然采取了紧急制动措施，但车辆仍然撞击到北端摩擦式车挡，撞毁尽头的混凝土车挡，司机立即报告车场调度员及信号楼。

2 原因分析

司机严重违反了调试、试验有关安全规定，是造成本次事故的直接原因。主办部门没有明确调试的内容和要求，没有安排人员跟车指挥调试，对试车工作预想不足，司机在本次调试过程中没有按要求在"一度停车"标前停车，是导致本次事故的原因之一。列车在试车线运行过程中多次出现空转滑行现象，由于司机经验不足，未能予以高度警觉，并及时采取相应措施，也是造成本次事故的重要原因。

3 防范措施

完善试车线使用人工模式驾驶调试的规章制度，调试时要加派一名监控员进行监控。列车进入试车线，主办部门必须派人跟车。试车线两端停车标前要预留70m的停车距离。对所有车挡的技术状态进行检查，确保车挡的功能良好。在雨季和异常气候条件下，加强线路、信号接触网的巡视，保证设备正常交付使用。

三 案例3 未确认信号，列车闯红灯

1 事故概况

某日，某地铁运营公司一列车进站停稳后，接车副司机操作站台打开屏蔽门，接车司机则打开驾驶室侧门进入驾驶室与到达司机交接。待乘客上下车完毕后，副司机关屏蔽门，司机通知交班司机关客室门，副司机关好屏蔽门后进入驾驶室开主控钥匙，此时对讲机传来"交班司机已下车"，司机复诵后，副司机立即坐到主控台的驾驶座位上打开主控钥匙，没有确认前方信号机，就将方向手柄推向前位，接着推动牵引手

柄动车。动车后发现列车走向不是直向而是侧向，司机和副司机意识到误闯出站信号机显示的红灯，进错了股道，便立即停车。列车在越过前方信号机、轧上道岔约11m后停车。这时司机没有把情况汇报车站，而是将方向手柄打到"后"位，退行越过信号机后进入站内停车。

2 原因分析

首先，该机车班组责任心不强，动车前精力不集中，没有确认信号就盲目动车。其次，司机、副司机没有严格执行标准化作业程序和呼叫应答制度，司机没有对副司机进行认真监督进而导致其在作业中失控。最后，没有凭进路防护信号机的信号显示行车，导致事故发生。

3 防范措施

加强对客车司机工作责任心的教育，严格履行岗位职责和执行标准化作业程序，动车前和客车运行中都要认真确认道岔、进路和信号，严格按信号显示行车。司机应遵循在信号开放后再关闭客车室门的作业程序。在行车工作中，各岗位员工必须严格执行呼唤应答制度和车务安全联控措施，做到信号不清不动车，未经确认不动车。

四　案例4　线路未出清，工程车压地线

1 事故概况

某日，某地铁运营公司一工程车作业结束，返回某车站上行站台。2：20行车调度员通过调度电话联系各站，逐站检查上行线路出清情况，各站依次汇报上行线路已出清、防护已撤除，行车调度员随即通知车站排列工程车上行反方向回车场进路。2：22行车调度员通知工程车凭地面信号动车。2：34值班主任从洗手间回到中控室，当时工程车已运行两个区间。值班主任询问行车调度员上行线地线是否已经拆除，此时行车调度员意识到地线还没有拆除，立刻使用无线调度电话通知工程车立即停车待令。2：37行车调度员询问工程车司机运行线路是否有异常，司机刚使用无线电台答复"线路没有异常"，就发现有两名供电人员从变电房开门出来，对地线进行检查，随后司机打开车门，发现离车站头端墙180m处有组地线，地线已在机车中部，附近没有红闪灯防护。

2 原因分析

当班行车调度员工作责任心不强，安全意识淡薄，未与电力调度员核对并在登记本上标记地线位置，在未拆除地线的情况下，排列了工程车回场进路，并盲目指挥司机动车，是造成本次事故的主要原因。当班值班主任工作责任心不强、安全意识淡薄，对当晚施工组织和行车作业安全预想不到位、安全监控不到位，未能发现当晚施工组织和工程车开行存在的安全隐患是造成本次事故的原因之一。另外，当班电力调度员未掌握当晚现场地线具体位置，也未与行车调度员核对地线所挂位置，没有做到"自控、互控、他控"，最终导致事故发生。

3　防范措施

电力调度员在收到工班负责人挂地线作业完成的报告后，须与工班负责人核对地线的数量、位置和挂拆时间，在确认后通知行车调度员，行车调度员在施工作业登记本中对地线位置进行记录。排列进路时，必须检查确认进路上的地线已拆除。行车调度员与电力调度员确认挂地线的位置后，应在相应轨道区段设置"封锁区段/道岔"命令，作为行车调度员在准备工程车回车场进路时的防护。建立施工作业流程表，以卡片的形式规范施工作业进程，防止行车调度员在施工作业过程中忘记某个步骤。每个调度班组在上中班时，对第二天夜班的施工计划进行审核，对工程车开行、停电区域、拆挂地线的地点要有全面了解。夜班交接班会时，值班主任要对重点施工进行布置，各调度之间要沟通好，做好班前安全预想，保证施工安全顺利进行。

复习与思考

1. 行车事故分为哪些类型？
2. 安全生产方针与事故处理原则是什么？
3. 简述运营事故的调查和处理程序。

本教材涉及的法律法规、
政策文件、相关标准

（1）《城市轨道交通运营管理规定》（交通运输部令2018年第8号）见二维码17。
（2）《城市轨道交通行车组织管理办法》（交通运输部 交运规〔2019〕14号）见二维码18。

二维码17
城市轨道交通运营
管理规定

二维码18
城市轨道交通行车
组织管理办法

（3）《生产安全事故报告和调查处理条例》（国务院第493号令）见二维码19。
（4）中华人民共和国交通运输行业标准，中华人民共和国交通运输部发布《城市轨道交通行车组织规则》（JT/T 1185—2018）见二维码20。

二维码19
生产安全事故报告
和调查处理条例

二维码20
城市轨道交通
行车组织规则

事故（事件）分析报告书的管理规定

（1）运营生产中发生的以下情况，相关部门需向安全管理部门提交事故（事件）分析报告：

①各类各等级的事故及事故苗头。

②直接影响运营生产安全的故障、事件。

③上级部门、领导或安全管理部门要求提交的。

（2）事故（事件）分析报告书须采取书面形式，按以下要求报送：

①重大、大事故，应于事故发生后3个工作日内将初步报告报送到安全管理部门，并随时配合提供进一步情况的报告。

②险性、一般事故及事故苗头，应于事故发生后5个工作日内报送到安全管理部门。

③直接影响运营生产安全的故障、事件及其他要求提交的，应于发生后5个工作日内报送到安全管理部门。

④上级部门、领导或安全管理部门另有要求的，按要求提交。

（3）事故（事件）分析报告书应包括以下方面的内容：

①事故（事件）经过。包括事发情况、处理情况、客运组织、应急运营组织、抢险组织、目前状态等。

②影响或损失。退票、关闸、关站等服务影响；限速、晚点、抽线、中断行车等行车影响；设备降级运转、损坏、关停等影响；人员伤亡、经济损失等。

③原因分析。直接原因、间接原因；主要原因、次要原因、一定原因、管理原因。

④定性定责。定性分为重大事故、大事故、险性事故、一般事故、事故苗头、其他事故、事件等，死亡、重伤、轻伤事故等；定责分为主要责任、同等责任、次要责任、一定责任、管理（领导）责任等。

⑤责任单位及人员处理。负有责任的单位及人员，根据相关安全奖惩办法进行处理；表现突出的员工，根据相关安全奖惩办法奖励。

⑥防范措施。根据原因分析，制订包括对人员管理、设备设施、运营组织、操作规程等应急措施、整改措施等。

（4）不提交或不按时提交事故（事件）分析报告书的，按《考评管理规定》中相关条款进行考评。

（5）安全管理部门须对各相关部门提交的事故（事件）分析报告书进行评议，明显漏缺本规定第3条内容的，以"发生事故未按'四不放过'原则处理"情况，按《考评管理规定》中相关条款进行考评。

城市轨道交通行车组织名词、术语解释

1 行车事故

凡在地铁运营工作中，造成人员伤亡、中断行车、危及运营安全及经济损失等情况的，均构成行车事故。

2 客运列车

客运列车是指以运送乘客为目的而按规定辆数编成的列车，并具备规定的列车标志。

3 其他列车

其他列车是指回空列车、工程列车、救援列车及内燃机车单机、轨道车单机等。

4 冲突

冲突是指列车、机车、车辆相互间或与设备（车库、站台、车挡等）发生冲撞致使列车、机车、车辆、设备等破损。

5 脱轨

脱轨是指列车、机车、车辆、轨道车车轮脱离钢轨轨面（包括脱轨后自行复轨）。

6 中断正线行车

中断正线行车是指不论事故发生在区间或车站，造成运营线路双线之一线不能行车，即为中断正线行车。中断正线行车时间由事故发生的时间起至实际恢复列车行车条件的时间止。

施工封锁区间发生列车冲突或脱轨等的行车中断时间，从事故发生前原计划开通的时间起计算。

因为中断运营列车出车场线路的行车中断时间，由原计划运营列车从始发站发车时间起计算。

7 未准备好进路

有下列情况之一的，属于未准备好进路：

（1）进路上停有车辆或危及行车的障碍物。

（2）进路上的道岔未扳、错扳、临时扳动或错误转动。

（3）邻线的机车、车辆等越出警冲标。

8 占用区间

有下列情况之一的，属于占用区间：

（1）区间已进入列车或已停留或溜入机车等。

（2）封锁的区间（如安排进行施工作业等）。

（3）区间已被列车取得占用的许可。

9　列车冒进信号

有下列情况之一的，属于列车冒进信号：

（1）列车前端任何一部分越过进路防护信号机显示的停车信号或规定的手信号显示地点。

（2）停车列车越过信号机或警冲标。

10　错开车门

错开车门是指列车未对好站台开启车门（指列车至少有一个客室门越出站台头端墙或尾端墙并打开的）或开启非站台一侧的车门。

11　运行途中开门

运行途中开门是指在列车运行过程中，因车门故障、操作失误等原因，客室车门打开。

12　未办或错办行车手续发车

未办或错办行车手续发车是指未与邻站（或相邻闭塞办理站）办理手续或办理手续后的区间，同列车运行的区间不一致。

13　夹人开车

夹人开车是指夹住人体任何部位或随身衣物开车，若未造成任何人身伤害不按事故论。

14　挤岔

车轮挤上道岔，使尖轨与基本轨离开或挤坏、挤过。

15　应停列车在站通过

应停列车在站通过是指有关行车人员违反劳动纪律、违反规章制度致使应停列车在站通过。

16　列车分离

列车分离是指编组列车因未确认车的连接状态或车钩作用不良而发生的列车分离（包括车钩缓冲装置破损）。

17　漏乘

漏乘是指司机在列车开车时，未按规定人数出乘。若有同等职务的人员或能胜任现行职务的高职人员顶替出乘将列车正点开出，不按事故论。

18　耽误列车运行

耽误列车运行是指列车在始发站或停车站，因有关行车和维修人员违章作业、违反劳动纪律造成列车晚开或超过运行图规定的停车时间。

19 错误办理行车凭证发车

错误办理行车凭证发车是指与邻站（或相邻闭塞办理站）已办妥站间行车法手续，由于未交、错交、未拿、错拿、漏填、错填行车凭证，交于司机后，发现凭证的日期、区间、车次错误。

20 调车

调车是指除列车在正线运行、车站（车场）到发以外的一切机车或列车有目的的移动。

其他词汇见附表3-1。

词 汇 表　　　　　　　　　　附表3-1

序号	词　汇	定　义
1	轨道巡视员	指工建车间专门从事轨道巡视、执行线路出清程序的员工
2	信号防护员	指在线路现场施工，根据需要设置防护信号的员工
3	调车员	车场调车作业时由两位司机担任，一名任司机驾驶机车，另一名任调车员指挥调车作业
4	车长	工程车开行时，由两位司机担任，一名任司机驾驶列车，另一名任车长，指挥列车运行及监视装载货物的安全，推进运行时负责引导瞭望
5	关门车	临时发生空气制动机故障，而关闭截断塞门的车辆
6	头端	按列车运行方向，列车停在车站时头部对应的车站站台端
7	尾端	按列车运行方向，列车停在车站时尾部对应的车站站台端
8	工程领域	将线路某一区间或车场某一区域交由维修部门施工，由施工负责人直接控制确保施工领域的安全
9	线路出清	线路巡视员巡查完毕或施工完毕时，施工负责人检查所有人员已携带工具及物料撤离行车或转换轨的某段线路，使该段线路可正常行车
10	辅助线	指在正线上与正线连接的渡线、存车线、折返线及联络线
11	三、二、一车距离	指调车作业时，距离停留车或停车地点的距离
12	施工、行车通告	汇总一周的施工及工程列车开行计划，临时修改规章手册的通告等，每周出版一期
13	运营时刻表	列车在车站（车场）出发、到达（或通过）及折返时刻的集合
14	列车运行图	根据运营时刻表铺画的运行图
15	推进	在列车尾部驾驶室操纵列车运行，或救援列车在被救援列车尾部推进运行
16	退行	在非正常情况下，列车与原运行方向相反运行为退行，可以推进或牵引运行
17	反向运行	列车运行进路分为上下行方向运行，如违反常规运行方向的称反方向运行
18	站间电话联系法	因 SICAS 故障，影响范围较小时，采用站间电话闭塞法组织行车。列车凭调度命令占用区间，司机以 RM 模式驾驶列车运行，并适用于车场与车站间

续上表

序号	词汇	定义
19	电话闭塞法	当更高级别的行车闭塞法不能使用时，由区间两端车站利用站间行车电话以发出电话记录号码的方式办理闭塞的一种方法
20	列车	指在正线上运行的列车、工程车、轨道车、救援列车
21	列车	指可载乘客运行的列车，由两组电动车组组成，每组由两节车厢组成
22	DAB（报警按钮）	为了及时处理意外或临时事故而设置在车厢里的乘客报警按钮
23	CCTV	电视监视器（设在车站控制室、OCC 等处）
24	RTU	远程终端单元
25	OTN	开放的传输网
26	机车	指 JY400-8QG 型内燃机车，用来调车和牵引车辆的机车
27	车辆	指没有自带动力的车辆，如平板车等
28	轨道车	指有内燃机动力，用来在轨道上施工时，运载工具和施工人员用的车辆
29	使用车	按列车时刻表上线运行的列车
30	备用车	准备上线替换故障列车或需要加开列车时使用的列车
31	运用车	使用车和备用车总称运用车
32	检修车	在车场内大修、中修、架修各种检修及临修等车辆统称为检修车
33	值班主任	OCC 调度指挥当值负责人，下设行车、电力等调度员
34	行车调度员	从事城市轨道交通行车调度作业的人员
35	电力调度员	负责供电系统的管理和调度的专职人员
36	维修调度员	除车辆外的所有设备的维修、检查、施工的组织实施专职人员
37	值班站长	车站当值的负责人，下设行车值班员、客运值班员、站务等
38	车站值班员	车站行车及客运值班员，协助值班站长管理行车及客运工作的人员
39	站务员	负责车站某一部分的工作，包括售票员、站台、站厅服务员
40	司机	驾驶列车运行的专职人员，有列车司机、工程车司机
41	车场轮值工程师	在车场 DCC 当值负责车辆的检查维修工作及故障处理
42	联锁	指信号系统中的信号机、道岔和进路之间建立一定的相互制约关系。如进路防护信号机在开放前检查进路空闲、道岔位置正确及敌对进路未建立等。信号机开放后，道岔不能动，这种相互制约的关系称为联锁
43	引导员（或添乘监控员）	指列车故障需要司机在尾部驾驶室驾驶时，负责在列车前端瞭望进路，监控列车运行速度及运行安全，与司机随时保持联系，控制列车的运行及停车等的人员，由车站值班员或值班站长担任
44	特殊情况	指信号联锁故障人工排列进路组织列车运行时，或列车开到区间因故障要退回车站等情况

序号	词　汇	定　义
45	发车（指示）信号	行车有关人员完成一个工作任务，因距离对方较远给对方显示"好了"信号，说明任务完成；或车站行车人员给司机显示发车信号表示车站已具备发车条件，告知司机可以发车。司机还要根据列车的准备情况决定是否开车，所给的信号均称为（发车）指示信号。 工程车在调车作业和在正线上运行时，调车员和车长给司机的信号，或行车有关人员发现安全隐患要求司机立即停车的信号等均属命令式的信号，司机必须马上执行。因此不能加"指示"两字

"城市轨道交通行车组织"
课程标准

一 前言

1 课程的性质

本课程是高职高专城市轨道交通运营管理专业的专业主干课程,其目标在于培养学生在城市轨道交通运营调度岗位上,从事相关列车指挥、列车组织与调度的专项职业能力,达到本专业学生获得调度运行值班合格证书考证基本要求。

本课程以"高等数学""计算机应用基础""管理运筹学""城市轨道交通概论"等课程学习为基础,也是进一步学习"调度集中与调度指挥"等后续专业课程的基础。

2 设计思路

本课程的总体设计思路是:紧扣城市轨道交通运营管理专业的人才培养方案,以"基于工作过程"为指导,校企合作,共同进行课程建设和课程教学。打破以知识传授为主要特征的传统学科课程模式,转变为以工作任务为中心组织课程内容,并将职业素质培养、职业资格考证标准融入课程,实施教学做一体化法和过程性评价方法,以此发展学生的职业能力和职业素养。

在课程内容设计上,邀请行业企业专家对城市轨道交通运营管理专业的专业背景、专业所涵盖的岗位群进行工作任务和职业能力分析,以及支撑专业核心能力的课程分析,并以此为依据确定本课程的工作任务和课程内容。

根据城市轨道交通运行组织涉及的行车组织、调度工作、列车运行图等有关知识和技能要求,设计若干个项目,再将每个项目具体细化,划分为若干个学习情境。项目编排的思路是由简单到复杂,而每个项目学习情境的编排,则是按照实际工作过程进行编排。

在课程教学方法和教学手段设计上,以任务组织教学,并让学生在完成具体任务的过程中学会完成相应工作任务,根据高职学生的认知规律和知识基础,实施情境化教学、理实一体化教学,利用运营管理实训基地,使学生做到"学中做,做中学",并以此锻炼学生自主探索、合作学习的能力。

在教学效果考核上,采取过程评价与结果评价相结合的方式,重点考核学生的职业能力。

二 课程目标

1 专业能力

要求学生能熟悉列车运行调度系统；熟练铺画列车运行图；熟练掌握在各种情况下列车调度、指挥和组织工作。

（1）了解列车行车闭塞方式及其原理等。

（2）熟悉并熟练使用列车控制系统进行运输组织。

（3）熟练进行正常情况下的行车组织。

（4）熟练进行非正常情况下的行车组织。

（5）熟练进行调车与行车调度工作。

（6）熟练进行运行图铺画与调整。

2 学习能力

学生能根据列车运行调度要求，学习使用运行调度系统，进行列车调度指挥；通过学习，掌握不同情况下的行车组织，学会运行图铺画与调整。

3 社会能力

通过项目训练，提高学生团结协作、吃苦耐劳、实事求是、诚信为本的能力；培养学生与人沟通、协调工作的能力。

三 课程内容和要求

根据专业课程目标和涵盖的工作任务要求，确定课程内容和要求，说明学生应获得的知识、技能与态度。

根据以上课程的设计思路和课程目标，现将课程教学设计的项目、学习情境及对应的课时数，列表如下（附表4-1）。

课程教学设计的项目、学习情境及对应的课时数　　　　　　　附表4-1

序号	工作任务	知识要求	技能要求	参考学时
1	城市轨道交通行车组织基础	（1）了解城市轨道交通行车组织的特点； （2）掌握城市轨道交通行车组织工作的基本概念； （3）了解城市轨道交通行车组织的发展趋势； （4）能正确识别列车运行图，明确列车运行图基本要素的意义，知道列车运行图的编制步骤； （5）了解行车组织有关规章制度，养成遵章守纪的优良工作作风	（1）能正确识别列车运行图，明确列车运行图基本要素的意义，能按步骤编制列车运行图； （2）运用行车有关规章制度，养成遵章守纪的优良工作作风	16

续上表

序号	工作任务	知识要求	技能要求	参考学时
2	行车信号	（1）熟悉城市轨道交通行车信号显示及意义； （2）了解联锁的概念及联锁设备的功能； （3）熟悉行车闭塞法的种类及其行车办法； （4）掌握列车自动控制系统设备结构及功能； （5）掌握列车自动控制系统的设备及操作	（1）认识信号显示及意义； （2）会使用联锁设备； （3）掌握列车自动控制系统设备结构及功能； （4）正确操作列车自动控制系统的设备	14
3	行车调度指挥	（1）了解城市轨道交通运营指挥执行层次； （2）掌握行车调度指挥原则及行车调度员的职责； （3）掌握调度命令与口头指示的发布； （4）了解调度工作制度； （5）熟悉正常情况下调度指挥的基本方法； （6）学会调度工作的统计与分析	（1）熟悉调度工作性质； （2）会发布调度命令与口头指示； （3）正确执行调度工作制度； （4）能进行正常情况下的调度指挥； （5）会进行调度工作的统计与分析	6
4	车站行车作业组织	（1）掌握城市轨道交通车站的概念及类型； （2）熟悉车站行车技术设备的使用； （3）掌握车站行车作业制度； （4）了解接发列车作业及折返作业	（1）认识城市轨道交通车站的概念及类型； （2）会使用车站行车技术设备； （3）能执行车站行车作业标准； （4）熟悉接发列车作业及折返作业	6
5	车辆基地作业组织	（1）了解车辆段与综合基地相关内容； （2）掌握编制车场行车中列车运转流程； （3）掌握调车作业计划的编制方法	（1）熟悉车辆段与综合基地布局； （2）会编制车场行车作业计划； （3）会编制调车作业计划	10
6	正常情况下的行车组织	（1）知道列车行车组织原则； （2）熟悉行车指挥自动化时的行车组织方法； （3）熟悉列车驾驶模式及各种驾驶模式的运用；	（1）熟悉不同列车运行组织方式下的行车组织方法； （2）了解列车驾驶模式及各种驾驶模式的运用，掌握不同列车驾驶模式下的列车行车凭证；	10

续上表

序号	工作任务	知识要求	技能要求	参考学时
6	正常情况下的行车组织	（4）掌握调度集中控制和调度监督下的行车组织工作	（3）能理解正常情况下的行车组织工作	10
7	非正常情况下的行车组织	（1）掌握 ATC 设备故障时的列车运行组织； （2）掌握车站联锁设备故障时的行车组织； （3）掌握特殊情况下的行车组织	能在非正常情况下组织行车，使其正常运转	16
8	救援列车与工程车的开行	（1）了解救援列车的开行程序； （2）了解工程车的开行相关规定	能正确指挥救援列车、工程车开行，使其正常运转	6
9	列车开行计划与运输能力	（1）了解列车开行计划相关知识； （2）掌握车辆运用计划的内容； （3）理解列车运输能力的概念及其计算方法； （4）熟悉提高运输能力的措施	（1）了解列车开行计划的概念； （2）会编制车辆运用计划； （3）会计算列车运输能力； （4）会运用措施提高运输能力	6
10	特殊情况与应急处理	（1）了解特殊行车事故的相关概念； （2）熟悉各种特殊情况下的应急处理程序； （3）了解事故处理应急预案的制订要求，能有效预防各种行车事故	（1）会调查、分析事故； （2）会编制应急预案	6
11	城市轨道交通行车事故分析	（1）了解安全生产方针与事故处理原则的具体内容； （2）熟悉行车事故的类型与构成条件； （3）了解对行车事故案例进行分析的方法	能够对行车事故案例进行分析	6
		机动		2
		合计		104

▶ 四 实施建议

1 教学条件

1）软硬件条件

运输调度教学做一体化教室：配备有电脑网络多媒体教学系统、运输调度设备。

2）师资条件

组成一支职称结构、学历结构、年龄结构、专兼比例合理的课程教学"双师"结构师资队伍。主讲教师具有硕士以上学历和中级以上职称，能综合实施项目教学法、任务驱动法、引导教学法等各种行动导向教学法，能较好地掌握计算机技术、网络技术等新知识新技能，并具有有关职业资格技能证书，动手能力强；辅助教师应具有较强的职业技能，具有较丰富的企业一线工作经验。

2 教学方法

贯彻"以学生为中心"的教学理念，实施行动导向教学方法，学生以小组形式，在教师的引导下通过项目的完成，达到专业知识学习和专业技能训练的目的。创造学习环境，创设有利于学生对知识意义构建的教学情境，在教学情境下使学生能够独立思考、共同探索、协作创新，使教师从知识传授者的角色转换为学生学习过程的组织者、咨询者和指导者，使教学过程向学生自觉学习过程转化。每项工作任务完成后，各小组应提交一份成果报告。

3 教学评价

（1）改革传统的学生评价手段和方法，采用过程性评价与目标评价相结合，项目评价、理论与实践一体化评价模式。

（2）关注评价的多元性，把课堂提问、学生作业、平时测验、项目考核、技能目标考核作为平时成绩，占总成绩的50%；理论考试和实际操作作为期末成绩，其中理论考试占30%，实际操作考试占70%，两项共占总成绩的50%。

（3）应注重学生动手能力和实践中分析问题、解决问题能力的考核，对在学习和应用上有创新的学生应予特别鼓励，全面综合评价学生能力。

五 参考教材

耿幸福，崔联云. 城市轨道交通行车组织［M］. 3版. 北京：人民交通出版社股份有限公司，2021.

参 考 文 献

[1] 操杰，黄志高．城市轨道交通概论［M］．成都：西南交通大学出版社，2018.

[2] 罗钦．城市轨道交通概论［M］．成都：西南交通大学出版社，2017.

[3] 张国宝．城市轨道交通运营组织［M］．2 版．上海：上海科学技术出版社，2012.

[4] 薛亮，刘小玲．城市轨道交通调度指挥［M］．北京：人民交通出版社，2013.

[5] 罗钦．城市轨道交通运营组织与管理［M］．成都：西南交通大学出版社，2017.

[6] 曾翠峰，罗钦，潘伟健，等．城市轨道交通行车组织［M］．成都：西南交通大学
出版社，2018.

[7] 李志成，李宇辉．城市轨道交通行车组织［M］．合肥：中国科学技术大学出版
社，2014.

[8] 耿幸福．城市轨道交通行车组织［M］．2 版．北京：人民交通出版社，2012.

模块 2　实训工单

掌握行车视觉信号的显示和听觉信号的鸣示方式

任务描述

在城市轨道交通运营过程中，列车运行必须要有统一规范的行业内公认的信号及显示、鸣示方式，让司机接收正确的指示信息来确保行车运转安全。依据本模块内容，结合城市轨道交通日常列车行车中不同种类的视觉信号和听觉信号，以小组为单位开展演练式训练，熟练掌握城市轨道交通的信号灯显示、手信号显示、列车鸣示方式等内容，并能独立完成不同指示的正确显示方式和区分。

本次实训任务的实训工具要求：《城市轨道交通行车组织》（第 3 版）教材，色灯信号机、信号旗、口笛。建议学员小组 6~7 人为宜（不宜超过 10 人/小组）。

任务要求

（1）以小组为单位开展一人演示一人回答的情境训练。

（2）情境训练过程中，活动主要是围绕考核表中的问题进行讨论。演练过程设置：教师为每个小组的观察和监督员，并设置演练组长 1 名，记录员 1 名。

组长：负责演练实施过程的指挥控制，确保每位学员参与问答的各个环节，并对每位学员的现场表现进行评估。

记录员：负责演练过程的各项文案记录工作，记录每一个学员的回答情况，记录演练过程中存在的不足及提出的改进意见。

实训学员：扮演不同的角色，完成情境要求的各项问答任务，互相监督、互相提出改进意见。

（3）演练过程围绕下列主题开展：

①能熟练掌握色灯信号机的颜色与基本含义；

②能正确描述色灯信号机各类信号灯显示对应的行车指示内容；

③能根据不同类别手信号使用信号旗做出正确显示手势；

④能根据列车的鸣示方式回答听觉信号的名称，并描述正确的使用时机。

⑤能根据口笛工作项目做出正确的鸣示方式。

任务实施与考核

实训任务	掌握行车视觉信号的显示和听觉信号的鸣示方式		
任务说明	以小组为单位开展情境演练		
班级		姓名	
学习小组		考核时间	

【考核目标】

（1）能正确掌握色灯信号机的颜色与基本含义；

（2）能正确描述城市轨道交通信号灯显示色的具体指示内容；

（3）能根据手信号的显示方式正确表述信号类别；

（4）能根据口笛鸣示的内容表述对应的工作项目

【考核内容】

考核项目	考核标准	分值	得分
签到	规范着装	5	
	按要求如实填写实训签到表	5	
掌握色灯信号机的颜色与基本含义	正确回答 4 种色灯颜色及对应的基本含义	15	
描述城市轨道交通信号灯显示色的具体指示内容	正确描述信号灯显示内容对应的行车指示内容	15	
根据手信号的显示方式正确表述信号类别	正确掌握各种类型手信号	15	
	正确掌握各种手信号的显示方式	15	
根据口笛鸣示的内容表述对应的工作项目	正确使用口笛展示鸣示方式	15	
遵守实训室规定与要求	做到实训设备（模型）或工具随拿随用，任务完毕后放回指定位置，具备良好的职业素质	15	
总评成绩			

任务完成人签字：

日期：　　年　　月　　日

指导教师签字：

日期：　　年　　月　　日

模块 3 实训工单

正常情况下的调度指挥

任务描述

行车调度指挥是城市轨道交通日常运输组织的指挥中枢，以实现安全、准点的运营服务为宗旨，规范的行车调度工作、准确的调度命令和严格的调度指挥程序对行车调度指挥来说至关重要。熟练掌握行车调度指挥相关内容，能独立完成正常情况下的调度指挥工作是城市轨道交通专业学生必备的技能之一。依据本模块内容，结合城市轨道交通行车调度设备，以小组为单位开展模拟仿真式训练，熟悉调度指挥中所用到的各种设备，掌握设备的正确使用方法，小组成员配合完成正常情况下的行车调度指挥工作。

本次实训任务的实训工具要求：《城市轨道交通行车组织》（第 3 版）教材，行车调度设备（模拟屏、监视器、通信设备）。建议学员小组 6～7 人为宜（不宜超过 10 人/小组）。

任务要求

（1）以小组为单位开展模拟仿真实操训练。

（2）演练过程中，演练活动主要是围绕考核表中的问题进行讨论。演练过程设置：教师为每个小组的观察和监督员，并设置演练组长 1 名，记录员 1 名。

组长：负责演练实施过程的指挥控制，确保每位学员参与模拟训练各个环节，并对每位学员的演练过程进行评估。

记录员：负责演练过程的各项文案记录工作，记录每一个学员的现场操作情况，记录演练过程中存在的不足及提出的改进意见。

实训学员：完成实操演练要求的各项任务，互相监督、互相提出改进意见。

（3）演练过程围绕下列主题开展：

①能正确使用各类行车调度设备；

②能下达规范的调度命令；

③能掌握晚点列车恢复正点运行的方法；

④协调配合，能熟练完成正常情况下列车运行组织。

任务实施与考核

实训任务	正常情况下的调度指挥		
任务说明	以小组为单位开展模拟仿真实操训练		
班级		姓名	
学习小组		考核时间	

【考核目标】

（1）能熟练使用各种行车调度设备；

（2）能掌握标准调度用语，下达调度命令；

（3）能熟练正常情况下的列车运行组织方法；

（4）能掌握行车调度员行车调度基本程序

【考核内容】

考核项目	考核标准	分值	得分
签到	规范着装	5	
	按要求如实填写实训签到表	5	
熟练使用各种行车调度设备	认识各种调度指挥设备	5	
	能正确操作调度指挥设备	10	
标准调度命令下达	正确使用标准调度命令	15	
正常情况下的列车运行组织方法	正确使用列车运行组织方法	20	
行车调度基本程序	各阶段行车调度工作完备无遗漏	25	
遵守实训室规定与要求	做到实训设备（模型）或工具随拿随用，任务完毕后放回指定位置，具备良好的职业素质	15	
总评成绩			

任务完成人签字：

日期：　　　年　　月　　日

指导教师签字：

日期：　　　年　　月　　日

模块 4　实训工单

车站接发列车作业

车站行车作业按照列车运行图的要求，不间断地接发列车，确保行车安全与乘客安全。认真学习行车作业制度，掌握车站接发列车作业办理是车站值班员岗位的核心工作。依据本模块内容，结合车站行车技术设备，以小组为单位开展沙盘模拟仿真式训练，熟悉行车技术设备，掌握设备的正确使用方法，小组成员配合完成车站接发列车作业。

本次实训任务的实训工具要求：《城市轨道交通行车组织》（第 3 版）教材，车站行车技术设备（线路、道岔、信号与通信设备等）。建议学员小组 6~7 人为宜（不宜超过 10 人/小组）。

任务要求

（1）以小组为单位开展模拟仿真实操训练。

（2）演练过程中，演练活动主要是围绕考核表中的问题进行讨论。演练过程设置：教师为每个小组的观察和监督员，并设置演练组长 1 名，记录员 1 名。

组长：负责演练实施过程的指挥控制，确保每位学员参与模拟训练各个环节，并对每位学员的演练过程进行评估。

记录员：负责演练过程的各项文案记录工作，记录每一个学员的现场操作情况，记录演练过程中存在的不足及提出的改进意见。

实训学员：完成实操演练要求的各项任务，相互监督、互相提出改进意见。

（3）演练过程围绕下列主题开展：

①能正确使用各类行车技术设备；

②能熟练办理列车进路；

③能熟练完成双区间闭塞行车作业；

④能熟练完成电话闭塞法行车作业。

任务实施与考核

实训任务		车站接发列车作业		
任务说明		以小组为单位开展模拟仿真实操训练		
班级		姓名		
学习小组		考核时间		
【考核目标】				

（1）能熟练使用各种行车技术设备；
（2）能掌握列车进路办理操作；
（3）能掌握双区间闭塞行车的作业内容、程序与办法；
（4）能掌握电话闭塞法行车的作业内容、程序与办法

【考核内容】			
考核项目	考核标准	分值	得分
签到	规范着装	5	
	按要求如实填写实训签到表	5	
熟练使用各种行车技术设备	认识行车技术设备	5	
	能正确使用行车技术设备	15	
列车进路办理	能熟练使用电气集中联锁、计算机联锁办理进路	15	
双区间闭塞行车	正确模拟接发列车作业程序	20	
电话闭塞法行车	在行车调度命令下，正确模拟接发列车程序	20	
遵守实训室规定与要求	做到实训设备（模型）或工具随拿随用，任务完毕后放回指定位置，具备良好的职业素质	15	
总评成绩			

任务完成人签字：

日期：   年   月   日

指导教师签字：

日期：   年   月   日

车场内行车作业组织

任务描述

车场内行车作业是整个城市轨道交通系统行车组织的重要组成部分，它在上级运营指挥部门的统一指挥下，按运行图制定的行车计划完成日常的车辆运用工作。熟练掌握列车运转流程和乘务管理，是车场内行车作业组织的核心内容。依据本模块内容，结合合作企业的车辆段/场地，以小组为单位开展模拟仿真式训练，掌握车场内行车作业要点，小组成员配合完成行车作业。

本次实训任务的实训工具要求：《城市轨道交通行车组织》（第 3 版）教材，车辆段及相关技术设备。建议学员小组 6~7 人为宜（不宜超过 10 人/小组）。

任务要求

（1）以小组为单位开展现场实操训练（需有专业人员指导）。

（2）演练过程中，演练活动主要是围绕考核表中的问题进行讨论。演练过程设置：教师为每个小组的观察和监督员，并设置演练组长 1 名，记录员 1 名。

组长：负责演练实施过程的指挥控制，确保每位学员参与模拟训练各个环节，并对每位学员的演练过程进行评估。

记录员：负责演练过程的各项文案记录工作，记录每一个学员的现场操作情况，记录演练过程中存在的不足及提出的改进意见。

实训学员：完成实操演练要求的各项任务，相互监督、互相提出改进意见。

（3）演练过程围绕下列主题开展：

①能正确认知车辆段各功能区；

②能正确认识车辆运用设备；

③能熟练完成列车出车作业、列车正线运行、收车作业及列车整备作业；

④能熟练掌握司机数量配备方法。

任务实施与考核

实训任务	车场内行车作业组织		
任务说明	以小组为单位开展现场实操训练		
班级		姓名	
学习小组		考核时间	

【考核目标】

（1）能认识车辆段内不同区域功能；

（2）能认识车辆运用设备；

（3）能掌握车辆运转流程，完成列车出车作业、列车正线运行、收车作业及列车整备作业；

（4）能掌握不同乘务管理模式下的司机数量的配备方法

【考核内容】

考核项目	考核标准	分值	得分
签到	规范着装	5	
	按要求如实填写实训签到表	5	
车辆段功能区	认识各功能区	10	
车辆运用设备	正确认识各种设备	10	
车辆运转流程	正确完成列车出车作业	10	
	正确完成列车正线运行	10	
	正确完成收车作业	10	
	正确完成列车整备作业	10	
司机配备方法	正确计算配备数	15	
遵守实训室规定与要求	做到实训设备（模型）或工具随拿随用，任务完毕后放回指定位置，具备良好的职业素质	15	
总评成绩			

任务完成人签字：

日期：　　年　　月　　日

指导教师签字：

日期：　　年　　月　　日

226

模块 6　实训工单

行车指挥自动化时的列车运行组织

　　城市轨道交通行车组织通过采用各种技术手段保证列车正常、合理地运转，以达到保证乘客顺利出行的目的。目前，城市轨道交通普遍采用行车指挥自动化模式，大大提高了列车运行的便捷性和准时性。那么，掌握行车指挥自动化模式下的列车运行组织就显得十分有必要。依据本模块内容，结合模拟驾驶室，以小组为单位开展模拟仿真式训练，掌握各种列车驾驶模式，小组成员配合完成列车运行组织作业。

　　本次实训任务的实训工具要求：《城市轨道交通行车组织》（第 3 版）教材，模拟驾驶室。建议学员小组 6~7 人为宜（不宜超过 10 人/小组）。

任务要求

　　（1）以小组为单位开展模拟仿真实操训练。

　　（2）演练过程中，演练活动主要是围绕考核表中的问题进行讨论。演练过程设置：教师为每个小组的观察和监督员，并设置演练组长 1 名，记录员 1 名。

　　组长：负责演练实施过程的指挥控制，确保每位学员参与模拟训练各个环节，并对每位学员的演练过程进行评估。

　　记录员：负责演练过程的各项文案记录工作，记录每一个学员的现场操作情况，记录演练过程中存在的不足及提出的改进意见。

　　实训学员：完成实操演练要求的各项任务，互相监督、互相提出改进意见。

　　（3）演练过程围绕下列主题开展：

①能正确完成列车驾驶 5 种模式的基本运用；

②能熟练操控 ATC 系统；

③能熟练演示列车正线运行驾驶模式的使用方法；

④能正确完成自动列车运行调整和人工列车运行调整。

任务实施与考核

实训任务	行车指挥自动化时的列车运行组织		
任务说明	以小组为单位开展模拟仿真实操训练		
班级		姓名	
学习小组		考核时间	

【考核目标】

（1）能熟练掌握列车驾驶 5 种模式及基本运用；

（2）能熟练使用 ATC 系统；

（3）能掌握列车正线运行驾驶模式的使用方法；

（4）能掌握自动列车运行调整和人工列车运行调整方法

【考核内容】

考核项目	考核标准	分值	得分
签到	规范着装	5	
	按要求如实填写实训签到表	5	
列车驾驶模式	表示 5 种驾驶模式	5	
	表述每种模式的基本运用	5	
ATC 系统操作	能熟练使用 ATC 系统	15	
列车正线运行	司机正确操控各种驾驶模式	20	
列车运行调整	熟练使用自动列车运行调整	15	
	熟练使用人工列车运行调整	15	
遵守实训室规定与要求	做到实训设备（模型）或工具随拿随用，任务完毕后放回指定位置，具备良好的职业素质	15	
总评成绩			

任务完成人签字：

日期： 年 月 日

指导教师签字：

日期： 年 月 日

ATC 设备故障时的行车组织

任务描述

随着 ATC 系统的使用，列车运行自动化程度不断提高，极大地缓解了控制中心工作人员的工作强度。但这并不意味着工作人员不需要具备行车组织能力，设备故障这样的非正常情况下，就需要转换控制模式，所以城市轨道交通专业学生掌握非正常情况下的行车组织也十分有必要。依据本模块内容，结合 ATC 系统，以小组为单位开展仿真式训练，掌握 ATC 设备故障时的行车组织。

本次实训任务的实训工具要求：《城市轨道交通行车组织》（第 3 版）教材，ATC 系统。建议学员小组 6~7 人为宜（不宜超过 10 人/小组）。

任务要求

（1）以小组为单位开展仿真实操训练。

（2）演练过程中，演练活动主要是围绕考核表中的问题进行讨论。演练过程设置：教师为每个小组的观察和监督员，并设置演练组长 1 名，记录员 1 名。

组长：负责演练实施过程的指挥控制，确保每位学员参与模拟训练各个环节，并对每位学员的演练过程进行评估。

记录员：负责演练过程的各项文案记录工作，记录每一个学员的现场操作情况，记录演练过程中存在的不足及提出的改进意见。

实训学员：完成实操演练要求的各项任务，互相监督、互相提出改进意见。

（3）演练过程围绕下列主题开展：

①能正确使用城市轨道交通信号系统；

②能完成 ATS 故障时的行车组织；

③能完成 ATP 故障时的行车组织；

④能完成 ATO 故障时的行车组织。

任务实施与考核

实训任务	ATC 设备故障时的行车组织		
任务说明	以小组为单位开展仿真实操训练		
班级		姓名	
学习小组		考核时间	

【考核目标】

（1）能熟练使用城市轨道交通信号系统；
（2）能掌握 ATS 故障时的行车组织；
（3）能掌握 ATP 故障时的行车组织；
（4）能掌握 ATO 故障时的行车组织

【考核内容】

考核项目	考核标准	分值	得分
签到	规范着装	5	
	按要求如实填写实训签到表	5	
城市轨道交通信号系统	熟练使用城市轨道交通信号系统，了解 3 个子系统的功能	15	
ATS 故障时的行车组织	能团队协作排除故障并恢复自动驾驶	20	
ATP 故障时的行车组织	能团队协作排除故障并恢复自动驾驶	20	
ATO 故障时的行车组织	能团队协作排除故障并恢复自动驾驶	20	
遵守实训室规定与要求	做到实训设备（模型）或工具随拿随用，任务完毕后放回指定位置，具备良好的职业素质	15	
总评成绩			

任务完成人签字：

日期：　　　年　　　月　　　日

指导教师签字：

日期：　　　年　　　月　　　日